JN290205

Friedman's Quantity Theory of Money

フリードマンの貨幣数量説

吉野 正和 著

学文社

はしがき

　残念ながら，ミルトン・フリードマンは，2006年11月16日に，心不全で亡くなってしまい94歳であった。しかし，フリードマンの卓越した理論は，今後も生き残ることは，間違いないであろう。マネタリストのリーダーとして，フリードマンは，主流派のケインジアンに，敢然として立ち向かい，勝利した経済学者である。フリードマンは，世界を変えた経済学者なのである。

　しかしながら，日本では，フリードマンの評判は良くないようである。1989年に，ベルリンの壁が崩壊し，自由主義経済が共産主義経済に勝った後でも，フリードマンの評価は上がっていないようである。ひとつには，主流派だったケインジアンにとって，フリードマンは，敵なのである。もうひとつは，フリードマンの理論が難しく，十分に理解されていないからであろう。最近(2008年)でも，関口宏さんの「サンデーモーニング」において，「全てを市場に任せよ」とフリードマンが主張していた，ということであった。これは，明らかに，誤解である。フリードマンは「全てを市場に任せよ」とはいってない。フリードマンは無政府主義ではない。政府はない方が良い，とはいってない。政府の仕事を認めている。フリードマンは「市場主義者」ではあるが，「市場万能主義者」ではない。

　また，フリードマンの貨幣数量説は，まだ，十分に，理解されていないようである。大先生といわれている経済学者でさえも，フリードマンの貨幣数量説を，よく理解していないようである。また，フリードマン通といわれている経済学者でさえも，フリードマン経済学を誤解しているようである。フリードマンの「恒常所得仮説」に詳しい経済学者がフリードマンの貨幣数量説を批判している。また，「新自由主義」に詳しい経済学者が「フリードマンの方法論」を批判している。

　また，日本の大学において，ケインジアンの経済学者がフリードマン経済学

を教えているケースが多い。これは，非常に残念なことである。どうしても，ケインジアンは，ケインジアンの立場から，フリードマン経済学を評価してしまいがちである。日本の大学によっては，ケインジアンの先生だけで，マネタリストの先生が一人もいないということがある。これは問題であろう。

　本書によって，フリードマン経済学が，一層理解され，フリードマン経済学の評価が，一層上がることを期待している。

　この本を出版することができたのは，多くの方々の温かい助力があったからに他ならない。特に，早稲田大学商学部の元教授であった，故望月昭一先生，早稲田大学名誉教授の故矢島保男先生，早稲田大学名誉教授の三橋昭三先生，早稲田大学商学部の畫間文彦教授，早稲田大学名誉教授の故鶴岡義一先生，早稲田大学名誉教授の故堀家文吉郎先生，創価大学名誉教授の加藤寛孝先生，四国学院大学の土井省悟教授，明治大学情報コミュニケーション学部の金子邦彦教授には，大変お世話になりました。ここに記して厚く謝意を表したい。

　また，この本の刊行にご尽力いただいた学文社代表の田中千津子様とスタッフの方々に心からお礼を申し上げる次第である。

2009年3月

吉野　正和

目　次

第1章　フリードマンの貨幣数量説 ———————————— 1

1．はじめに　1
2．アーヴィング・フィッシャーの貨幣数量説　1
3．フリードマンの貨幣数量説　3
4．ケインズと貨幣数量説　6
5．ケインズからの影響　7
6．篠原三代平名誉教授の貨幣数量説批判　8
7．誤解された貨幣数量説　10
8．むすびにかえて　11

第2章　フリードマンの貨幣需要関数 ———————————— 19

1．はじめに　19
2．フリードマンの貨幣需要関数　19
3．貨幣需要関数の安定性　23
4．フリードマンの貨幣需要関数批判　25
5．むすびにかえて　27

第3章　フリードマンの貨幣供給理論 ———————————— 33

1．はじめに　33
2．フリードマンの貨幣供給　33
3．貨幣は外生変数か　35
4．フリードマンのトランスミッション・メカニズム　36
5．貨幣と所得の因果関係　38
6．貨幣だけが重要か　39
7．むすびにかえて　40

第4章　フリードマンのインフレーション理論 ———————————— 46

1．はじめに　46
2．インフレーションの定義　46
3．インフレーションの理論　47

4．インフレーションはいつでもどこでも貨幣的現象　47
5．貨幣需要の安定性　50
6．タイム・ラグ　50
7．政府の弁解　51
8．インフレーションの克服　51
9．インフレーションによる政府の収入　52
10．サミュエルソンとソローの見解　53
11．狂乱物価　55
12．フリードマンのインフレーション理論の批判　57
13．むすび　58

第5章　フリードマンのトランスミッション・メカニズム ─── 64

1．はじめに　64
2．フリードマンのトランスミッション・メカニズム　64
3．ブラック・ボックス　65
4．望月昭一教授の見解　66
5．清水啓典教授の見解　68
6．土井省悟教授の見解　69
7．フリードマンの見解　70
8．むすびにかえて　71

第6章　フリードマンの $X\%$ ルール ─── 78

1．はじめに　78
2．自由裁量　78
3．$X\%$ ルール　79
4．100％準備の提案　83
5．ハイパワード・マネーの凍結提案　85
6．共通の思想　86
7．ルールと自由裁量の相違　87
8．むすびにかえて　88

第7章　1980年代のフリードマン ─── 92

1．はじめに　92
2．ハイパワードマネー凍結提案　92

3．なぜ，提案したか　93
　　4．連邦準備制度の悪い業績と高い名声　93
　　5．ハイパワード・マネーのゼロ成長　94
　　6．ゼロ成長は健全な経済と両立するか　94
　　7．ゆっくりとした改革　95
　　8．$X\%$ルールと矛盾しないか　95
　　9．$X\%$ルールとの共通点　96
　　10．理想主義者　97
　　11．フリードマンの主張は極端か　97
　　12．むすびにかえて　98

第8章　フリードマンの真の主張――――――――――――104

　　1．はじめに　104
　　2．フリードマンの主張の存在　104
　　3．フリードマンの主張の理由　105
　　4．$X\%$ルール　106
　　5．土井教授による$X\%$ルールの解釈　108
　　6．本当に正しいか　109
　　7．むすびにかえて　111

第9章　フリードマンの自然失業率仮説――――――――――115

　　1．はじめに　115
　　2．フィリップス曲線　115
　　3．自然失業率仮説　116
　　4．短期と長期　118
　　5．フリードマンの3段階説　119
　　6．垂直なフィリップス曲線論争　121
　　7．自然失業率と完全雇用失業率　123
　　8．ルール　124
　　9．批　判　124
　　10．問 題 点　126
　　11．むすびにかえて　128

第10章　フリードマンの恒常所得仮説 ──────── 132

1. はじめに　132
2. 恒常所得仮説　132
3. 恒常所得の意味　134
4. 変動所得と変動消費　136
5. 恒常所得仮説と貨幣需要関数　137
6. 批　　判　139
7. 評　　価　142
8. むすびにかえて　144

第11章　貨幣面におけるバブルと不況 ──────── 148

1. はじめに　148
2. バブルと平成不況　148
3. 貨幣の増減　150
4. マネーサプライ論争　151
5. 歴史は繰り返す　152
6. マネーサプライのコントロール　153
7. 先 行 性　155
8. 日銀の責任　156
9. 澄田智日銀総裁　158
10. 外　　圧　159
11. 予めの警告　160
12. むすびにかえて　161

第12章　マネーサプライ論争 ──────── 166

1. はじめに　166
2. 岩田・翁論争　166
3. 加藤・翁論争　167
4. 歴史は繰り返す　168
5. ケインジアン──マネタリスト論争　169
6. 貨幣と金利の関係　170
7. 望まれる貨幣量　172
8. マネーサプライのコントロール　173
9. 流動性のわな　174
10. 調整インフレ論　175

11．政策提言　175
　　　12．むすびにかえて　176

第13章　1930年代の大不況に関する諸種の解釈 ── 182
　　　1．はじめに　182
　　　2．フリードマン＝シュヴァルツ説　182
　　　3．キンドルバーガーの批判　191
　　　4．ケインズの大不況の説明　193
　　　5．フィアランの見解　194
　　　6．ブルンナー・メルツァーの主張　194
　　　7．ガルブレイスの批判　195
　　　8．む　す　び　196

第14章　フリードマンの貨幣仮説批判 ── 200
　　　1．はじめに　200
　　　2．マンキューの主張　200
　　　3．フリードマンと $IS\text{-}LM$ 分析　203
　　　4．フリードマンの貨幣と利子率　204
　　　5．実際の利子率　205
　　　6．1929年から1931年　207
　　　7．ケインズとフリードマン　208
　　　8．大不況に関する論争　209
　　　9．むすびにかえて　209

第15章　フリードマンのマーケット・メカニズム ── 217
　　　1．はじめに　217
　　　2．フリードマンのマーケット・メカニズム　217
　　　3．アダム・スミスの後継者　219
　　　4．自由主義は社会主義に勝ったのか　220
　　　5．不　平　等　221
　　　6．差　　　別　222
　　　7．大　恐　慌　223
　　　8．批　　　判　225
　　　9．日本の場合　226

10．マーケット・メカニズムと貨幣数量説　227
11．むすびにかえて　227

第16章　フリードマンの小さな政府 ―― 233

1．はじめに　233
2．フリードマンの小さな政府　233
3．無政府主義ではない　234
4．不必要な大きな政府　234
5．福祉国家の末路　235
6．消費者保護　235
7．流れは変わるか　236
8．減　　税　237
9．日本の場合　240
10．むすびにかえて　241

第17章　フリードマンの行政改革 ―― 249

1．はじめに　249
2．潮流の変化　249
3．選　　挙　250
4．証 明 書　250
5．減　　税　251
6．憲法修正条項　253
7．指 導 者　254
8．フリードマンの行政改革　254
9．ケインジアンの大きな政府　255
10．日本の場合　256
11．むすびにかえて　259

第18章　フリードマンの負の所得税 ―― 265

1．はじめに　265
2．フリードマンの負の所得税　265
3．勤労意欲　267
4．現　　金　267
5．社会的恥辱感　268

目次 ix

   6．単　　位　269
   7．支払い時期　269
   8．財　　源　270
   9．批　　判　270
  10．問 題 点　272
  11．日本の場合　273
  12．むすびにかえて　277

第19章　フリードマンの「変動為替相場」─── 282

   1．はじめに　282
   2．フリードマンの理論　282
   3．投機は変動相場を安定させるか　284
   4．国際収支の調整　286
   5．インフレの隔離効果　287
   6．固定相場 対 変動相場　287
   7．管理フロート　288
   8．マネタリズム　288
   9．なぜ，実現が遅れたか　289
  10．むすびにかえて　290

第20章　フリードマンのインデクセーション─── 297

   1．はじめに　297
   2．意　　味　297
   3．歴　　史　298
   4．背　　景　299
   5．インフレーションによる政府の収入　300
   6．メリット　300
   7．デメリット　302
   8．インデクセーションはインフレ的か　305
   9．スタグフレーションの改善策　308
  10．インデクセーションとマネタリズム　310
  11．問 題 点　311
  12．むすびにかえて　313

第21章　フリードマンの実証的経済学の方法論 ――― 316
　　1．はじめに　316
　　2．フリードマンの実証的経済学の方法論　317
　　3．仮定論争　318
　　4．反証主義　321
　　5．道具主義　324
　　6．むすびにかえて　325

初出掲載誌一覧 ――― 329
索　引 ――― 331

第1章　フリードマンの貨幣数量説

1．はじめに

　ミルトン・フリードマンの貨幣数量説は，よく，誤解されて批判されている。貨幣数量説では，貨幣は中立性であり，ベールなのだから，「貨幣は重要ではない」とか。また，それとは逆に「貨幣だけが重要である」と考えられている。「貨幣が重要でないのか」と批判され，「貨幣だけが重要なのか」と批判されている。実際のところ，フリードマンの貨幣数量説は，どういうものなのかを，この章は取り扱う。

2．アーヴィング・フィッシャーの貨幣数量説

　フリードマンは，アーヴィング・フィッシャーから，貨幣数量説を学んでいる。フリードマンの貨幣数量説を述べる前に，フィッシャーの貨幣数量説を考えてみよう。創価大学の加藤寛孝教授は，フィッシャーの貨幣数量説を以下の4つの数量説にまとめている[1]。

　数量説Ⅰは，「貨幣量が変化すると物価水準がそれに正比例して変化する傾向がある」という比例性命題である。フィッシャーの交換方程式は，$MV = PT$ と書くことができる。ここで，M は貨幣量を表わし，V は貨幣流通速度

を表わし，Pは物価水準を表わし，Tは取引量を表わす。数量説Iを，厳密に，表現すると，「Mが変化すると，究極的には，VとTは変化せず，PがMの変化に正比例して変化する」ということになる。

数量説IIは，「物価水準の長期的な変化の主要な原因は貨幣量の長期的な変化である」ということである。

数量説IIIは，「貨幣量が変化すると，新しい均衡が成立するまでの過渡期においては，物価水準も流通速度も取引量も同じ方向に変化する」という短期調整命題であるということである。もし，Mが増加すると，短期（過渡期）においては，Vも，Pも，Tも，増加するのである。この場合，MはTに影響を与えるので，貨幣はベールではなくなるのである。

数量説IVは，「景気環境の主要な原因は貨幣量の変化である」という貨幣的景気循環理論の命題であるということである。

数量説Iと数量説IIIは，抽象的な論理の段階にとどまっているのに対して，数量説IIと数量説IVは具体的な分析と予測の道具に転化したものである。また，フィッシャーは短期と長期のどちらを重視していたのか。フィッシャーは短期を重視していたのである。加藤教授は，以下のように述べている。

「ところが，フィッシャーによれば，現実には新しい撹乱——貨幣的および実物的——がつぎつぎに起こるので，"新しい均衡状態"は遂に到達することのない仮想的な状態にすぎない。かくて『過渡期が原則であり，均衡の期間は例外である』(Fisher [3] p.71)」(加藤[15]83ページ)。

以上が，加藤教授のフィッシャーの貨幣数量説の要約である。よく，マクロ

経済学や金融論の教科書に書いてあるフィッシャーの貨幣数量説では，$MV = PT$ であり，V と T は一定であるので，M は P のみを決定する，ということになっている。しかし，それは，加藤教授の数量説Ⅰ，あるいは，数量説Ⅱについて述べているだけである。つまり，フィッシャーの貨幣数量説の長期の分析しかしていないのである。フィッシャーの短期分析が，まったく，なくなってしまっているのである。しかも，フィッシャーは，長期の数量説よりも，短期の数量説を重視していたのである。つまり，アーヴィング・フィッシャーの貨幣数量説は，多数の経済学者によって，誤って理解されているのである[2]。

3．フリードマンの貨幣数量説

　フリードマンの貨幣数量説は，フィッシャーの貨幣数量説の現代版であり，フィッシャーの貨幣数量説Ⅰ，数量説Ⅱ，数量説Ⅲ，数量説Ⅳを持っている。加藤教授は，以下のように述べている。

　「フリードマンの貨幣主義は，ひとくちに言えば，以上のようなフィッシャーの貨幣数量説の現代版である。『貨幣量の変化そのものは，長期的には，実質所得に無視できるほどの影響しか与えない』というフリードマンの命題は数量説Ⅰの再説であり，『インフレーションは，いつでもどこでも貨幣的現象である。それは産出高に対する貨幣量の相対的な増加を伴っており，そのような増加の結果である』というい命題は数量説Ⅱの再説であり，『短期においては，その期間は5年ないし10年にわたるかもしれないが，貨幣の変化は，主として産出高に影響を及ぼす』という命題は数量説Ⅲの再説であり，『名目所得と実質活動水準（y）の双方の短期的変化を説明する点で，M（貨幣量）の変化は主要な要因である』という命題は数量説Ⅳの再説である」（加藤[15]96ページ以下）。

フリードマンの貨幣数量説は，フィッシャーと同じように，貨幣はベールであるという長期的側面と，貨幣は実質経済に影響を与えるという短期的側面を持っている。つまり，長期的には，貨幣はベールであり，「貨幣は重要ではない」のであり，短期的には，貨幣はベールでなく，「貨幣は重要である」なのである[3]。ところで，フィッシャーは，短期と長期では，短期を重視していたが，フリードマンの場合は，どうなのであろうか。フリードマンも，フィッシャーと同じにように，長期よりも，短期を重視している。加藤教授は，以下のように述べている。

　しかもフリードマンは，フィッシャーと同じく，貨幣数量説の長期版（ⅠとⅡ）よりも短期版（ⅢとⅣ）の展開に注意を集中している。たとえば，フリードマンはパティンキンの数量説解釈に関して「彼は，（私自身を含む）数量説論者が主として短期変動に関心を持っていたことを，十分に理解し実際そう主張しているにもかかわらず，『数量説』の意味としては，ある一つのこと，しかもそのことしか，すなわち，貨幣は中立的だという長期的命題〔数量説Ⅰ〕しか考えていない」と批判し，「私の枠組は，明瞭かつ明白に，それ[貨幣の長期的中立性]を問題としてはいない。それはちょうど，リカードウとソーントンからケインズにいたるまでの従前の数量説論者たちの著作もまた，それを問題としなかった（と私は思う）のと同じである」と述べている[4]（加藤[15]97ページ）。

フリードマンも，フィッシャーと同じように，長期よりも，短期の分析を重視しているといえよう。加藤教授によると，フィッシャーの短期分析は，数量説Ⅲと数量説Ⅳであるが，フリードマンは，数量説Ⅳを重視している，と加藤教授は述べている。

　「そして短期変動の主要な原因を貨幣量の変化に求める立場がフリードマン

の貨幣主義の本質であり，その意味でフリードマンの貨幣主義は，なによりもフィッシャーの貨幣数量説Ⅳ（貨幣的景気循環モデル）の現代版である」(加藤[15]97ページ以下)。

　そして，フィッシャーから，フリードマンが改良した諸点は，「貨幣需要関数の厳密な定式化」，「貨幣政策の伝達メカニズムの彫琢」，「予想要因の重視」，「歴史的・統計的証拠によるテストの推進」である，と加藤教授([15]98ページ)は述べている。フリードマンは，フィッシャーの貨幣数量説を，現代的に改良したのであるが，本質的に，フィッシャーの貨幣数量説を受け継いでいるといえよう[5]。

　また，フリードマンは，自分自身の貨幣数量説を，「マネタリズムの中心的命題」として，まとめている[6]。フリードマン（[8]訳書215ページ以下）を，簡単に要約してみよう。

① 貨幣量の増加率と名目所得の成長率との間には，正確ではないが，整合的な関係が存在する。
② ①の関係にはラグがある。
③ 平均すると，そのラグは，6～9ヶ月である。
④ 名目所得の成長率の変化は，一般的に，貨幣量の変化から，6～9ヶ月後に，産出量に現れる。しかし，まだ，物価の変化はない。
⑤ 平均すると，物価に変化が出るのは，貨幣量の変化から，12～18ヶ月となる。
⑥ 貨幣量の変化と所得の変化の関係は，ラグを考慮したとしても，完全からは程遠い。この関係は多くのズレがある。
⑦ 短期では，貨幣量の変化は，主として，産出量に影響を及ぼす。長期では，貨幣量の変化は，物価に影響を及ぼすが，産出量には影響を及ぼさない。それでは，長期において，何が産出量に影響を及ぼすのか。それ

は，人々の企業化精神とか，発明の才とか，勤勉さとか，節約の程度とか産業と政府の構造とか，国際関係等のような実物要因に依存する。
⑧ 貨幣量が，産出量よりも，急速に増加することによってのみ，インフレーションになる。それは，「いつでも，どこでも，インフレーションは貨幣的現象である」ということである。
⑨ 政府支出はインフレーションになるかもしれないし，ならないかもしれない。政府支出が，通貨の印刷や銀行預金によって賄われると，インフレーションになる。しかし，増税や国債によって，政府支出が賄われる時は，インフレーションにはならない。
⑩ 貨幣量の増加率の変化が所得に影響する道筋である。余分の貨幣の支出が諸資産の価格を上昇させて，利子率を低下させ，新たな資産を生産するための支出を刺激さす。
⑪ 貨幣量の増加は，当初は，利子率を下落させるが，時間の経過とともにその低下した利子率は上昇する。したがって，利子率は，金融政策にとって，極めて，誤導的な指標である。

以上が，フリードマンの「マネタリズムの中心的命題」の簡単な要約である。

4．ケインズと貨幣数量説

ケインズは，古典派の貨幣数量説を，どのように考えていたのか。ケインズは，「古典派理論」としては，長期均衡理論しか考えていなかった，と創価大学の加藤教授は述べている。

> ケインズは，ヒックスの有名な『一般理論』書評論文の原稿に対する批評を述べた示唆的な手紙において，ヒックスによって再構成された「典型的な古典派理論」から「直接的インフレーション[貨幣量の増大]によって

雇用を増加させることができる」という結論が導出されることに対して，次のように述べている。「あなたが提示しているものは，経済学者たちがそれと知らずに純粋の古典派の学説から逸脱し，彼らの先輩たちよりもはるかに混乱した精神状態にあった時期の代表的な見解です。あなたが述べている物語は，たとえばあなたと私が久しくいだいていた見解の非常に見事な説明です。しかし，もしあなたがさらに以前にさかのぼるならば（どのくらい以前か確かなことはいえませんが），この見解を矛盾だらけのごった煮と考えたはずの学派を見いだすことでしょう。その矛盾は，私の考えでは，貨幣量の増加が雇用を増加させうるということが一般に承認されるようになった途端にしのび込むのです。厳格に教育された古典派経済学者は，おそらくそれを承認しないでしょう。私たちはこれまで，それが私たちの他の諸前提とどんなに矛盾したものであるか気がつかないままに，それをずっと承認していたのです」。この文面から判断すると，ケインズは「古典派理論」としては，その長期均衡理論しか考えていなかったようである（加藤[15]90ページ）。

この引用文からすると，確かに，加藤教授の分析通りであり，ケインズは，古典派の貨幣数量説として，長期的均衡理論しか考えていなかったようである[7]。

5．ケインズからの影響

フリードマンの貨幣数量説は，ケインズから，影響を受けているのか。この点に関して，フリードマンは，Yes であり，No でもある。まず，第1に，「ケインズからの影響を受けた」というフリードマンの言葉を述べよう。

「それから以後のほぼ20年間に，再び急激な態度の変化が生じた。貨幣の働

きについての考え方に，なにか反革命のようなものが生じた。今日の経済学者たちは，10年ないし15年前に比べて，貨幣的要因に対してはるかに大きな重要性を認めるようになった。その結果，貨幣理論と貨幣数量説とに対する関心が復活してきた。けれども，すべての成功した反革命と同じように，この反革命もまた，出発点と同じところへわれわれをつれ戻したのではなく，それとはいくぶん異なった立場に，すなわちケインズの考えにきわめて大きく影響された立場にわれわれをつれ戻したのである」（フリードマン［5］訳書198ページ以下）[8][9]。

第2に，「ケインズからの影響を受けなかった」というフリードマンの言葉を述べよう。

「しかし，われわれがケインズ革命によって受けた影響は，非常に違っていた。ラーナーは熱狂的な改宗者，かつケインズのもっとも有力な解説者兼解釈者の一人となり，私は大体においてなにも影響を受けなかったし，どちらかといえば，いくぶん敵対的になった」（フリードマン，ゴードン［11］所収，訳書237ページ）。

一体，どちらが正しいのであろうか。加藤教授へのフリードマンからの私信によると，フリードマンは，ケインズから，貨幣の役割と政策問題に対して，影響を受けていない，ということである。ただ，ケインズ革命の結果として採用されるようになった種類の用語法の変化によって影響されただけである，ということである[10]。

6．篠原三代平名誉教授の貨幣数量説批判

一橋大学と東京国際大学の篠原三代平名誉教授は，フリードマンの貨幣数量

説を批判して，以下のように述べている。

「しかし，フリードマン的なマネタリズムでは，貨幣供給は，『結局は』実体経済を動かす要因とはならないというロジックが前提とされている。"real economy" は古典派的に決定され，長期的には貨幣量の変化は物価水準の高さを動かすにすぎないからである。……

けれども，より長期の均衡どうしを問題にするかぎりでは，貨幣は実体経済に対してヴェールにならざるを得ない。そして，マネタリズムがそこに成立する」(篠原[19] 4 ページ)。

「ただし，フリードマンは1930年代のアメリカの大不況については，通貨の急激な収縮を基本的な要因とみている。この30年代の貨幣原因説はウォーバートンの短期循環についての貨幣説を超えるものであり，すくなくとも数量説の古典派的論理構造とは斉合的でない説明の仕方だと私には思われる。そこには数量説に本来は存在しない貨幣の非中立性が前提されているからである」(篠原[19] 5 ページの注)。

「たしかに，ある与えられた状況では貨幣はヴェールであるかのごとく機能するかもしれない。しかし別の状況では貨幣は魔性を発揮し，実体経済をミスリードし，これをゆがめ，disruptive な役割を果たす。この役割は monetary disturbances (貨幣的な撹乱) という言葉で表現できそうです。マネタリスト，フリードマンは30年代の大不況をマネタリズムで説明できるといいますが，その観点には一つの問題点が残ります。マネーサプライの数量が三度にわたって大幅に低下したために，アメリカで大不況が起こったというのがフリードマンの考え方ですが，しかしながら貨幣がもしヴェールであり，そしてそれが数量説，あるいはマネタリズムの理論構造からの帰結であるならば，なぜそのことが実体経済の水準と構造に対して破壊的な影響を与えたのか，ということが問

題にされなければなりません。私自身は貨幣を重視する人間ですが，実はこの貨幣数量説以上に貨幣の役割を重視する立場にあります。"Money matters." という表現がありますが，たしかに "Money matters." であるけれども，"more than monetarist emphasized it"，つまりマネタリズムがそれを強調する以上に私は貨幣の役割というものを強調したいのです。貨幣はなくてはならぬものであるけれども，それの運営いかんによっては，実体経済に対しても非常に大きな破壊的役割を果たします」（篠原［20］11ページ以下）[11]。

貨幣は，ベールであるはずなのに，1930年代の大不況において，非常に大きな破壊的役割を果たしている。その大不況は短い期間ではなくて，長期間，続いた。貨幣は，長期においてもベールではなかった。したがって，フリードマンの貨幣数量説はおかしい，というのが，篠原名誉教授の考え方であろう。この篠原名誉教授のフリードマン批判は，フリードマンの貨幣数量説を，よく，理解していないために生じたのであろう，フリードマンの考えている「短期」という期間は，10年間にもなるのである[12]。フリードマンが考えている「短期」は調整過程である，貨幣量が下落して，実質経済が調整している最中に，また，貨幣量が下落するような時は，決して，均衡になっているわけではなく，調整中の短期なのである。調整期間中の「短期」では，貨幣は，実質経済に影響を与えるのである[13]。

7．誤解された貨幣数量説

貨幣数量説は，よく，誤解されて，批判されている。フリードマンの貨幣数量説と同様に，フィッシャーの貨幣数量説も，誤解されて，批判されている。前述したが，フリードマンの貨幣数量説は，フィッシャーの貨幣数量説を，現代的に改良したものである。したがって，フリードマンの貨幣数量説とフィッシャーの貨幣数量説は，本質的に，同一線上にあるのである。よく，誤解され

るのは「貨幣はベールであるのだから,物価水準にしか影響を与えず,実質経済に影響を与えない」というのである。このように考えている人が非常に多いようである[14]。その場合,「貨幣は重要でない」ということになってしまう。このように考えている人は,流通速度の(V)が一定不変であると考えているようである。このように考えている人の誤りは貨幣数量説が長期的側面だけだと思い込んでいて,短期の貨幣数量説がなくなってしまっていることである。長期の流通速度(V)は,大きく,変動しないが,短期の流通速度(V)は可変的なのである。

8. むすびにかえて

　フリードマンの貨幣数量説を,正確に,理解している人は,少ないようである[15]。逆にいうと,フリードマンの貨幣数量説は,誤解されて,批判されているようである。また,同様に,アーヴィング・フィッシャーの貨幣数量説も,誤解されて,批判されているようである。フリードマンよりも,フィッシャーの方が,一層,誤解されているようである。マクロ経済学や金融論の本では,フィッシャーの貨幣数量説は,$MV = PT$であり,VとTが一定なので,MはPを決定する,と,よく,書かれている。この説明では,長期的な貨幣数量説のみの説明なのである。長期の説明だけなので,点数をつけると,100点満点で,50点であるようだが,50点は行かないであろう。なぜならば,フィッシャーは,長期よりも,短期を重視していたからである。短期重視の観点からすると,ほとんど,ゼロ点に近くなってしまうであろう。フィッシャーは,長期は,例外なのである。フィッシャーが考えていたこととは,別のことを,マクロ経済学と金融論の本は書いていたことになる。

　また,フィッシャーほどではないが,フリードマンの貨幣数量説も,かなり誤解されて,批判されている。「貨幣は重要ではないのか」といって,批判されたり,その逆に,「貨幣だけが重要である極端論者」といって,批判された

りしている。フリードマンも短期の貨幣数量説を重視しているということを知らない人も多数いる。また，フリードマンとフィッシャーの貨幣数量説を，誤解して，批判している人は，時には，「大先生」といわれている人もいる。なぜ，フィッシャーとフリードマンの貨幣数量説は，このように，誤解されるのであろうか。その理由は，いくつか，考えられるが，最大の理由は，ケインズであろう。前述したが，ケインズは，「古典派理論」として，長期の貨幣数量説を考えていたのである。また，マネタリスト反革命をしたフリードマンは，主流派であるケインジアンにとっては，少数派であり，極端論者であるので，あまり，研究されなかったということもあるであろう。さらに，フリードマンの経済学は，時たま，難解で，理解ができなかったということもあるであろう。最後に，これは，あまり，可能性がないのかもしれないが，フリードマンが，自分の「貨幣理論」を体系的に説明するような著作を，なかなか，発表しなかったということである[16]。これらの理由の中で，やはり，ケインズの存在が，一番，大きいといえよう。

【注】
1) 加藤[15]74ページ以下。
2) 日本人学の佐伯真里氏は，以下のように述べている。
「貨幣数量説といえば，どこかで I. フィッシャー(Irving Fisher, 1867-1947)の名があがる筈である。だが，彼により『貨幣の購買力』(1911)の中で提示された交換方程式には批判が多く，肯定的は評価はむしろ少ない」(佐伯[18]73ページ)。
3) フリードマンは，以下のように述べている。
「われわれは，つぎのような数量説の推測を受け入れてきたし，かつまた，それはわれわれが吟味した証拠によって支持されていると考えてきた。すなわち，貨幣量の変化そのものは，長期的には，実質所得に無視できるほどの影響しか与えない。したがって，数十年にわたる実質所得の変化については，非貨幣的諸力が『重要なすべてのもの』であり，貨幣は『重要ではない』。他方において，名目所得の長期的決定については，われわれは，貨幣量，プラス，k に影響する他の諸変数（実質所得そのものを含む）が，本質的に『重要なすべてのもの』であると見なしてきた。したがって，物価水準は，名目所得を決定する貨幣的諸力と，

実質所得を決定する実物的諸力との共同の成果である。

　もっと短い期間については，われわれは，Mの変化は，方程式(6)の右辺の三つの変数，k，p，およびyのすべてに反映されるのであろうと論じてきた。しかし，われわれは，kに対する影響は，経験的には，ケインズ派の分析が含意しているようにMの変化を吸収するものではなく，しばしば，それを補強すると論じてきた。すなわち，Mとkの変化は，しばしば，所得に対して反対方向ではなく，同一方向の影響を与えるのである。かくて，われわれは，名目所得と実質活動水準（y）の双方の短期的変化を説明する点で，Mの変化は，それでもなお唯一の要因とはいえないが，主要な要因であると強調してきた。私は，われわれの立場を『貨幣は，名目所得の変化と実質所得の短期的変化にとって，重要なすべてのものである』と表現することは，誇張であると見なすが，しかしその誇張も，われわれの結論の正しい香りを伝えていると思う。私は，なににとってかをいわないで，ただ『貨幣は重要なすべてのものである』（終わり），という言明は，われわれの結論の根本的に誤った表現であると見なす」（フリードマン[11]訳書37ページ以下，Friedman & Schwartz [10] pp.56-57）。

　また，四国学院大学の土井省悟教授は以下のように述べている。

　「この引用からすれば，フリードマンは，貨幣的要因は，短期的には実質所得に影響するが，長期的には無視できるほどの影響しか与えていない，と考えている。長期的に，実質所得に影響を与えるのは，非貨幣的要因である」（土井[2]315ページ）。

　また，椙山女学園大学の椙山孝金教授も以下のように述べている。

　「フリードマンによれば，マネタリズムの中心的な考え方は，名目所得の変化を決定するのは主として貨幣量の変化であり，貨幣量は，短期的には実質産出量にも影響を与えるが，長期的には経済の実質成長率に影響を与えることはできず，それは技術進歩や労働力人口等の実質的要因によって決定され，貨幣量の変化はもっぱら物価上昇率の変動となって現われる，というものである」（椙山[23]106ページ）。

4 ）加藤教授は，この引用分の注において，短期分析を重視するのは，かなり以前からであるとして，以下のように述べている。

　「なお，短期経済変動の分析を重視するフリードマンの問題意識は，かなり以前からのものであって，すでに1953年の有名な方法論の論文において『今日の経済理論のなかで最も弱体で最も不満足な部分は，諸条件の変化に対して全体としての経済が適応する過程を取り扱い，したがってまた集計的活動の短期変動を取り扱う貨幣的動学の分野であると思われる』（Friedman [4]1953, p.42）と書いているほどである」（加藤[15]288ページ）。

5 ）広島経済大学の吉澤昌恭教授も以下のように述べている。

　「もし，貨幣の流通速度（V）と財貨の取引量（T）に変化がないという条件

の下で，流通貨幣量（M）が2倍になったとすれば，財貨の価格（P）も2倍になろう。しかし，『MとPの比例的な変動』というような命題は，ただ長期についてのみ妥当するのであり，フィッシャーもこの点ははっきりと認識している。短期〔フィッシャーの用語に従うなら，過渡期（transition period）〕に関しては，流通貨幣量（M）の変化は，少なくとも論理的には，財貨の価格（P）のみならず，貨幣の流通速度（V）や財貨の取引量（T）にも影響を及ぼし得るのである。フィッシャーが『貨幣の購買力』の第4章（過渡期に於ける方程式及び購買力の変動）を，短期（即ち，過渡期）の分析に当てているということは，こうした事実を物語るものである。

　フリードマンに代表されるマネタリストは，以上の如きフィッシャーの考え方を受け継いでいる」（吉澤[24]41ページ以下）。

　また，四国学院大学の土井省悟教授も以下のように述べている。

　「したがって，貨幣数量説を用いて，短期における貨幣の積極的作用と長期における貨幣の中立性を主張するという点で，フリードマンとフィッシャーは同一線上にあると考えてよいであろう」（土井[1]142ページ以下）。

6）フリードマン[8]pp.22-26，訳書215ページ以下。フリードマンは，別のところでも，ほとんど，同じような，「中心的な命題」を書いている。フリードマン[9]pp.27-30，訳書232ページ以下，とFriedman[7]pp.355-356を見ていただきたい。

7）椙山女学園大学の椙山孝金教授も，ケインズの古典派の貨幣数量説は長期分析である，と考えているようであり，ケインズの貨幣数量説についての引用をしている。

　ケインズは，かつて，貨幣数量説について，「長期的には，おそらくこれが正しいであろう。……だが，この長期的観点は，現在の事柄については誤謬を生みやすい。長期においては，われわれはみな死んでしまう。"in the long run we are all dead." という有名な叙述を残している。John M. Keynes, *A tract on Monetary Reform*, London; Macmillan, 1924, p.80. （中内恒夫訳『貨幣改革論』〔ケインズ全集第4巻〕，東洋経済新報社，昭和53年，p.66）。（椙山[23]115ページ以下の注）。

8）この外にも，フリードマンは以下のように述べている。

　「政治においてにせよ，科学においてせよ，反革命はけっしてもとの状態を回復するものではない。それは，常に，もとの状態に類似した状態を産み出しはするが，それに介在した革命による影響を強く受ける。このことは確かにマネタリズムについてもあてはまるのであって，それはケインズの著作から多大の恩恵を受けている」（フリードマン[8]訳書192ページ）。また，Friedman[6]p.439も見ていただきたい。

9）大阪府立大学の石川常雄助教授（1970年当時）も以下のように述べている。

「前節までに考察してきたようにフリードマンは新古典派的立場からケインズ的接近方法を攻撃するが，かれの意図は決して古典的数量説へ復帰することではなかった。……

フリードマンの貨幣需要関数の定式化もこのラインに沿ってすすめられる。つまり貨幣需要を左右する要因としてまず新古典学派的な資産効果 wealth effect がとりあげられるが，ケインズ的な流動性選択も利子率を独立変数として導入することによって考慮に加えられる」(石川[14]36ページ)。

10) 加藤教授への私信で，フリードマンは以下のように述べている。

「40年代から50年代初期には，貨幣の役割と政策問題に対する私の態度に影響を及ぼすという意味では，私はケインズ革命によって大体においてなにも影響されなかったということは真実であると思っている。他方において，私の着想や思考や理論構造が発展するにつれて，それらはおそらくある程度まで潜在意識的に，そして私がその真実を認識することがないままに，ケインズ革命の結果として採用されるようになった種類の用語法の変化によって影響された」(フリードマン，ゴードン[11]所収，訳書250ページ以下)。

11) 別のところでも，篠原三代平名誉教授は以下のように述べて，フリードマン貨幣数量説を批判している。

「ところで，貨幣数量説あるいはマネタリズムの理論構造では，根本的にはいろいろな財貨・サービスの相対価格は実体経済で決まり，貨幣量はただ実体経済で決まった価格体系を貨幣価格でみて上げ下げするベールにすぎないと考えられている。そのように考える限りでは，マネタリズムは伝統的な古典派経済学と結婚可能になる。そして長期的にはそうなるはずだという考え方に立って，現在のマネタリストはいろいろの論議を進めている。

しかし，フリードマンはかつて1930年代のアメリカ経済を分析して，三度にわたってマネーサプライが急激に減少したことが大不況の原因であると述べた。しかし，この見地と貨幣数量説の理論とは矛盾する。なぜなら数量説と古典派経済学が結婚した形での理論体系の下では，貨幣量が三年間にわたって大幅にその量を縮小したとしても，実体経済はほんとうはそれからほとんど影響を受けないはずである。貨幣がベールであれば，貨幣量が三割下がっても，実体経済に対して一時的にはともかく，べらぼうに大きな影響をもたらすはずがないからである。

しかし，実際問題として，米国では1929年から不況の底まで，実質GNPは三割も下がった。そのとき民間設備投資は72％も急激に低下した。このことや，当時の相対価格体系の大幅な変化から考えても，貨幣量の増減は実体経済に対して深刻な構造的悪影響を与えたことがわかる。したがって，貨幣はベールではないと考えて，現実に向かっていくほうが適切だと思われる。

フリードマンは元来，論理的な人だと思われるが，大不況の説明に際して，おれは貨幣説をとるといったのだが，それと同じ人が，『貨幣はベールである』と

いう理論構成の上に立っていることは，私には論理的矛盾だと考えられる」(篠原[21]71ページ，篠原[22]110ページ以下)。
12) フリードマンは，以下のように述べている。
 「短期——それは5年あるいは10年という場合もあろう——では，貨幣量の変化は，はじめは主として，産出量に影響を及ぼす」(フリードマン[8]訳書217ページ)。
13) 創価大学の加藤教授は，以下のように述べている。
 「大縮小期に連邦準備制度が実際に採用した貨幣政策は，時間とともに名目貨幣量を減少させたのであるから，最初の撹乱に対する調整が始まったばかりのところへ，その調整過程を阻害するような新たな撹乱を次々に引き起こした政策であって，『調整阻害的貨幣政策』と特徴づけられるであろう」(加藤[15]208ページ)。
 「つまり，1929年秋以降の大縮小の過程では，連邦準備制度の貨幣政策の失敗によって，貨幣量の減少というデフレ的衝撃が連続的にアメリカ経済に加えられたのであるから，……」(加藤[15]209ページ)。
 「篠原の基本的な論旨は，このアメリカの大縮小には貨幣の長期的非中立性すなわち貨幣の『魔性』が作用しているという主張であるが，それはさておき，右の引用分には貨幣数量説に対する誤解——今日"常識化"されている誤解——が含まれている。第1に，すでに前出第三章で説明したように，貨幣数量説において貨幣が『ヴェール』と見なされうるのは長期的均衡状態においてのみであり，貨幣量の変化という撹乱から均衡成立までの過渡期においては，貨幣量の減少は商品に対する総需要の減少を引き起こし，物価の下落だけでなく，生産の一時的な減退をも引き起こしうること（短期的非中立性）は認められている。第2に，1929-33年の大縮小期に『一時的』なはずの生産の減退が長期化したのは，すでに本章で説明したように，この期間には貨幣量の減少というショックが連続的に発生した結果である」(加藤[15]340ページ以下)。
14) たとえば，慶応大学の浜田文雅教授は以下のように述べている。
 「日本経済はカネ余りが続き，マネーゲームなどという言葉が使われている。これはこの国ではかつて考えられなかったようなことである。古典派経済学あるいはマネタリストの貨幣ベール観によれば，貨幣は経済の本来の行為としての物々交換を円滑にするための交換メディア（媒体）として存在し作用しているのであるから，せいぜい物価水準に影響するだけで実物経済に対しては中立的立場にあるということになる。もしそうだとすれば，カネ余りもマネーゲームも心配することはなく，インフレの警戒だけしていればよいということになるであろう。現に，少なからぬ数の経済専門家がそう信じているように思われる。貨幣は経済問題の本質とは関係がないのであろうか」(浜田[12])。
15) 訳者加藤寛孝教授は，以下のように述べている。

「わが国においても，1973年の急激なインフレーションの原因が『過剰流動性』（つまり貨幣量の過大な増加）であったことから，フリードマン博士の貨幣主義経済学が，学会のみならず実際界においても，にわかに注目されるようになった。しかし，フリードマン博士の名前は非常によく知られるようになったが，博士の経済学の本質についての正確な理解は，まだ，学界においても，ほんの一部に限られているように見える」(加藤，ゴードン[11]所収，ivページ)。

16) 訳者加藤教授は，以下のように述べている。

フリードマン博士は，従来，この貨幣主義の立場を経験的証拠でテストするために膨大は経験的研究──その一つの象徴的な表現がシュヴァルツ夫人との共著『合衆国の貨幣的歴史』である──を蓄積してきたわけであるが，不思議なことに，(博士の『価格理論』は公刊されているのに) 博士の「貨幣理論」を体系的に説明するような著作は，なかなか発表されなかった。(加藤，ゴードン[11]所収，ivページ)。

【参考文献】

［1］ 土井省悟「マネタリスト論争史──M.フリードマンの著作を中心に──」四国学院大学『論集』第40号，1978年3月。
［2］ 土井省悟「M.フリードマンの貨幣理論における利子率」『四国学院大学創立40周年記念論文集』1990年2月。
［3］ Fisher, I., *The Purchasing Power of Money*, 1911. 金原賢之助・高城仙次郎訳『貨幣の購買力』改造社，1936年。
［4］ Friedman, M., *Essays in Positive Economics*, The University of Chicago Press, 1953. 佐藤隆三・長谷川啓之訳『実証的経済学の方法と展開』富士書房，1977年。
［5］ Friedman, M., "The Present State of Monetary Theory," 『季刊・理論経済学』第14巻第1号，1963年9月。ミルトン・フリードマン「貨幣理論の現状」安井琢磨・熊谷尚夫・西山千明編『近代経済学講義』創文社，1963年5月。
［6］ Friedman, M., "Money : Quantity Theory," In *International Encyclopedia of the Social Sciences*, Vol. 10, 1968.
［7］ Friedman, M., "Money," in *The New Encyclopedia Britanica*, Vol. 12, 1974.
［8］ Friedman, M., *The Counter ──Revolution in Monetary Theory*, The Institute of Economic Affairs, 1970. 保坂直達訳・解説『インフレーションと失業』マグロウヒル好学社，1978年。
［9］ Friedman, M., *Money and Economic Development*, (New York : Praeger Publishers) 1973. 西山千明編『フリードマンの思想』東京新聞出版局，1979年。
［10］ Friedman, M., and Anna J. Schwartz, *Monetary Trends in the United States and the United Kingdom : Their Relation to Income, Prices, and Interest*

　　　　 Rates, 1867-1975, The University of Chicago Press, 1982.
[11]　Gordon, Robert J. ed., *Milton Friedman's Monetary Framework : A Debate with His Critics*, The University of Chicago Press, 1974. 加藤寛孝訳『フリードマンの貨幣理論――その展開と論争』マグロウヒル好学社，1978年。
[12]　浜田文雅「流通と貨幣」『日本経済新聞』1988年11月16日。
[13]　Hicks, J. R., "Mr. Keynes and the 'Classics': A Suggested Interpretation," *Econometrica*, April 1937, p.150.
[14]　石川常雄「ミルトン・フリードマンの貨幣理論について」『月刊・金融ジャーナル』第11巻第6号，1970年6月。
[15]　加藤寛孝『幻想のケインズ主義』日本経済新聞社，1986年2月。
[16]　Keynes, J. M., *A Tract on Monetary Reform*, London ; Macmillan, 1924, p.80. 中内恒夫訳『貨幣改革論』〔ケインズ全集第4巻〕東洋経済新報社，1978年，66ページ。
[17]　Keynes, J. M., Letter to J. R. Hicks, 31 March 1937. Reprinted in *Collected Writings*, Vol. XIV, *The General Theory and After*, Part II, *Defence and Development*, 1973, p.79.
[18]　佐伯真里「貨幣数量説再吟味――I. フィッシャーを中心として」日本大学『商学論叢』第20号，1995年5月。
[19]　篠原三代平「長期変動における貨幣の非中立性」中央大学『経済学論纂』第26巻第1・2合併号，1985年3月。
[20]　篠原三代平「資本主義と社会主義――その21世紀像を考える――」成蹊大学『経済学部論集』第16巻第1号，1985年10月。
[21]　篠原三代平「貨幣は魔性，実態経済を撹乱する――日本経済にバブルをつくらないために――」『エコノミスト』第69巻第14号，1991年4月2日号。
[22]　篠原三代平『長期不況の謎をさぐる』勁草書房，1999年10月。
[23]　椙山孝金「フリードマンとマネタリズム（Ⅰ）――数量説アプローチの再検討――」『椙山女学園大学研究論集』第13号第1部，1981年。
[24]　吉澤昌恭「銀行学派とマネタリストの間――金融政策の可能性――」広島経済大学『経済研究論集』第24巻第2号，2001年9月。

第2章　フリードマンの貨幣需要関数

1．はじめに

　マネタリズム理論は，ケインズ革命に対する反革命といわれている。マネタリスト反革命の中心的な指導者は，もちろんミルトン・フリードマンである。マネタリスト反革命の準備期（1945-1957）での1956年にフリードマンは有名な論文「貨幣数量説──1つの再説」を発表している。この論文は，貨幣需要関数について述べていてマネタリスト反革命の開始宣言であった。マネタリズム理論において貨幣需要の理論は最も特徴的であり，最も重要であると考えられている。マネタリスト反革命の確立期（1958-1964）での1959年にフリードマンは「貨幣の需要：若干の理論的ならびに経験的結果」を発表している。さらに，マネタリスト反革命の発展期（1965-1973）[1]では「貨幣分析の理論的枠組」を発表している。これらの論文を中心としてフリードマンの貨幣需要関数の内容と特徴を研究する。

2．フリードマンの貨幣需要関数

　まず，ケインズの貨幣需要関数を考えてみよう。ケインズの貨幣需要関数は

$$M = M_1 + M_2 = L_1(Y) + L_2(r)$$

であり，一般的にケインズの貨幣需要関数は所得と利子率の関数として表わされる。

$$L = L(Y, r)$$

取引動機と予備的動機は所得に正（プラス）に依存し，投機的動機は利子率に負に依存している。

一方，フリードマンの貨幣需要関数[6]（訳書217ページ）において，以下のようになっている。

$$\frac{M}{P} = f\left(y, w\ ;\ r_m, r_b, r_e\ ;\ \frac{1}{P}\frac{dP}{dt}\ ;\ u\right)$$

ここで，y はフリードマン独特の恒常所得であり，富の代理変数である。w は非人的形態をとる富の割合であり，富の人的形態と非人的形態の比率である。これも富の代理変数である。なぜ y と w を富の代理変数とするかといえば，フリードマンの場合，富は非常に広い範囲で考えられているからである。r_m は貨幣の予想名目収益率である。r_b は確定利付債券の予想名目収益率である。r_e は株式の予想名目収益率である。$\frac{1}{P}\frac{dP}{dt}$ は物価の予想変化率である。u は貨幣の用役の効用に影響するような所得以外のすべての変数である。

フリードマンは「まず第一に貨幣数量説は貨幣需要の理論であって，産出量や貨幣所得や物価水準の理論ではない。」[2]と述べている。このフリードマンの主張に対して D. パティンキンと H. G. ジョンソンがフリードマンと大論争を展開した。この論争の十分な検討は筆者の能力をはるかに超えるので，ここでは論争があったということにとどめておく。

フリードマンは，米国経済を実証分析すると貨幣の所得に対する弾力性は1.8であり，需要の理論によると貨幣は「奢侈品」であると主張している[3]。所得流通速度（V）に関して長期では年率で1％強で低下し，増加した実質所得とは反対の方向に動いて，短期では実質所得と V は同方向に動いたとフリードマンは主張している。フリードマンは，恒常所得を用いて短期の V と

長期の V の動きを整合的に説明している。

筆者自身のオリジナリティーではないが，フリードマンの貨幣需要関数は，ミクロ経済学の需要の理論の応用であるということである[4]。フリードマンの貨幣需要関数を，次のように記号をつけよう。

$$\frac{M}{P} = f\left(\underbrace{y, w}_{a} \; ; \; \underbrace{r_m, r_b, r_e}_{b} \; ; \; \underbrace{\frac{1}{P}\frac{dP}{dt}}_{c} \; ; \; \underbrace{u}_{d}\right)$$

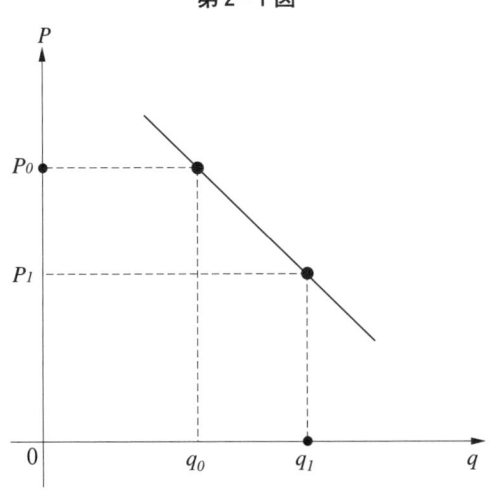

次に，ミクロ経済学の需要の理論を考えてみよう。ある財は，価格の関数である。すなわち， $q = f(P)$ 　　　　　　　　　　　　　　　(1)

第2-1図

その財の需要量は，P_0 と P_1 の価格でそれぞれ q_0 と q_1 の需要量となるということを(1)式は表わしている。しかし，よく考えてみると，価格だけの関数というのはおかしい。たとえば，色，ガラ，きじ，スタイル，……によっても需要は変動するはずである。そこで，その関数の中に u という変数が追加されるべきである。$q = f(P, u)$。しかし，それだけでは十分ではない。次に，その人の所得の大きさによっても需要は変動する。したがって，その関数の中に Y

が追加されるべきである。$q = f(P, u, Y)$。その他にも，変数として資産 (Asset) が入るべきである。$q = f(P, u, Y, A)$。つまり，需要は価格の関数であるという理論はラテン語を用いるならば，ceteris paribus, 英語を用いるならば，other things being equal, 日本語を用いるならば，他の条件が等しければ，という前提があるのである。つまり，$q = f(P, u, Y, A, \cdots)$。このように考えてみると，ミクロ経済学の需要の理論とフリードマンの貨幣需要関数は同じようになる。需要の理論のPと，フリードマンのbとcが対応している。両方のuは共通している。また，所得（Y）と資産（A）は，yとwに対応している（しかし，YとyやAとwがそれぞれ対応しているわけではない）。

フリードマンは貨幣需要関数を考えた時にミクロ経済学の需要の理論が頭の中にあったのであろう。しかもこのことをフリードマン自身もはっきりと述べている[5]。また，前述したように，貨幣は「奢侈品」であるとフリードマンは主張しているが，この「奢侈品」という用語はまさに需要の理論そのものである。フリードマンの貨幣需要関数がミクロ経済学の需要の理論の応用であるということがわかっていないで，フリードマンの貨幣需要関数を論じることは，フリードマン経済学を誤って理解することになる可能性がある。

ケインズは貨幣保有の動機を3つに分けた[6]が，フリードマンはこのような区別は不必要であると考えている[7]。その他に，フリードマンの貨幣需要関数で特徴的なことは以下のことである。wとして人的富が入っている。yとして恒常所得が入っている。$\frac{1}{P}\frac{dP}{dt}$として予想要因が入っている。ある意味でケインズの貨幣需要関数に似ている。記号を入れたフリードマンの貨幣需要関数をもう一度書いてみよう。

$$\frac{M}{P} = f\bigg(\underbrace{y, w}_{a}\ ;\ \underbrace{r_m, r_b, r_e}_{b}\ ;\ \underbrace{\frac{1}{P}\frac{dP}{dt}}_{c}\ ;\ \underbrace{u}_{d}\bigg)$$

ここで，フリードマンのaのyとwは，ケインズのYと対応している。また，フリードマンのr_mとr_bとr_eは，ケインズのrと対応している。

その他のフリードマンの貨幣需要関数の特徴として，貨幣需要量は $\frac{M}{P}$ となっていることからわかるように，名目貨幣量ではなくて実質貨幣量を表わしている。

3．貨幣需要関数の安定性

フリードマンは，実証分析に基づいて所得流通速度（V）がケインジアンの投資乗数よりも安定的であると主張している[8]。フリードマンは貨幣需要関数の安定性を測る尺度として，貨幣の所得流通速度を採用している[9]。フリードマンは，Vは安定的であると述べている。Vが安定的というのは，Vが一定の定数というのではなくてVが少数の独立変数からなる安定した関数であるということなのである。貨幣需要関数も少数の独立変数からなる安定した関数なのである。古典派の数量説の世界では，Vは一定であったが，フリードマンのVは一定ではなく，安定した関数を意味している。長期的にはVは大きく変化したが，その変化はかなりゆっくりとしていたとフリードマンは主張している。長期的なVはトレンドとして僅かに低下しているとフリードマンは考えている。前述したが，Vが長期的に年率で1％強で低下したのであるから，実質貨幣需要量は増加したことになる。なぜ実質貨幣需要量が増加したのか。逆にいうと，なぜVが低下したのか。フリードマン［8］(pp.207-208)は実質所得の増加にその原因を求めている。

貨幣需要関数が安定することによって，M（貨幣）→Y（所得）の理論をフリードマンは導いている。もしもVが不安定であると，Mが増加してもYが増加するとはいえなくなる。貨幣需要関数が安定的なので，Mが増加すればYが増加するといえるようになる。フリードマンが貨幣数量説を貨幣需要の理論として示した意義がここにある。しかし，フリードマンはYの分割を明白には説明していない。すなわち，物価（P）と実質所得（y）の分割である。つまり，$Y = P.y$という式でYが増加する場合，Pとy（この場合のyは恒

常所得ではない）の増加の比率をはっきりとは述べていない。

次に，貨幣需要関数を変形すると貨幣数量説になることを示そう。もう一度貨幣需要関数を書いてみよう。

$$\frac{M}{P} = f\left(y, w \ ; \ r_m, r_b, r_e \ ; \ \frac{1}{P}\frac{dP}{dt} \ ; \ u\right)$$

両辺に物価（P）を掛けると

$$M = f\left(y, w \ ; \ r_m, r_b, r_e \ ; \ \frac{1}{P}\frac{dP}{dt} \ ; \ u\right) \cdot P$$

両辺を $f\left(y, w \ ; \ r_m, r_b, r_e \ ; \ \frac{1}{P}\frac{dP}{dt} \ ; \ u\right)$ で割ると

$$M \cdot \frac{1}{f\left(y, w \ ; \ r_m, r_b, r_e \ ; \ \frac{1}{P}\frac{dP}{dt} \ ; \ u\right)} = P$$

となり，両辺に y を掛けると

$$M \cdot \frac{y}{f\left(y, w \ ; \ r_m, r_b, r_e \ ; \ \frac{1}{P}\frac{dP}{dt} \ ; \ u\right)} = P \cdot y \text{ となる。}$$

左辺の $\dfrac{y}{f\left(y, w \ ; \ r_m, r_b, r_e \ ; \ \frac{1}{P}\frac{dP}{dt} \ ; \ u\right)}$ は以下のようになる。

$$\frac{y}{f\left(y, w \ ; \ r_m, r_b, r_e \ ; \ \frac{1}{P}\frac{dP}{dt} \ ; \ u\right)} = \frac{y}{\frac{M}{P}} = \frac{\frac{Y}{P}}{\frac{M}{P}} = \frac{Y}{M} = V$$

したがって，$\dfrac{y}{f\left(y, w \ ; \ r_m, r_b, r_e \ ; \ \frac{1}{P}\frac{dP}{dt} \ ; \ u\right)} = V$ となり，

$MV = Py$ という貨幣数量説の式になる[10]。したがって，フリードマンが，貨幣数量説は貨幣需要の理論であると主張するのも理解できる。

4．フリードマンの貨幣需要関数批判

　フリードマンの貨幣需要関数は，多方面において批判されている。ここでは多くのフリードマン批判の一部を紹介し，検討してみる。まず第一に，フリードマンの貨幣需要関数の中に入っている利子率と物価の問題である。フリードマンは貨幣需要関数を理論上は $\frac{M}{P} = f\left(y, w\ ;\ r_m, r_b, r_e\ ;\ \frac{1}{P}\frac{dP}{dt}\ ;\ u\right)$ としているが，実際上は y の恒常所得だけしか用いていない[11]，という批判である。確かに，実証的には恒常所得のみとなっている。しかしながら，前述したように，理論上は，フリードマンの貨幣需要関数はミクロ経済学の需要の理論の応用である。フリードマンは独立変数が少ない方が良いとも考えている[12]。実証的に調べてみたら恒常所得との関係が一番大きかったということだけなのである。貨幣需要関数の中にいろいろな独立変数を入れているが，かならずしも使わなくてはならないということではないのではないか。

　第二に，フリードマンの貨幣数量説は，古典派の貨幣ヴェール観および古典派の二分法が入っているという批判である[13]。確かに，フリードマンの数量説の理論には古典派の貨幣ヴェール観および古典派の二分法の考え方が入っている。しかしながら，フリードマンは，長期的にのみ古典派の数量説を基礎にしている。短期的には，古典派の数量説に全く依存していない。短期的には，貨幣は中立ではなくなる。長期的には貨幣は実質所得とは関係がなくなり，威力がなくなるのである。したがって，長期的な意味でのみフリードマンの理論は古典派であるといえよう。フリードマンの「自然失業率仮説」は，古典派の理論とほとんど同じである。フリードマンは，古典派の数量説は長期的にはほとんど正しいと考えているのである。

　第三に，$Y = P \cdot y$ における実質所得（y）と物価（P）の分割における理論の不完全さの批判がある[14]。この問題はマネタリストのトランスミッション・メカニズムとも関連するが，確かに，フリードマンの P と y の分割の問

題はまだ不十分である。フリードマンも以下のように述べている。「所得の変化が物価と産出量とに分割される割合を決定する要因の理論的分析は，まだあまりにもわずかしかなされていないのである。」[6]（訳書223ページ）。フリードマンもPとyの分割の理論を明白には述べていない。その意味でフリードマン批判は正しい。フリードマンは，現在においてもこの分析の研究に努力しているのであろう。しかしながら，経済現象をひとりの経済学者がかならず理論化できなければならないという論理には無理があるのではないかとも考えられる。

　第四に，金子[20]（87ページの6）はフリードマンが短期の仮定として貨幣需要量の実質所得弾力性は1.0としているということを批判している。つまり，もし1.0[10]（訳書50ページ以下）だとすると1.81と矛盾し，しかも古典的貨幣数量説の世界であると批判している。実質所得の変化がかなり小さい短期では仮定として弾力性を1.0としても大きな誤差にはならないであろうとフリードマンは考えているのである。遠くからみると地球は丸くみえるが，近くでみると水平にみえるように，長期的ではなくて，実質所得があまり動かない短期を考えて仮定したに過ぎないといえよう。

　第五に，金子[19][21]はフリードマンは短期よりも長期を重視していると批判している[15]。フリードマンが長期的には古典派の数量説を基礎にしていて，短期的なトランスミッション・メカニズムおよびPとyの分割の問題を十分に理論化していないためであろう。しかしながら，フリードマンは長期よりもむしろ短期的な経済分析に関心があるのである[16]。フリードマンはI. フィッシャーより貨幣数量説を受けついでいる。フィッシャーも長期的な数量説よりも短期（過渡期）の方を重視していた[17]。フリードマンは，以下のように述べている。「今日の経済理論のなかで，もっとも弱くて，もっとも不満足な部分は，条件の変化にたいして経済全体が順応する過程を取り扱う，したがって，集計的活動の短期的変動を取り扱う貨幣的動学の分野であるように，わたしには思われる」［フリードマン[1]（訳書44ページ）］。

5. むすびにかえて

　以上で，簡単にフリードマンの貨幣需要関数の特徴を説明した。けれども，フリードマンの理論は非常に難解であり，筆者がその内容を十分に理解しているとはいえない。また，批判は主に金子論文に集中したが，筆者が未熟なため，十分に金子論文を理解できないまま，批判した恐れがある。あわせてお断りしておきたい。また，かなりいい加減なフリードマン批判が多い中で，金子論文はかなり的確な批判であると筆者は感じている。この強烈なフリードマン批判の金子論文は，約10年も前に発表されているのに，あまりにも注目されなさ過ぎたと筆者には思えてならない。

　フリードマンは，約100年間の米国経済を実証分析している。フリードマンの理論は，常に実証主義と強く結びついている[18]。誰でも理論と実証を主張するが，なかなか両立させることは難しい。この意味でフリードマンは理想的な経済学者といえよう。

　※この論文を書くにあたって早稲田大学の望月昭一教授から多くの有益な助言を賜った。この場をかりて厚くお礼を申し上げたい。

【注】
1) マネタリスト反革命の準備期，確立期，発展期という区分は加藤[23]（4ページ以下）を採用している。
2) Friedman [2] p.4
3) フリードマン[3]（訳書90ページ）
4) 望月[29]（88ページ）「貨幣の需要は消費財と形式的には同一である。そして選択行為の理論が修正された形で貨幣にも適用することができる」。
5) Friedman [2] (p.4)「社会における最終的な富保有単位の側における貨幣需要の分析は消費サービスの需要の分析と形式的に全く同一であるとみなされる。消費者選択の通常の理論においてと同様に，貨幣（あるいはどんな他の特定の資産）の需要は3つの主要な一連の要因に依存している。すなわち，それらは
　(a) 予算制約の類である——様々な形態で保有される全体の富

(b)　この富の形態とその代わりの形態の価格と収益率
　(c)　富保有単位の嗜好と選好である」。
　なお，望月教授の他にもフリードマンの貨幣需要関数をミクロ経済学の需要の理論とみていると考えられる人がいる。たとえば，尾崎[32]（9ページ），橋本[11]（40ページ以下），吉岡[37]（78ページ以下），ヴェインとトンプソン[36]（訳書36ページ）等である。
6）けれども，ケインズも貨幣保有の動機を3つに分けたが，それらが相互に全く独立しているとは考えていない。ケインズ[25]（訳書224ページ）「個々人が取引動機ならびに予備的動機を満たすために保有しようと決意する現金の量は，彼が投機的動機を満たすために保有している現金量に対してまったく不依存的でないけれども，……」
7）Friedman [2] (p.14) および富田[35]（36ページ以下）「貨幣としてのドルは目的別に区分されるものではない」寺田[34]（39ページ）も同じことを述べている。
8）Friedman and Meiselman [7], Friedman and Schwartz [5], [8] (p.211)
9）金子[19]（147ページ以下）「貨幣需要関数の安定性を測る尺度として，彼は貨幣の所得流通速度を採用する。というのは，それが公衆の所望貨幣量についての決意を反映しており，また両者が alternative であるからにほかならない」フリードマン[3]（訳書94ページ），Friedman [2] (p.11)
10）これとは少し違うが，フリードマン[2] (p.11)は貨幣需要関数を貨幣数量説の式にしている。
11）池本[15]（184ページ）「流通速度（$V = Y/M$）は勿論，時間を通じて様々に変動しているが，特に長期的には趨勢的に下がっており，しかも短期的（景気循環的）には好況期に上昇し，不況期に下がっている。ヴィクセルあるいはケインズのフレームワークのもとでは，この流通速度の変動を利子率を介在させることによって説明するほかはないが，フリードマンの分析によると，この変動の説明に貢献できるほど利子率は変化していない」。
　富田[35]（39ページ）「フリードマンにあっては，貨幣需要量の大きな決定要因は，富の総額ないし，その指標としての恒常所得であり，利子率や取引量はそうはなりえない」。
　日銀[30]（13ページ）「ところで，前述のごとく通貨需要は金利や物価上昇率等の保有コストにも依存している。フリードマンは（11）式による流通速度の推計値と実際値の残査残差を金利の変動で説明しようとしたが，さほど明確な結果が得られなかったため，通貨需要が金利の変動に反応することを一応認めながらも，その程度はきわめて小さいと主張することになった（フリードマンとシュワルツの共同研究では，弾性値が－0.15程度と推定）。また，物価上昇率については，それが通貨需要にある程度の影響を与えてきたとみられることを指摘するにとどまった」。

保坂[14] (159ページ)「貨幣需要の利子弾力性は小さく（ほぼゼロ），これを反映してLM曲線は垂直に近いとされる」。

石川[16] (37ページ以下)「ただ流通速度の安定性の節の終りにふれた貨幣需要の所得弾力性計測のケースがあるがその独立変数は『恒常所得』一箇であった」。

堀家[13] (144ページ)「それで私は先に，（例えば六に示された）様々の式のカッコのなかは彼にとってどうでも良かったのだと言ったのである。政策論者としての彼に必要なのは，恒常実質所得と実質貨幣残高の関係だけであった。尾鰭は賑やかにするためのもので，理論的に扱っているようでいながら，働きをしていないのである」。

金子[19] (147ページ)「貨幣需要が長期的にも短期的にもある特定の決定因（＝恒常所得）のみの関数であり，」金子[19] (149ページ)「こうしてフリードマンは，貨幣需要の利子弾力性および価格弾力性が無視しうるほど小さいとして，利子率や予想物価変化率をほとんど無視ないし軽視する」。

金子[20] (91ページ)「モデルのなかに利子率が入っているとはいえ，その働きは不明確である」。金子[20] (102ページ)「利子率の役割が不当に低く評価されているといわざるをえない」。

12) Friedman [2] (p.16)．
13) 公文[27] (91ページ)「このことは，暗黙のうちに彼がワルラス的な完全雇用——ただし，ワルラスの場合には，結果的にそのようになる，とみなすべきであるが，——を想定していたために，二分法的説明を余儀なくされたことの証明であろう」。

則武[31] (13ページ以下)「古典学派以来の二分法が，とくに理由を示されることなく，当然のこととして主張されている」。

金子[19] (144ページ)「フリードマン体系においては，名目値と実質値，貨幣需要と貨幣供給，長期と短期がそれぞれdichotomyの体系となっていることが，その特徴としてあげられる。そのこと自体が，フリードマン体系のもつ『奇妙な独自性』であるともいえよう」。
14) 則武[31] (14ページ)「新貨幣数量説は，せいぜい貨幣数量と貨幣所得との関係を与えるだけである。しかも，それは実質所得の変化か，物価の変化によるものか，明らかにはできない」。
15) 金子[19] (144ページ)「彼の経済観として長期を重視し，……」，金子[21] (77ページ)「彼は長期的な視点を重視して経済を観察する」。
16) 加藤[24] (57ページ)．
17) 加藤[24] (49ページおよび57ページ)．
18)「一見強引ともみえる彼の理論構成には，常に実証性に対する自信があるように思われるからである」晝間[12] (148ページ)．

【参考文献】

［1］ Friedman, M., *Essays in Positive Economics*, Chicago : University of Chicago Press, 1953. ミルトン・フリードマン，佐藤隆三／長谷川啓之訳『実証的経済学の方法と展開』富士書房，1975年。
［2］ Freidman, M., "The Quantity Theory of Money――A Restatement," Friedman, M., ed., *Studies in the Quantity Theory of Money*, Chicago : University of Chicago Press, 1956. Reprinted in Friedman［8］1969.
［3］ Friedman, M., "The Demand for Money : Some Theoretical and Empirical Results," *J. P. E. 67* (August 1959) : 327-51.Reprinted as Occasional Paper 68 (New York : N. B. E. R. 1959). Reprinted in Friedman［8］1969. 山下邦男訳「貨幣の需要：若干の理論的ならびに経験的結果」水野正一・山下邦男監訳『現代の金融理論Ⅰ』勁草書房，1965年。
［4］ Friedman, M. and Schwartz, A. J., *A Monetary History of the United States, 1867-1960* (Princeton : Princeton University Press, 1963).
［5］ Friedman, M. and Schwartz, A. J., "Money and Business Cycles," *Review of Economics and Statistics*, (February, 1963). Reprinted in Friedman［8］1969.
［6］ Friedman, M., "The Present State of monetary Theory,". 『季刊理論経済学』第14巻1号（1963年9月），安井琢磨・熊谷尚夫・西山千秋編『近代経済学講義』創文社，1964年。
［7］ Friedman, M. and Meiselman, D., "The Relative Stability of Monetary Velocity and Investment Multiplier in the United States, 1897-1958," Commission on Money and Credit,ed., *Stabilization Policies*, Englewood Cliffs, N. J. : Prentice-Hall, 1963.
［8］ Friedman, M., *The Optimum Quantity of Money and Other Essays*, Aldine Publishing Company, 1969.
［9］ Friedman, M. and Schwartz, A. J., *Monetary Statistics of the United States : Estimates, Sources, Methods*, New York : Columbia University Press, 1970.
［10］ Gordon, R. J. ed., *Milton Friedman's Monetary Framework : A Debate with His Critics*, University of Chicago Press, 1974. 加藤寛孝訳『フリードマンの貨幣理論――その展開と論争――』マグロウヒル好学社，1978年。
［11］ 橋本一幸「ニュー・マネタリズムの貨幣経済理論」長崎県立大学『国際経済大学論集』第9巻第2号，1975年。
［12］ 晝間文彦「フリードマンとヒックスの貨幣理論」『金融ジャーナル』1972年10月号。
［13］ 堀家文吉郎「貨幣数量説のミルトン・フリードマンにおける消滅」『早稲田政治経済学雑誌』第244号・245号，1976年。

[14]　保坂直達『マネタリズム論争とマクロ経済分析』有斐閣，1983年．
[15]　池本正純「貨幣ヴェール観と貨幣数量説——貨幣的経済理論の系譜——」『専修経営学論集』第22号，1977年3月．
[16]　石川常雄「ミルトン・フリードマンの貨幣理論について」『金融ジャーナル』第11巻6号，1970年6月．
[17]　H.G. ジョンソン，鬼塚雄丞／氏家純一訳『ケインジアン——マネタリスト論争』東洋経済新報社，1980年．
[18]　金子邦彦「マネタリストの二つの潮流」『金融ジャーナル』1977年3月号．
[19]　金子邦彦「M. フリードマン"新貨幣数量説"の一研究——貨幣需要の安定性を中心にして——」『明治大学短期大学紀要』第21号，1977年3月．
[20]　金子邦彦「マネタリスト・モデルの検討——M. フリードマンの"理論的フレームワーク"をめぐって——」『明治大学短期大学紀要』第22号，1978年3月．
[21]　金子邦彦「マネタリストの動学調整モデル——M. フリードマンのモデルをめぐって——」『明治大学短期大学紀要』第26・27号，1980年3月．
[22]　金子邦彦「マネタリストと貨幣理論」『明治大学短期大学紀要』第34号，1984年1月．
[23]　加藤寛孝「マクロ経済学の基本動向」『創価経済論集』第11巻第四号，1982年3月．
[24]　加藤寛孝「貨幣数量説の再検討——アーヴィング・フィッシャーの取引接近法」『創価経済論集』第12巻第1号，1982年6月．
[25]　Keynes, J. M., *The General Theory of Employment, Interest and Money*, 1936. 塩野谷九十九訳『雇傭・利子および貨幣の一般理論』東洋経済新報社，1977年．
[26]　小村衆統『貨幣とインフレーションの理論』春秋社，1981年．
[27]　公文園子「フリードマンの貨幣数量説再述」明星大学『経済学研究紀要』第16巻，1984年12月．
[28]　望月昭一『貨幣的経済学　上』成文堂，1980年．
[29]　望月昭一『貨幣的経済学の基本問題』成文堂，1983年，第2刷．
[30]　日本銀行調査局「現代通貨数量説——その概要と米国における主要な論争点——」『調査月報』1970年6月号．
[31]　則武保夫「フリードマンの貨幣理論」『神戸大学経済学研究年報』第25号，1978年．
[32]　尾崎康夫「マネタリズムの復興」関西大学『社会学部紀要』第15号第2号，1984年3月．
[33]　志築徹朗・武藤恭彦『合理的期待とマネタリズム』日本経済新聞社，1981年．
[34]　寺田宏洲「新貨幣数量説」『九州共立大学紀要』第7巻第2号第8巻第1号

合併号，1963年9月。
- [35]　富田洋三「新貨幣数量説に関する一考察」『大月短大論集』第6号，1975年3月。
- [36]　Vane, H.R., and Thompson, J.L., *Monetarism — theory, evidence and policy*, Martin Robertson, 1979. 水原総平／寺田宏洲訳『現代マネタリズム―理論・実証・政策』東洋経済新報社，1982年。
- [37]　吉岡弘貴「マネタリズムの基本命題と貨幣的経済理論」『金沢経済大学論集』第15巻第2号，1981年12月。

第3章　フリードマンの貨幣供給理論

1．はじめに

　貨幣だけが重要であるのか。貨幣は重要であるのか。貨幣は重要でないのか。また，貨幣は外生変数なのか。それとも，内生変数なのか。こうした論争は，地金主義と反地金主義の論争と通貨主義と銀行主義の論争を経て現代のケインジアン－マネタリスト論争に受け継がれている。ミルトン・フリードマンはマネタリストの総帥であり，ケインジアン－マネタリスト論争において常にマネタリスト側の主役を務めてきた。本章は，フリードマンの貨幣供給の考え方を簡単にまとめ，さらに，フリードマン批判の一部を紹介し，検討してみることを試みている。

2．フリードマンの貨幣供給

　貨幣とは何か。この問題は古くから考えられてきたが，現在でも結論が出ていない。ヴェインとトンプソン（[28]訳書49ページ）は，以下のように述べている。「経済学者の間には，なにが貨幣を構成するかについて，一般に容認される定義は少しも存在しない。……マネタリストは，貨幣についての適切な定義という問題の解決は，経験的な事柄であると主張する」。フリードマンは貨幣を「購買力の一時住みか」と定義し，ヴェインとトンプソンが述べているよ

うに，経験的に，M_2を貨幣として採用している[1]。

さて，フリードマンは貨幣ストックを決定する3つの要因を考えている。第1番目には，ハイ・パワード・マネー（H）である[2]。第2番目には，商業銀行準備金に対する銀行預金の比率（$\frac{D}{R}$）である。第3番目には，公衆保有の現金に対する商業銀行預金の比率（$\frac{D}{C}$）である。フリードマンはこれらの3つの要因を貨幣ストックの直接的決定因と呼んでいる。これらの3要因を貨幣ストック（M）に結びつける式は，

$$M = H \cdot \frac{\frac{D}{R}\left(1 + \frac{D}{C}\right)}{\frac{D}{R} + \frac{D}{C}} \tag{1}$$

としている[3]。ここで，Hはハイ・パワード・マネーの総額，Dは商業銀行預金，Rは商業銀行準備金，Cは公衆保有の現金である。したがって，$\frac{D}{R}$は前述の第2番目の要因であり，$\frac{D}{C}$は前述の第3番目の要因である。この(1)式をみればわかるように，Hの増加は，他の条件が等しければ，同じ率での貨幣ストックの増加になっている。また，$\frac{D}{R}$の増加は，他の条件が等しければ，貨幣ストックの増加になる。また，$\frac{D}{C}$の増加は，他の条件が等しければ，貨幣ストックの増加になる。

このフリードマンの貨幣供給を鋭く批判しているのが金子論文（[8]，[9]，[12]）である。フリードマンは，実証分析において，予備的動機を強調して，取引動機を無視しているとして明治大学の金子助教授は批判している（[8]8ページ以下，[9]158ページ，[12]8ページ）。また，フリードマンがなぜ価値貯蔵手段機能を採用し，交換手段機能を否定しているのかを解明していないと金子助教授は批判している（[12]9ページ）。しかし，現代においても，貨幣の定義の結論が出ていないのである。したがって，貨幣の定義が明瞭でないので，貨幣の機能や貨幣保有の動機も不明瞭になることが考えられる[4]。また，金子助教授自身（[8]97ページ）も以下のように述べている。「貨幣とは何であり，どう定義され，経済においてどのような働きをし，そしてどのような目的のた

めに保有されるかは，依然として金融理論における古くて新しい問題である」。また，貨幣が貨幣保有動機別に区別されにくいものであるとフリードマンは考えていて動機別に分けることに疑問を持っているのである。ケインズは貨幣保有の動機を3つに分けているが，ケインズ自身もそれらは独立していないと認めていたのである。

3．貨幣は外生変数か

　フリードマンは，貨幣はほぼ外生変数であると考えている。フリードマン（[4]，[5] p.219）は，以下のように述べている。「貨幣ストックの変動を生み出した要因は貨幣所得と物価の同時発生の循環的な変動に直接的に原因を求めることができないという意味でのみ自律的である」。経済変動から貨幣ストックの変動に影響が及ぶフィードバック・メカニズムをフリードマンはもちろん認めているが，しかしながら，経済変動から貨幣ストックの変動を説明することができないとフリードマン（[4]，[5] p.219）は考えている。けれども，その複雑なフィードバック・メカニズムは望ましいほど詳細には，まだ解明されていないとフリードマン（[4]，[5] p.211）は述べている。

　さて，フリードマンの貨幣供給の自律性に関する批判を紹介しよう。東洋大学の大杉助教授（[22]123ページ）は，以下のように述べている。「このようなレイドラーの考えに従えば，フリードマンに見られるいくつかの混乱，たとえばある場合には貨幣供給を外生的にまた流通速度を利子率から独立なものとして扱い，またある場合には貨幣供給の一部を内生的なものとしかつ流通速度が物価上昇率と利子率によって影響されるとする扱いの相違も，解決すべき問題の程度に応じた理論の単純化の反映とみなせるかも知れない」。フリードマンの貨幣供給はある場合には外生的になり，ある場合には内生的になっているという大杉助教授の批判である。しかしながら，前述したが，フリードマンはフィードバック・メカニズムを認めてはいるが，「貨幣ストックの変動を生み

出した要因は貨幣所得と物価の同時発生の循環的な変動に直接的に原因を求めることができないという意味でのみ自律的である」と述べている。したがって，フリードマンは貨幣供給において混乱しているとはいえないであろう。

　貨幣供給は内生的であり，取引の大きさによって左右されたりもするという主旨で，ケインジアンは，しばしば，フリードマンを批判している。フリードマンの直接的決定因の第2番目の $\frac{D}{C}$ は公衆が決めるものであり，貨幣当局が決定するのではないので，貨幣供給は外生的にはならないという批判もある[5]。ところが，フリードマンとシュウァルツの著作[3]を呼んだトービン[26]は貨幣供給の内生性を放棄して貨幣供給の外生性を認めている。「本書においてフリードマンとシュヴァルツは，貨幣は重要であるという命題のための証拠を見事に説得力のある仕方で提示している。彼らは，貨幣的な出来事を単なる二次的現象，あるいは所得，雇用，および物価さえをも完全に決定する非貨幣的要因に対する余論として追加されるあと書き程度のものと見なす新ケインズ派を――もしそのような論者が存在するならば――敗走させた」([26]481ページ，加藤訳[14]84ページ）。代表的なケインジアンであるトービンがフリードマンの貨幣供給の外生性を認めているので，この点に関しては，マネタリストの勝利であるといえよう。

4．フリードマンのトランスミッション・メカニズム

　貨幣ストックの増加は長期においては主として物価に影響を与え，短期においては物価と産出量の両方に影響を与えているとフリードマンは考えている。問題となるのは，貨幣ストックの増加が短期においてどのように産出量や物価に影響を及ぼすのかということなのである。これがトランスミッション・メカニズムである。所得の大変動は貨幣ストックの変動が重要であると主張できても，そのトランスミッション・メカニズムの説明には，フリードマンは自信がないようである。トランスミッション・メカニズムに関して，フリードマンは，

用心しながら，書いている。フリードマン（[4]，[5] p.222）は，以下のように述べている。「技術上の青写真というよりはむしろ印象的な表現に過ぎないものを与えるような大まかで，ぼんやりした言葉を除けば，われわれはトランスミッション・メカニズムの知識にほとんど自信がないのである」。けれども，自信がなくても，フリードマンはトランスミッション・メカニズムの説明をしなければならないのである。フリードマン（[4]，[5] p.229）は，以下のように述べている。「貨幣の変化と経済の変化との関係が，たとえ，どのように一貫していようとも，そして，貨幣の変化の自律性の証拠が，たとえ，どのように強かろうとも，もし，われわれが一方を他方に結び付けているメカニズムを，ある程度，詳細に具体化できないならば，貨幣的な変化が経済的な変化の源泉であるということを，われわれは納得しないであろう」。

　さて，フリードマンのトランスミッション・メカニズムの説明に入ろう。買いオペによって，増加した資金を獲得した人々は，まず最初に，確定利付きクーポンとリスクの低い証券を購入する。したがって，それらの証券価格が上昇する。人々は，他の証券（リスクの高い確定利付きクーポン証書や株式等）を購入するようになる。金融資産の価格が上昇するにつれて，人々は非金融資産を獲得するようになる。そこで，非金融資産の価格も上昇するようになる。このようにして，貨幣的刺激は，金融市場から財・サービス市場へと拡大されるのである。以上がフリードマンの説明である。しかし，ここで注意したいことは，フリードマンの場合，ポートフォーリオの範囲が確定利付き債権や株式だけでなく，耐久消費財や衣類等の消費者在庫や人的資本等を含んでいる広い範囲の資産を含んでいて，したがって，その利回りも，広い範囲の資産の利回りであるということである。

　さて，フリードマンのトランスミッション・メカニズムの批判について述べよう。フリードマンは，トランスミッション・メカニズムを全く説明しないで，数量説を展開していると，しばしば，批判されている。しかし，前述したが，フリードマンは，用心しながらではあるが，大まかなトランスミッション・メ

カニズムを説明している。したがって，このような批判は正しくないであろう。また，早稲田大学の望月教授も，このようなフリードマン批判は正しくないと述べている[6]。また，一橋大学の清水助教授は，トランスミッション・メカニズムの統一的なモデル化がかなり困難なことであるとして，フリードマンを弁護し，望月教授とほとんど同じようなことを主張している[7]。フリードマンのトランスミッション・メカニズムは，確かに，まだ，十分ではない[8]。しかし，貨幣がどのようにして実物部門に影響を与えるのか，という質問に答えるのは，現時点では，まだ，不可能に近いのであろう。前述したが，望月教授と清水助教授は，表現が違うが，同じような主張をしている。両者の主張は正しい主張であろう。貨幣がどのようにして実物部門に影響を与えるのかという複雑なルートが無数にある場合には，トランスミッション・メカニズムの説明が，どうしても，ぼんやりとしてしまうのであろう。

5．貨幣と所得の因果関係

　前述したが，貨幣ストックの増加は，長期において，主として，物価に影響を与え，短期において，物価と産出量の両方に影響を与えているとフリードマンは考えている。ここで問題となるのは，短期において，物価と産出量にどのように分割されるのかということである。残念ながら，フリードマンは，この分割の問題を放棄している。考えてみると，前述したが，トランスミッション・メカニズムが，まだ，完全には，わかっていないので，この分割の問題も把握することはむずかしいのであろう。

　さて，フリードマンの貨幣と所得の因果関係についての批判がある。この問題は，前述の貨幣の内生性・外生性と関係しているが，明治大学の金子助教授（[9]164ページ）は以下のように批判している。「相関分析は諸変数の間の相関度を検証するのがその本旨であって，それから因果関係を導出するのは不可能である。ところが，フリードマンの場合，歴史的分析を加味することで相関分

析を因果分析とみなす（post hoc ergo propter hoc）誤りが見られる」。しかしながら，フリードマンは，単に，相関分析をしただけでなくて，特殊な歴史状況と多くの歴史的文献を調査した上での結論を出したのである[9)10)]。特に，1930年代の大不況の説明を見れば，フリードマンの主張している貨幣と所得の関係が因果関係であるというのがわかるであろう。

6. 貨幣だけが重要か

　貨幣だけが重要なのか。フリードマンの貨幣理論を批判する人は，「貨幣だけが重要なのか」と批判している。本当に，フリードマンは「貨幣だけが重要」と考えているのであろうか。答えは，Noである。フリードマンは貨幣のみが重要であるとは信じていないと述べている[11)]。経済活動の源は発明とか工夫力とか節約とか勤勉等なのである。したがって，「貨幣のみが重要」として，フリードマンを批判するのは誤りである。したがって，「マネタリストは安定的な貨幣供給（$X\%$ルール）さえしていれば，いいのか」という批判も正しくないであろう。フリードマンは，価格機構を重要視していて，統制のような価格機構を妨げるものを，好ましくないと考えている。それでは，「貨幣は重要か」どうかということになる。貨幣は重要であると，フリードマンは考えているのであろう。なぜならば，フリードマンは$X\%$ルールを提案しているからである。もしも貨幣量を自由裁量に任すと，貨幣量が変動し，価格水準も変動し，価格機構が妨げられるであろう。たとえば，1930年代の米国の大不況は貨幣量が$1/3$も下落してしまったために，価格機構が働かなくなってしまったのである[12)]。

　次に，フリードマンの$X\%$ルールに対して，神奈川大学の間宮助教授は，$X\%$ルールは貨幣価値の安定のためというのでなくて，不確実性を軽減するというだけで，フリードマンには貨幣的な哲学がないと批判している[13)]。けれども，フリードマンは，貨幣価値の安定というのは，いつも，考えているので

ある。フリードマン（[2]訳書154ページ）は，以下のように述べている。「そのためにしばしば主張されてきた一つの方法は，貨幣政策に対する一定の目標として，政策への直接的指針として，また成果の基準として，ともに価格水準の安定性を採用することである」。この意味での間宮助教授のフリードマン批判は正しくないであろう。

7．むすびにかえて

　以上で，簡単に，フリードマンの貨幣供給の特徴を説明してきた。フリードマンの理論には，常に，実証分析の裏付けがある。この実証分析の裏付けがあったからこそ，主流派であったケインジアンに，堂々と，立ち向かっていけたのであろう。しかし，そのフリードマンでさえも，トランスミッション・メカニズムを完全に解明することができないでいる。貨幣から実物部門へのトランスミッション・メカニズムは，恐らく，かなり，複雑で，しかも，無数のルートがあるのであろう。

【注】
1) フリードマン（[2]訳書161ページ）「私自身の調査では，公衆によって保有される通貨プラス要求払預金プラス商業銀行での有期性預金を含めるが，相互貯蓄銀行の有期性預金，貯蓄貸付組合の出資証券を控除したものをもっとも有用な概念であることを知った」。
2) 加藤（[7]訳書18ページ，訳注17）「高能力貨幣（high-powered money）とは，『① の公衆保有の手から手への通貨，プラス ② 銀行保有の通貨，プラス（1914年以後）③ 連邦準備制度の銀行に対する預金債務，の合計金額である。あとの二つの項目〔② と ③〕は，……銀行準備金を構成する。この合計金額が high-powered money と呼ばれる理由は，銀行準備金として保有されるこの種の money の1ドルは，数ドルもの預金創造を可能にするからである』（Friedman and Schwartz [3] p.50)」。
3) Friedman and Schwartz [3] p.51
4) 貨幣保有の動機については拙稿（[27]146ページ以下）を参照されたい。

第3章　フリードマンの貨幣供給理論　41

5) この批判に対して，ヴェインとトンプソン（[28]訳書61ページ）はマネタリストの立場を以下のように述べている。「貨幣供給が銀行および他の経済単位の行動を反映する内生変数である，という『新見解』の提案者によってなされた批判に答えて，マネタリストは，商業銀行と大衆がともに貨幣供給に影響することができることを認める。当局は，準備率と通貨比率が一定ではない場合には，ハイ・パワード・マネーの量を変更することによって貨幣供給を完全に統制することはできないけれども，マネタリストは，このためにマネタリー・ベース・アプローチを放棄する必要はないと主張する。もし当局が貨幣供給の統制をその政策目標にしたいのであれば，中央銀行は銀行および大衆の行動を支配する能力をもち，そして準備率および通貨比率の変化が貨幣供給に及ぼす効果を相殺することができると主張する」。

6) 望月（[18] 4 ページ以下）「他方，アグリゲイティヴな全体の関係のみが研究されるならば，作用メカニズムに関する解釈の問題が残るであろう。だれでも実際に『ブラック・ボックス』で満足するものはいない。マネタリズムはもっぱら貨幣の動きと一定の支出の流れとの間に相関関係を確定したが，トランスミッション・メカニズムについてはいかなる説明も提示していないという趣旨でときおり強烈に批判されている。たとえば，ジョーン・ロビンソンはつぎのようにのべている。

　　……しかし，シカゴにおける伝統は，数量方程式を左から右によむのであって，観察された関係は，相関を因果関係とみなすような場合を除いては，なんの仮説をもたてることなく解釈されている。

　　フリードマンの思想には，超自然的な，神秘的な要素がある。かれによれば，貨幣ストックが存在しさえすればとにかく支出をふやす効果をもつのである。

　しかしながら，フリードマンは貨幣的刺激が拡大していく姿をくりかえしくりかえし言葉の形でのべ，したがって伝導経路の数式によらないモデルを論じている。これに関し，マネタリストは無理論で議論したり，支出に対する貨幣量の神秘にみちた直接的な効果で議論するといわれるが，かかる見解は根拠のないものである。このことは，貨幣的影響について『いかに』とか『なぜ』という疑問が不必要だということではない。まったくその反対である。しかし，通常の均衡体系においてかかるトランスミッション・メカニズムがある程度適切に把握されるかどうかははじめからのべることはできない。

　結局，理論的着想というのは，それが定式化されていたり，定式化されうるということだけですぐれているとはいえない。詳しく論述されているが誤っている観念よりも，輪郭が多少ぼやけていても正しい観念のほうがよいのは当然であろう。定式化というのはかならずしも現実をよく理解する助けとはならず，思考を誤った方向へむけるかもしれない」。

7）清水（[24]73ページ）「これに対してケインジアンの側からは，この本質的な問題である貨幣部門と実物部門の関連，即ちトランスミッション・メカニズムを説明する体系化されたモデルがないという点が，ブラック・ボックスであるとして批判の的となって来たことも又事実である。ところが，貨幣部門と実物部門の関連というだけであれば，既に指摘されているルート以外にも，更に又他のルートもあり得る可能性があるし，既に指摘されているルートについてだけでも，それらを統一的にモデル化することはかなり困難なことである。しかも，細部を詳細に規定したモデルを作るということ自体，貨幣部門と実物部門の関連をいくつかのルートに限定することを意味する。即ち，現在の段階では，統一的にモデル化することが難しいような様々なルートあるいはメカニズムを通じて，貨幣部門と実物部門が密接に対応しているということこそ，マネタリストの主張の本質とも言える点なのである。従って，それを立証するためには，いわゆる reduced model を用いた実証分析による外はないのである。もちろん，ブラック・ボックスと言われる部分についてより明らかにして行く努力は同然のことであるが，しかし，トランスミッション・メカニズムが統一的にモデル化されていないという理由だけで，マネタリストの主張を排除するという態度もまた，その本質を理解していないと言わなければならない。トランスミッション・メカニズムが明確でないという批判は，従来貨幣部門と実物部門の関連を，より狭い範囲でしかとらえていなかったケインジアンに対しても，同様に妥当するのである」。

8）日本人のマネタリストである立教大学の西山教授も，フリードマンのトランスミッション・メカニズムの理論的分析は十分に成功していないと批判している。西山（[21] 9 ページ）「たしかに，フリードマン自身も，お金がどういう形で『直接的』に影響を与えるかという理論的分析に十分成功したとは，私も思わない」。

9）フリードマンとシュヴァルツ（[4]，[5] p.215)「われわれの見解において，貨幣が重要で独立した役割を演じているという思想を支持している最も説得力のある証拠は……貨幣ストックにおいて生じた変化を基礎にした歴史状況の研究から得られたものである」。

10）この問題について，創価大学の加藤教授（[15]202ページ以下）は，フリードマンを引用して，以下のように述べている。「貨幣ストックは経済情勢から独立に貨幣当局によって決定されるというフリードマンらの貨幣数量説（あるいは，貨幣主義）の基本的命題に対しては，しばしば，貨幣ストックは所得や利子率によって決定される貨幣需要によって受動的に決定されるという反論が提出される。

　これに対しては，フリードマン＝ショヴァルツが『貨幣的歴史においてきわめて本質的な広範囲の定性的証拠を吟味することの大きな長所は，それによって，観察された統計的共変関係についてのいくつかの可能な[因果的]説明の優劣を判定するための基礎が提供されることである』と述べていることが注目に値する。

すなわち，フリードマンらが貨幣のストックと名目所得・実質所得・物価との間の統計的共変関係，とりわけ双方の系列の循環的局面のタイミングの前後関係の確定に力を注いでいることから，フリードマンらはもっぱらこのような統計的共変関係に基づいて貨幣ストックの経済情勢からの独立性を主張していると受け取られることが多いが，それは大きな誤解である。貨幣ストック M と所得 Y との間の単なる統計的共変関係を観察するだけでは，両者の因果関係についてなにも知ることはできない。M と Y の間の可能な因果関係としては（X を未知の第三の変数として）

(i) $M \rightarrow Y$

(ii) $M \leftarrow Y$

(iii) $M \rightleftarrows Y$

(iv) $X \begin{smallmatrix} \nearrow M \\ \searrow Y \end{smallmatrix}$

というような四つの型を考えることができる。このうち，どの型の因果関係が真実の因果関係であるかを決定するためには，貨幣ストック M の動きを決定している現実の歴史的過程を詳細に調査して，M の真の決定因をつきとめなければならない。

フリードマン＝シュヴァルツによれば，歴史的証拠を吟味することによって，『われわれは数字だけの領域を超えて進み，少なくとも若干の場合については，特定の動きの発生源となっている先行の諸事情をさぐり出すことができる。これらの特定の動きたるや，われわれがコンピューターに統計数字を投げ入れるときには，全く原因不明と成ってしまうのである』。かくてフリードマン＝シュヴァルツは，ハリソン文書，ハムリン日記など連邦準備制度幹部執筆の詳細な当時の記録をはじめとして，多くの歴史的文献を克明に調査することによって，貨幣ストックの動きを真に支配した要因は連邦準備制度の政策決定態度であるという結論に到達したのである」。

11) フリードマンとヘラー（［6］訳書109ページ）。
12) 詳しくは，加藤（［13］236ページ以下）を参照されたい。
13) 間宮（［17］72ページ以下）を参照されたい。

【参考文献】

[1] Friedman, M., "The Quantity Theory of Money——A Restatement", Friedman, M., ed., *Studies in the Quantity Theory of Money*, Chicago : University of Chicago Press, 1956. Reprinted in Friedman [5] 1969.

[2] Friedman, M., *A Program for Monetary Stability*, Fordham University press, 1959. 三宅武雄訳『貨幣の安定をめざして』ダイヤモンド社，1963年。

[3] Friedman, M. and Schwartz, A. J., *A Monetary History of the United States,*

1867-1960, Princeton : Princeton University Press, 1963.
[4] Friedman, M. and Schwartz, A. J., "Money and Business Cycles," *Review of Economics and Statistics*, February, 1963. Reprinted in Friedman [5] 1969.
[5] Friedman, M., *The Optimum Quantity of Money and Other Essays*, Aldine Publishing Company, 1969.
[6] Friedman, M. and Heller, W. W., *Monetary vs Fiscal Policy, A Dialogue*, W. W. Norton & Company, 1969. 海老沢道進・小林桂吉訳『インフレなき繁栄——フリードマンとヘラーの対話』日本経済新聞社，1970年。
[7] Gordon, R. J. ed., *Milton Friedman's Monetary Framework : A Debate with His Critics*, University of Chicago Press, 1974. 加藤寛孝訳『フリードマンの貨幣理論——その展開と論争——』マグロウヒル好学社，1978年。
[8] 金子邦彦「マネタリストの二つの潮流」『金融ジャーナル』1977年3月号。
[9] 金子邦彦「M. フリードマン"新貨幣数量説"の一研究——貨幣需要の安定性を中心にして——」『明治大学短期大学紀要』第21号，1977年3月。
[10] 金子邦彦「マネタリスト・モデルの検討——M. フリードマンの"理論的フレームワーク"をめぐって——」『明治大学短期大学紀要』第22号，1978年3月。
[11] 金子邦彦「マネタリストの動学調整モデル——M. フリードマンのモデルをめぐって——」『明治大学短期大学紀要』第26・27号，1980年3月。
[12] 金子邦彦「マネタリストと貨幣理論」『明治大学短期大学紀要』第34号，1984年1月。
[13] 加藤寛孝「古典派の『自動調整メカニズム』と政策的環境——ケインズの古典派批判と『大不況』の解釈をめぐって」『創価経済論集』［創立10周年記念号］1981年3月。
[14] 加藤寛孝「幻想のケインズ主義(下)——1930年代のアメリカの実態」『経済セミナー』1983年6月。
[15] 加藤寛孝『幻想のケインズ主義』日本経済新聞社，1986年。
[16] Keynes, J. M., *The General Theory of Employment, Interest and Money*, 1936. 塩野谷九十九訳『雇傭・利子および貨幣の一般理論』東洋経済新報社，1977年。
[17] 間宮陽介「貨幣の技術と貨幣経済」『思想』No.748，岩波書店，1986年10月。
[18] 望月昭一「ケインジアンとマネタリストの方法について」『産業経営』第6号，1980年12月。
[19] 望月昭一『貨幣的経済学の基本問題』成文堂，1983年，第2刷。
[20] 日本銀行調査局「現代通貨数量説——その概要と米国における主要な論争点——」『調査月報』1970年6月号。
[21] 西山千明『マネタリズム——通貨と日本経済』東洋経済新報社，1976年。

[22] 大杉八郎「フィリップス曲線と自然率仮説」『三田商学研究』第19巻第3月号, 1976年8月。
[23] Robinson, J., *Economic Heresies : Some Old : Fashioned, Questions in Economic Theory*, Basic Books Inc., New York, 1971. 宇沢弘文訳『異端の経済学』日本経済新聞社, 1973年。
[24] 清水啓典「マネタリスト論争と乗数理論」『一橋論叢』第83巻第6号, 1980年6月。
[25] Tobin, J., "Commercial Banks as Creators of Money, "Carson, D. ed., *Banking and Monetary Studies*, Homewood, Illinois, Richard Irwin, 1963.
[26] Tobin, J., "The Monetary Interpretation of History", *American Economic Review*, Vol. 55, June, 1965.
[27] 吉野正和「フリードマンの貨幣需要関数」『商学研究科紀要』第23号, 1986年12月。
[28] Vane, H. R. and Thompson, J. L., *Monetarism——theory, evidence and policy*, Martin Robertson, 1979. 水原総平／寺田宏洲訳『現代マネタリズム——理論・実証・政策』東洋経済新報社, 1982年。

第4章　フリードマンの
　　　　インフレーション理論

1．はじめに

　「インフレーションはいつでもどこでも貨幣的現象である」。これは，マネタリスト反革命のリーダーであるミルトン・フリードマンのもっとも有名なインフレーションに関する考え方である。このフリードマンの考え方には，どういう意味があるのか。本章では，このフリードマンのインフレーション理論を吟味している。なお，フリードマンは自然失業率仮説の提唱者であるが，本章では自然失業率仮説の説明を省略した。

2．インフレーションの定義

　インフレーションとは何か。まだ，一般的に受け入れられている定義は存在していない[1]。フリードマンは，インフレーションについて以下のように述べている。「インフレーションとは物価が持続的に上昇することである」(フリードマン[9]訳書24ページ)。つまり，フリードマンはインフレーションを「持続的な物価の上昇」と考えている[2]。フリッシュ（[1]訳書13ページ以下）は，インフレーションについて，以下のことを付け加えている。インフレーションは持続的な物価の上昇であって一時的な上昇ではなく，また，インフレーションは個別商品の価格の上昇ではなく，一般物価水準の上昇であり，また，年率

1％以下の率の一般物価水準の上昇をインフレーションとは呼ばない。これらのことがフリッシュの付け加えである。インフレーションとはフリッシュの考え方でよいであろう。また，インフレーションには超インフレーションというのがあるが，これは，月に50パーセントを超えるものを超インフレーションとフィリップ・ケイガンが定義している[3]。

3．インフレーションの理論

インフレーションが生じると，昔から2つの説明がなされてきたといわれている。ひとつは，貨幣的な説明である。貨幣的な説明は，D.リカードウの地金主義者から通貨主義者を経由して現代のマネタリストに受け継がれている。貨幣的な説明は，貨幣数量説の考え方である。もうひとつは，非貨幣的な説明である。非貨幣的な説明は，反地金主義者から銀行主義者を経由して現代のケインジアンに受け継がれている。需要の増加のディマンド・プル・インフレーションと供給の減少のコスト・プッシュ・インフレーションは，ケインジアンのインフレーションの説明に用いられている。したがって，現代のインフレーションの説明は大きく分類すると貨幣数量説とディマンド・プル説とコスト・プッシュ説の3種類があるといえよう。

4．インフレーションはいつでもどこでも貨幣的現象

「インフレーションはいつでもどこでも貨幣的現象である」という文は，フリードマンのインフレーションに関する説明にしばしば出てくる。フリードマン（[6]訳書4ページ以下）は，貨幣数量説を以下のように示している。

$$MV = PY \qquad (1)$$

Mは名目単位での貨幣数量であり，Vは貨幣の所得速度であり，Pは物価水

準の指数であり，Y は実質所得指数である。(1)式の両辺の自然対数をとり，時間に関して微分すると，以下のようになる。

$$\frac{1}{M}\frac{dM}{dt} + \frac{1}{V}\frac{dV}{dt} = \frac{1}{P}\frac{dP}{dt} + \frac{1}{Y}\frac{dY}{dt} \tag{2}$$

変化率（増減率）を g で表わすと，(2)式は

$$g_M + g_V = g_P + g_Y \tag{3}$$

となる。

　米国の場合，フリードマンは g_V がマイナス1で，ゼロに近いので，ほとんど無視している。g_P をゼロにするためには g_M と g_Y を比較することになる。g_Y が3であるので g_M は4になっている。つまり，g_M と g_Y を比較するということが重要になっている。しがたって，インフレーションについてフリードマンはしばしば以下のように述べている。「インフレーションは，あらゆる時あらゆる場所において，貨幣的現象であり，産出高に対する貨幣量の相対的膨張をともなっており，その結果である」（シュルツ・アリバー[23]所収，訳書24ページ）。また，フリードマンは，貨幣の急速な上昇と物価の急速な上昇についてどちらが原因でどちらが結果であるかを述べている。フリードマンは，貨幣の急速な上昇が原因で物価の急速な上昇が結果であると主張している。その例として，南北戦争時代における南軍の通貨革命であるとしている。通貨改革が実行されてから，貨幣量が減少し，物価が下落したとフリードマン（[10]訳書407ページ）は主張している。また，フリードマンは，日本の狂乱物価時代においても賃金の上昇はインフレーションの原因ではなくてインフレーションの結果を反映したものであると主張している[4]。インフレーションが貨幣的現象であるという命題は，なぜインフレーションが生じるのかということを理解するうえでの出発点であって終着点ではないので，なぜ貨幣が増加したり，減少したりするのかということを調べなければならないとフリードマンは主張している[5]。現代において貨幣量を増加させたり，減少させたりしているのは各国

の政府であるとフリードマンは考えている。

　インフレーションを説明するのに，貨幣数量説的な説明と非貨幣的な説明（ディマンド・プル・インフレーションとコスト・プッシュ・インフレーション）はかならずしも矛盾しないと考えている。フリードマンは，以下のように述べている。「すでに指摘したように，二つの説明はかならずしも矛盾するものではない。あるときには非貨幣的要因が貨幣拡張の原因となったであろう。たとえば事前の貯蓄を超過した投資支出の試みがなされたならインフレーションが発生すると論ずるとき，遠因としては正しいかもしれない。投資を企てたのが政府で，政府が投資を貨幣創造によって賄おうとすれば，公衆の貯蓄意欲をこえた投資の企てはインフレーションの原因になる。それがインフレーションの原因になるのは，貨幣量の増加をひきおこすからである。別の例をあげると，ある国では（インドではあまり問題にならないが）労働組合が賃金を引きあげて，その結果失業が発生するかもしれない。政府が完全雇用政策を公約しているなら，それにおうじて貨幣を増発し，政府支出の増加を賄うか，それに類した措置をとらざるをえない。すると賃金の上方プッシュがインフレーションをひきおこしたことになるが，それが本質的にインフレ的だからではなく，貨幣ストックを増加させる役割をはたしたからである」(フリードマン[9]訳書35ページ以下)。問題は政府によって貨幣が増加されるかどうかなのである。貨幣が増加すれば，インフレーションになるし，国民からの借り入れによった場合はインフレーションにはならない。なぜ，政府が貨幣を増加させたのかを調べると，様々なことが考えられ，ディマンド・プル説にもコスト・プッシュ説にもあるいはその両方の説にもなるのである。ただ，インフレーションの原因を分析する時に，なぜ政府が貨幣を増加させたかを調査すると，様々な理由が考えられ，インフレーションの分析をするのに適切でなく，貨幣量を追跡するのがベストであるとフリードマンは考えている。

5. 貨幣需要の安定性

フリードマンの貨幣理論において，貨幣需要の安定性がある。貨幣需要の安定性とは何であろうか。具体的には，米国人の約4週間分の所得の貨幣を所有しているということなのである。イスラエルでも米国人と同じように約4週間分の所得の貨幣を所有していて，日本とトルコでは約5週間分の所得の貨幣を所有していて，ギリシャとユーゴスラビアでは約6週間分の所得の貨幣を所有しているとフリードマンは主張している[6]。これらの実質の貨幣需要はゆっくりとしか動かないので，貨幣需要は安定している。なぜ，国によって違いがあるのか。フリードマンは，貯蓄銀行の普及度の違いであると考えている[7]。

フリードマンの理論において，この貨幣需要の安定性とインフレーションの理論がどういう関係になっているのか。また，なぜ貨幣の増加がインフレーションを生み出すのか。貨幣需要の安定性は貨幣が，なぜインフレーションを産み出すのかということを説明している。たとえば，米国において，貨幣が増加し，人々が5週間分の所得の貨幣を持ったと仮定してみる。各人は，1週間分の所得の貨幣が余るので支出する。しかし，ある人の支出は別の人の受け取りである。結局は，個人の貨幣を減らそうとしても，マクロ的にみると，減らすことはできない。もちろん，その過程に重要な意義がある。各人の1週間分の所得の貨幣はあらゆる種類の財とサービスに向けられ，その価格は上昇する。物価が上昇したために，結局は5週間分の所得の貨幣から4週間分の所得の貨幣に戻ってしまうのである[8]。

6. タイム・ラグ

貨幣の増加がなぜインフレーションを産み出すのかということを説明したが，もちろん，貨幣の増加とインフレーションは同時には生じないであろう。そこ

には，ある程度のタイム・ラグがあるのであろう。また，貨幣の増加とインフレーションは完全な比例関係でもないであろう[9]。フリードマンは，米国のタイム・ラグを約12〜18ヶ月であると考えている[10]。

7．政府の弁解

インフレーションは，いつでもどこでも貨幣的現象である。そしてその貨幣を増加させているのは，各国の政府である。したがって，インフレーションの責任は政府にあるのである。しかし，政府は責任を認めないで，他人を責めているとフリードマンは主張している[11]。たとえば，強欲な実業家や権力に飢えた労働指導者や消費者の浪費癖やOPECのカルテル（オイル・ショック）や悪い天候による農作物の不足や厳しい冬等の理由が挙げられる。これらの理由は，個別の価格を上昇させても全体の物価を上昇させることはできない。したがって，一見，インフレーションの理由のようなものは単なる政府の弁解であり，無意味なアリバイ捜しであり，ワシントンの言い逃れであるとフリードマンは考えている[12]。フリードマンは，以下のように述べている。「いつまでも幸福感に浸っていたい政府は，インフレ加速の原因を何か特殊な出来事のせいにする。たとえば天候が不順だった，あるいは農作物が不作だった。その他，労働組合の頑固さ，企業の貧欲さ，OPECカルテル等，何でもよい。溺れる者はわらをもつかむというが，まさにそれを地でいった慌てぶりである。しかし自分に罪があることだけは絶対に認めようとしない」（フリードマン[11]訳書222ページ）。

8．インフレーションの克服

インフレーションの克服には，どうしたらいいか。物価と賃金の直接統制は，どうであろうか。価格を低く固定しても，買い手の消費量が増加し，いずれ，

配給となり，どの買い手が手に入れるかどうかは運と情実と贈賄ということになる。成功したものはほかで消費する余力を持ち，失敗したものは他の商品への代替を試み，その結果は，かれらの需要はよそに転じるだけで，超過需要圧力が除かれないで移動するだけであり，物価と賃金の統制はムダであるとフリードマンは考えている[13]。

では，どうしたらインフレーションを克服できるのか。貨幣の増加率を減少させればよいのである。ただ，貨幣の増加率を減少させると，失業率が上昇し，経済成長率も低くなり，しかも，前述したが，タイム・ラグがあるので，高率のインフレーションは継続し，いわゆるスタグフレーションになってしまう。低率のインフレーションやインフレーションのない高度成長が実現するまでには1年かあるいは2年位は辛抱しなければならないとフリードマンは主張している[14]。

9．インフレーションによる政府の収入

フリードマンは，以下のように述べている。「不換紙幣の発行によって生み出されるインフレーションを現金残高への税とみなすことが一般的になってきた」（フリードマン［5］p.846）。インフレーションは政府の収入の増加になるのである[15]。前述したが，インフレーションは政府によって引き起こされるのである。政府が紙幣を印刷し，物価を10パーセント上昇させれば，国民のひとりひとりはそれまでもっていた貨幣の購買力が10パーセントも落ちるのである。また，高率のインフレーションによって，以前よりも高い税率の対象となる。また，既存の国債の実質額が減少するので，政府は利益を得る。この3つの理由から，インフレーションにより政府は国民から税金をもらっているとフリードマンは主張している[16]。前述したが，インフレーションを克服するのには貨幣の増加率を減少させればいいのであるが，インフレーションになると，政府は収入が増えるので，政府はインフレーションを好み，なかなか貨幣の増加

率を減少さすことはできないようである。また，インフレーションによる政府の収入は立法によることなく得ることができるのである。

10. サミュエルソンとソローの見解

サミュエルソンとソローは，ディマンド・プル・インフレーションとコスト・プッシュ・インフレーションを区別することは不可能であると考えている[17]。よくありがちな誤謬として，貨幣賃金が生産性よりも速く上昇するとコスト・プッシュ・インフレーションと考えるが，ディマンド・プル・インフレーションでも貨幣賃金が生産性よりも速く上昇することがあるとサミュエルソンとソローは考えている。また，実質産出高の伸びを上回る支出増があると需要インフレーションとすぐに考える。これも誤りである。単に物価が上昇するが，インフレーションそのものの根源や原因については何も述べていないとサミュエルソンとソローは考えている。また，貨幣（M）の増加や貨幣流通速度（V）の上昇は物価を上昇させるかもしれないが，MとV以外には目を向けないのであるから，これも誤りであるとサミュエルソンとソロー（[22]田中訳194ページ）は考えている。

また，賃金の上昇と物価の上昇はどちらが卵でどちらがにわとりだかもわからないし，賃金と物価の出発点となる基準もないとサミュエルソンとソローは考えている。また，原因と結果が逆になる場合もある。たとえば，今度の春闘で労働組合は大幅な値上げを要求してきそうだと経営者が判断した場合に，先に製品の価格を上昇さすかもしれないというようなことも考えられる。また，政府支出でインフレーションになれば，ディマンド・プル・インフレーションであり，賃金の上昇からインフレーションになれば，コスト・プッシュ・インフレーションと考えられるが，その両方が生じれば，どちらのインフレーションともいえてしまう。たとえば，政府支出をする場合，労働の需要が増加し，賃金が上昇し，インフレーションになることも考えられるのである。

第 4 - 1 図

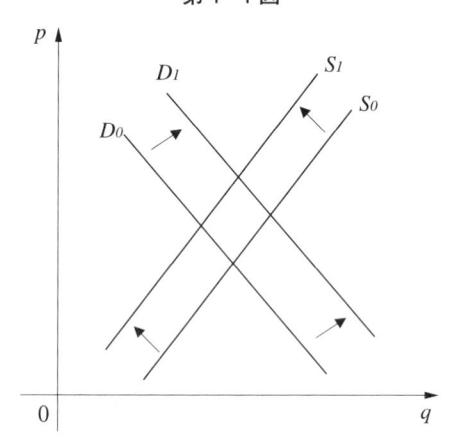

　また，需要曲線と供給曲線は相互に独立でもない。第 4 - 1 図において価格を p とし，数量を q としてみよう。最初に，コスト・プッシュ・インフレーションを仮定して S_0 から S_1 に供給曲線がシフトしたとしよう。その労働者達は賃金が上昇したので需要曲線をシフトさすかもしれない。つまり，D_0 から D_1 となる。つまり，ディマンド・プル・インフレーションとコスト・プッシュ・インフレーションは独立していないのである。

　これまでに説明してきた理由から，サミュエルソンとソローはディマンド・プル・インフレーションとコスト・プッシュ・インフレーションの区別は不可能であるとして放棄している。また，インフレーションの原因を探ることも放棄しているようである。なぜならば，サミュエルソンとソローは以下のように述べている。「……，それはインフレの重要な原因の一つはインフレであるということかもしれないのだ」(サミュエルソン・ソロー[22]田中訳197ページ)。

　前述したが，サミュエルソンとソローは M と V だけしか目を向けないでインフレーションを分析するのも誤りであるとしているが，これはフリードマン批判と考えられる。サミュエルソンとソローはインフレーションを分析するのに森の中で迷ってしまっているようである。なぜならば，インフレーションに

ついて結論を出すことができないからである。出した結論は「インフレの重要な原因の一つはインフレである」だけである。フリードマンも政府が貨幣をなぜ増加したかを考えたら、インフレーションの理論は多元的になると考えているが、この点ではあまりサミュエルソンとソローの考え方と違っていない。しかし、インフレーションを正しく分析するのならば、貨幣に注目しろというフリードマンの考え方は評価に値する考え方であろう。後述するが、日本の狂乱物価時代にはあまり経済学者は貨幣に注目していなかったようである。

11. 狂乱物価

　1973年～1975年の日本は、狂乱物価になっていた。1974年のインフレーション率は20パーセントを軽く超えていた。大阪市立大学の三辺誠夫助教授（1976年当時）は、この日本の狂乱物価を研究して論文を書いている。三辺助教授は以下のように述べている。東京大学の小宮教授が1976年にこの狂乱物価の原因について、貨幣の増加とか、日本の黒字のための貨幣の増加とか、……の有力な説明をした。しかし、小宮教授の分析は ex-post の分析であり、ex-ante の分析ではなかった。ex-ante の分析をして、高率のインフレーションの予告をし、警告しつづけていた日本人の経済学者がひとりいた。その人はフリードマンの教え子である立教大学の西山千明教授であった[18]。西山教授は正統とまでいかずとも、正調マネタリズムが歌える、わが国で数少ない学者であった。そして、結局、西山教授の予言が的中してしまった。また、戦後の日本の消費者物価は年率5～6パーセントで上昇し続けたのであるが、卸売物価は極めて安定的であった。オイル・ショック以降は卸売物価の方が消費者物価よりも高くなっている。注目すべきことは、この傾向は1972年後半から現れているのである。したがって、便乗値上げ説も、主婦の買溜め説も、オイル・ショック説も、労賃説も、狂乱物価の根本原因としては説得力に欠けることになる。インフレーションの原因の分析、予測に関するかぎり、マネタリストは、その理由

は明らかにされていなかったが，有効であった。以上が，三辺助教授[18]の主張である。三辺助教授は，狂乱物価がオイル・ショックや賃金の上昇からのコスト・プッシュ・インフレーションでもなければ，主婦の買溜め等によるディマンド・プル・インフレーションでもなく，マネタリズムの貨幣数量説が正しい主張であると認めているようである。

西山教授は，以下のようにも述べている。「昭和41年から昭和45年にかけては，おおむね年率16％台で増加させられていた通貨（現金通貨と当座性預金と定期性預金を総計した広義の通貨＝マネー・サプライ残高）は，昭和46年と47年には24％台において激増させられ，その増加率は48年1～3月期には，年率25％台まで上昇した。

これで激烈なインフレが発生しなければ太陽が，西から昇る。それがわが国だけでなく，アメリカやイギリスそれぞれの過去百年における通貨と物価の関係がわれわれに教えてくれることであり，われわれは実際にも昨47年から幾度もそうなるぞと警告を発してきた」（西山[20]207ページ以下）。

第4-1表

	M_2の増加率（％）
昭和40	18.0
41	16.3
42	15.5
43	14.8
44	18.5
45	16.9
46	24.3
47	24.7
48	16.8
49	11.5
50	14.5
51	13.5
52	10.8

［出所］　西山[21]41ページ

第4-1表をみればわかるように，1971年と1972年のM_2の増加率が異常に高い。日本の狂乱物価は，まさにマネタリズムのインフレーションの理論であるといえよう。また，フリードマンがよくいっているように，日本の政府は自分でインフレーションの原因をつくっておきながら，他のせいにしている。三辺助教授は，以下のように述べている。「ともあれ，この狂乱インフレーションの原因については，経済企画庁を中心とする，政府関係の学者によって，48年10月に起ったオイルショックによる石油を中心とする輸入原材料の価格騰貴，輸入食料品の価格上昇，一部大企業による便乗値上げ，買占め，および消費者による買溜め騒動にその主要原因が求められている」（三辺[18]33ページ）。政府は自分の責任を認めたがらないとよくフリードマンがいっているが，日本の狂乱物価の政府の弁解はまさにフリードマンの主張と一致している。フリードマンのインフレーション理論は日本の狂乱物価においても完全に当てはまっているようである。

「狂乱物価はオイル・ショックからのコスト・プッシュ・インフレーションだ」とよく耳にしてきた。フリードマンは，この考え方を否定している。日本と同じように，西独もほとんど石油を輸入に頼っているが，西独は約10パーセントのインフレーションにとどまったとしている[19]。また，世界的なインフレーション傾向がよくいわれるが，変動相場制以後は各国の個別のインフレーションが世界に拡がっているのであるとフリードマンは主張している[20]。したがって，政府次第でインフレーションになるかもしれないし，物価の安定になるかもしれないということである。

12. フリードマンのインフレーション理論の批判

サミュエルソンとソローがフリードマンのインフレーション理論を批判していたが，ここではその他の経済学者のフリードマンのインフレーション理論の批判を検討してみる。昭和38年に，大来氏は日本経済の特異性を強調し，フ

リードマンのインフレーション理論が当てはまらないのではないかと批判している[21]。日本経済の特異性とは大企業と中小企業の賃金格差の問題である。しかし，1974年の日本の狂乱物価は日本経済の特異性など，フリードマンのインフレーション理論にはほとんど関係なかったようであり，フリードマンのインフレーション理論の批判に説得力はないようである。

　また，広島大学の小村教授はフリードマンのインフレーション理論を批判している。フリードマンの理論は自由競争メカニズムの完全な作動という前提があるが，自由競争メカニズムの作用を制約する諸要因が長期的にも存在しているので，フリードマンの理論は十分でない。以上が小村教授（[15]67ページ）の見解である。フリードマンのインフレーション理論は自由競争メカニズムを前提とはしていない。各国は関税・輸入制限を持っているが，それでも，「インフレーションはいつでもどこでも貨幣的現象である」なのである。もちろん，フリードマンは自由競争メカニズムが望ましいと考えているのは事実であるが。

　批判をしているわけではないが，関西学院大学の町永教授は以下のように述べている。「なお，議論の展開上注意すべき第一点は，取り扱われる問題の背景には主として米国における実証的研究の裏付けがあるということ，したがって議論を一般化する過程において直ちにあらゆる国の現実にあてはめて考えるべきではないということ，……」（町永[17]151ページ）。たしかに，フリードマンは米国の経済を研究していたが，インドや日本やイスラエルやその他の諸国の物価の研究をしている。したがって，フリードマンのインフレーション理論が米国だけのものであり，世界的に通用しないというのは誤りである。前述したが，日本の狂乱物価などはまさにフリードマンのインフレーション理論である。

13. むすび

　「ディマンド・プル・インフレーションはケインズ政策で退治できるが，コ

スト・プッシュ・インフレーションはケインズ政策では退治できない」とか「フリードマンのインフレーション理論が米国で当てはまっても，日本で当てはまるとはかぎらない」とか「狂乱物価はオイル・ショックからのコスト・プッシュ・インフレーションだ」と耳にしたが，日本の狂乱物価をフリードマンのインフレーション理論で説明してしまうと，これらの主張はあまり説得力がなくなる。フリードマンのインフレーション理論は日本の狂乱物価にかなりの説得力があった。

　また，ケインジアン－マネタリスト論争を通じてマネタリストの考え方がかなり見直されてきた[22]。フリードマンは，以下のように述べている。「本書の大部分を最初に執筆した頃にくらべると，わたくしの同調者の数はずっと多くなっている。これはわたくしの説得が功を奏したというより，事実というものの説得力が強いからである」(フリードマン[9]訳書5ページ)。たしかに説得力よりも事実の方が強いのであろう。しかし，事実よりも弱いかもしれないが，フリードマンの説得力もかなり強いものであると考えられる。

【注】
1) 「インフレの定義の数に不足があるわけではないが，一般的にうけ入れられている定義は，事実，存在してはいない」(フリッシュ[1]訳書5ページ)。
2) 横浜国立大学の新飯田教授も同様な考え方をしている。「通常，経済学において，最も一般的に『インフレーション』という時には，『一般物価水準が持続的に上昇する現象』を指します」(新飯田[19]15ページ)。また，田添氏もインフレーションについて以下のように述べている。「ごく小幅の物価上昇や，季節的要因，一時的要因による物価の上昇は，インフレーションとは呼びません。したがって私は，インフレーションとは『物価の上昇がかなり大幅であり，しかも持続的で，とても元の水準に戻りそうもないほどであるということが，社会的に認められた状態』であると考えます」(田添[24]11ページ)。
3) 「わたくしの教え子のフィリップ・ケイガンは各国の超インフレーションをテーマに博士論文を書いて，その論文はいまでは古典的とみなされている。彼は超インフレーションを定義するさい，一ヵ月あたり物価騰貴率が50パーセントをこえるものを超インフレーションと呼ぶことにした」(フリードマン[9]訳書66ページ)。

4）フリードマンは，以下のように述べている。「賃金の上昇はインフレの原因ではなくインフレの結果を反映したものでしかないわけであります」(フリードマン[8]10ページ)。
5）フリードマン夫妻は，以下のように述べている。「インフレーションが貨幣的現象であるという命題は，なぜインフレが起こるのかを理解するうえでの出発点であって，終着点ではない。完全な理解のためには，なぜ貨幣量はあるときは急速に，あるときは緩慢に増えるのか，またあるときは減るのか，という問題を調べなければならない」(フリードマン夫妻([12]訳書143ページ))。
6）シュルツ・アリバー[23]所収，訳書38ページ以下
7）シュルツ・アリバー[23]所収，訳書39ページ
8）シュルツ・アリバー[23]所収，訳書39ページ以下，フリードマン[9]訳書40ページ以下，フリードマン[3]訳書201ページ以下
9）フリードマンは，以下のように述べている。「このように流通速度の変化は，あるときには貨幣量変化の効果を補強し，あるときにはそれを緩和するのであるが，この傾向は二つのきわめて重要な意味をもっている。第一に，インフレーションの進行が広く認められるにいたりつつあるときには，貨幣量の変化はそれに数倍する物価騰貴をひきおこすかもしれない。第二に，インフレーションあるいはデフレーションは生産一単位あたりの貨幣量の変化がひきおこすのであるが，両者の関係は機械的に一定しているというものではなくなる。どのような状況でも一定ではないから，物価騰貴率を正確に予測することはできない」(フリードマン[9]訳書28ページ以下)，「インフレーションが産出高に対する貨幣量の相対的変化によって生ずるという事実は，貨幣量と価格との間に，正確で固定されたメカニカルな関係があることを意味したわけではない。そしてそのことが，私がこの問題を論ずるにあたって"大幅な"という意味のあいまいなことばを多く用いた理由なのである」(シュルツ・アリバー[23]所収，訳書36ページ)。
10）フリードマン[4]訳書217ページ
11）フリードマンは，以下のように述べている。「現代においては，政府は，貨幣の創造と破壊に対して直接の責任を負っている。すなわち，それは，貨幣量に影響する事柄を決定する。インフレーションは，不当に速い貨幣の膨張から起こるのであるから，起こったすべてのインフレーションに対して政府の責任がある。しかもなお，政策当局は，われわれ一般と同様に，生起したよいことに対して賞揚されるのにはきわめて熱心である反面，悪いことに対して非難されることをきわめて嫌っている――そして，インフレーションは一般に悪いことと考えられている。かれらの自然の傾向は，政策がひき起こしたインフレーションに対して，他人を責めることである――政府の印刷局を犯人と指摘するよりは，むしろ強欲な実業家や権力に飢えた労働指導者を責めるのである」(シュルツ・アリバー[23]所収，訳書33ページ)。

第 4 章　フリードマンのインフレーション理論　61

12) シュルツ・アリバー[23]所収，訳書33ページ，フリードマン夫妻[10]訳書401ページ，フリードマン[11]訳書207, 218, 222ページ，西山[21]所収40ページ以下
13) シュルツ・アリバー[23]所収，訳書28ページ
14) フリードマン夫妻[10]訳書419ページ以下。また，フリードマンは以下のように述べている。「ある程度以上のインフレに悩んでいた国で，低成長と失業という移行期間を経ずにインフレを治した例を，私はまだ知らない。また，加速的なインフレを発生させながら，深刻な経済困難に陥らなかった国というのも知らない」(フリードマン[11]訳書213ページ)。
15) インフレーションタックスはフリードマンが主張したのであるが，日本ではあまり論じられていない。唯一の日本語の参考文献は晝間[13]である。
16) フリードマン夫妻[10]訳書416ページ以下，フリードマン[7]訳書115ページ以下，フリードマン夫妻[12]訳書43ページ以下，フリードマン[9]訳書42ページ以下，西山[21]所収，57ページ。
17) サミュエルソンとソローは，以下のように述べている。「はじめはコスト・インフレとディマンド・インフレとを区別する緻密で信頼できる方法にみえるものでも，後に欠点だらけであることが明らかとなる」(サミュエルソン・ソロー[22]田中訳193ページ)。
18) 西山教授は，以下のように述べている。「インフレの圧力は，昭和47年度のわが国経済において，すでに十分組み込まれた。昨46年の通貨供給増率をみてみよ。年間を通して平均29.7%の年率，1月から4月にかけては平均年率29.6%，5月には年率41.6%，7月には36.2%，8月には42.4%，9月から12月には平均年率21.1%と増加している。所得倍増計画の末期においてインフレを発生させた通貨供給のピークにおいてさえ，それは約36%でしかなかった。インフレへの燃料はすでに十分に注ぎつくされ，インフレの発生はわが国にとってもはや単なる可能性の問題ではなく，現実の問題となっている。これにさらに追い打ちをかけて，『調整インフレ』の主張に従い，インフレを意図的目標とした積極的財政や金融政策を打ち出してみよ。インフレの炎がえんえんとして燃え上がるであろうことはあまりにも明らかであろう」(西山『日本経済新聞』昭和47年9月17日) (三辺[18]所収，38ページ)。
19) 西山[21]所収，42ページ，フリードマン[8]9ページ以下。また，三辺助教授もオイル・ショックからのコスト・プッシュ・インフレーション説を否定している（三辺[18]34ページ）。
20) 小松[14]所収，112ページ
21) フリードマン・大来[2]61, 66ページ
22) レイヨンフーヴッドは，以下のように述べている。「マクロ経済学は，ケインジアンとマネタリストとの論争に，および30年ばかり巻き込まれてきた。論争が

また終わったわけではない。最終的に決着をみた部分は，驚くほど少ない。だが，告白せねばならないことは，過去10年かあるいはそれ以上の間，『ケインジアン・チーム』のやり方がひどく拙劣だったので，ファンはもう観戦する気にもならなくなったことである」(レイヨンフーヴッド[16]120ページ)。

【参考文献】

［ 1 ］ Frish, H., *Theories of Inflation*, Cambridge University Press, 1983. 木村憲二訳『インフレーションの理論』昭和堂，1987年8月。
［ 2 ］ ミルトン・フリードマン・大来佐武郎「日本経済はインフレへの道──現在はインフレか質的転換への過渡期か──」『経済往来』第15巻8号，経済往来社，1963年8月1日。
［ 3 ］ Friedman, M., "The Present State of Monetary Theory,". 『季刊理論経済学』第14巻1号，1963年9月。西山千明訳「貨幣理論の現状」安井琢磨・熊谷尚夫・西山千明編『近代経済学講義』創文社，1964年。
［ 4 ］ Friedman, M., *The Counter-Revolution in Monetary Theory*, Occasional Paper No. 33, 1970. 保坂直達訳・解説『インフレーションと失業』マグロウヒル好学社，1981年。
［ 5 ］ Friedman, M., "Government Revenue from Inflation," *Journal of Political Economy*, Vol. 79, No. 4, July-August, 1971.
［ 6 ］ Friedman, M., "Ideal Money Supply Ratio." 西山千明監訳・編集部訳「最適通貨供給率と日本経済」『東洋経済』臨時増刊，近代経済学シリーズ，No.27，1974年2月8日。
［ 7 ］ Friedman, M., *Monetary Correction : A Proposal for Escalator Clauses to Reduce the Costs of Ending Inflation*, 1974, Occasional Paper, No. 41. 保坂直達訳・解説『インフレーションと失業』マグロウヒル好学社，1981年。
［ 8 ］ ミルトン・フリードマン『フリードマン教授を囲んで』日本経済調査協議会，1975年。
［ 9 ］ Friedman, M., *Dollars and Deficits*, Prentice-Hall, 1968. 新開陽一訳『インフレーションとドル危機』日本経済新聞社，1976年。
［10］ Friedman, M., and Friedman, R. D., *Free to choose*, 1979. 西山千明訳『選択の自由』日本経済新聞社，1980年。
［11］ Friedman, M., *Bright Promises, Dismal Performance An Economist's Protest*, 1983. 西山千明監修・土屋政雄訳『政府からの自由』中央公論社，1984年。
［12］ Friedman, M., and Friedman, R. D., *Tyranny of the Status Quo*, 1984. 加藤寛監訳・林直嗣・大岩雄次郎訳『奇跡の選択』三笠書房，1984年。
［13］ 書間文彦『インフレーションタックスと国債累積』『金融学会報告』62，東洋経済新報社，1986年。

[14]　小松憲治「アメリカ経済学界見聞録(1)自由主義経済学の巨匠　ミルトン・フリードマン」『経済往来』第30巻第3号，経済往来社，1978年3月。
[15]　小村衆統「ケインズ学派とシカゴ学派の物価理論」『金融ジャーナル』第12巻第7号，1971年7月号。
[16]　A. レイヨンフーヴッド「Keynesian Economics?　一体何が起きたのか？」中山靖夫訳『東洋経済』臨時増刊　近代経済学シリーズ76，1987年5月22日。
[17]　町永昭五「貨幣数量と物価水準に関する若干の考察」『商学論究』第11巻第3号（通巻第43号）関西学院大学商学研究会，1964年2月。
[18]　三辺誠夫「マネタリズムの研究」『経済学雑誌』第75巻第6号，大阪市立大学経済研究会，1976年12月。
[19]　新飯田宏『インフレーション』日本経済新聞社，1983年。
[20]　西山千明『マネタリズム──通貨と日本経済』東洋経済新報社，1977年。
[21]　西山千明編著『フリードマンの思想』東京新聞出版局，1979年。
[22]　Samuelson, P. A. and Solow, R. M., "Analytical Aspects of Anti-Inflationary Policy," *American Economic Review*, Vol. 50, May, 1960.「インフレ政策の理論的側面」田中宏編訳『インフレーション論』学文社，1978年。塩野谷祐一訳「インフレ対策の分析的側面」篠原三代平・佐藤隆三編『サミュエルソン経済学体系1』勁草書房，1979年3月。
[23]　Shultz, G. P. and Aliber, R. Z. ed., *Guidelines, Informal Controls, and the Market Place*, The University of Chicago, 1966. 金森久雄・丸茂明則監訳『所得政策論争──ガイドラインは有効か──』東洋経済新報社，1968年。
[24]　田添大三郎『インフレーションの話』日本経済新聞社，1979年。

第5章 フリードマンのトランスミッション・メカニズム

1．はじめに

ケインジアン-マネタリスト論争においてトランスミッション・メカニズムの問題がある。これまで，トランスミッション・メカニズムはマネタリストの弱点であるとされていた。マネタリストのトランスミッション・メカニズムはブラック・ボックスである，といわれていた。この章では，フリードマンのトランスミッション・メカニズムを研究する。

2．フリードマンのトランスミッション・メカニズム

14年前に，筆者はフリードマンのトランスミッション・メカニズムを研究した[1]。トランスミッション・メカニズムの説明に，フリードマンは，ほとんど，自信がないようである。フリードマンは，以下のように述べている。

「技術上の青写真というよりはむしろ印象的な表現に過ぎないものを与えるような大まかで，ぼんやりした言葉を除けば，われわれはトランスミッション・メカニズムの知識に，ほとんど，自信がないのである」(フリードマン[8]，[9] p.222)。

しかし，自信がなくても，フリードマンはトランスミッション・メカニズムの説明をしなければならないのである。フリードマンは，以下のように述べている。

「貨幣の変化と経済の変化との関係が，たとえ，どのように一貫していようとも，そして，貨幣の変化の自律性の証拠が，たとえ，どのように強かろうとも，もし，われわれが一方を他方に結び付けているメカニズムを，ある程度，詳細に具体化できないならば，貨幣的な変化が経済的な変化の源泉であるということを，われわれは納得しないであろう」(フリードマン[8]，[9] p.229)。

さて，フリードマンのトランスミッション・メカニズムの説明に入ろう。買いオペによって，増加した資金を獲得した人々は，まず最初に，確定利付きクーポンとリスクの低い証券を購入する。したがって，それらの証券価格が上昇する。人々は，他の証券（リスクの高い確定利付きクーポン証書や株式等）を購入するようになる。金融資産の価格が上昇するにつれて，人々は非金融資産を獲得するようになる。そこで，非金融資産の価格も上昇するようになる。このようにして，貨幣的刺激は，金融市場から財・サービス市場へと拡大されるのである。以上がフリードマンの説明である。しかし，ここで注意したいことは，フリードマンの場合，ポートフォーリオの範囲が確定利付き債権や株式だけでなく，耐久消費財や衣類等の消費者在庫や人的資本等を含んでいる広い範囲の資産を含んでいて，したがって，その利回りも，広い範囲の資産の利回りであるということである。

3．ブラック・ボックス

ケインジアンは，利子率と投資を使ってトランスミッション・メカニズムを説明している。貨幣量の増加は，利子率を低下させ，投資を増加させて，乗数

倍の所得を生み出すのである。ケインジアンのトランスミッション・メカニズムの説明は，利子率と投資を使って，非常に，明白のようである。ケインジアンのトランスミッション・メカニズムの説明に対して，マネタリストのトランスミッション・メカニズムの説明は明白ではないのである。フリードマンの説明は，青写真でなく，印象的な表現に過ぎないし，大まかで，ぼんやりとした言葉に過ぎない。しかも，フリードマン自身は，トランスミッション・メカニズムの説明に自信がないとも述べている。フリードマンのトランスミッション・メカニズムの説明は，はっきりとしていない。したがって，フリードマンのトランスミッション・メカニズムの説明は「ブラック・ボックス」である，とケインジアンは，しばしば，批判しているのである。また，ケインジアンではなく，マネタリストであり，フリードマンの弟子である立教大学の西山千明教授も，フリードマンのトランスミッション・メカニズムの説明が不十分である，と考えている[2]。したがって，フリードマンのトランスミッション・メカニズムの説明が不十分であるのは紛れもない事実のようである。

4．望月昭一教授の見解

　ケインジアン－マネタリスト論争においてトランスミッション・メカニズムはマネタリストの弱点であり，「ブラック・ボックス」である，といわれている。しかし，昭和55年に，早稲田大学の望月昭一教授は，フリードマンのトランスミッション・メカニズムを，かなり，弁護している。望月教授は，以下のように述べている。

　「他方，アグリゲイティヴな全体の関係のみが研究されるならば，作用メカニズムに関する解釈の問題が残るであろう。だれでも実際に『ブラック・ボックス』で満足するものはいない。マネタリズムはもっぱら貨幣の動きと一定の支出の流れとの間に相関関係を確定したが，トランスミッション・メカニズム

についてはいかなる説明も提示していないという趣旨でときおり強烈に批判されている。たとえば，ジョーン・ロビンソン（Joan Robinson）はつぎのようにのべている。

　……しかし，シカゴにおける伝統は，数量方程式を左から右によむのであって，観察された関係は，相関を因果関係とみなすような場合を除いては，なんの仮説をもたてることなく解釈されている。
　フリードマンの思想には，超自然的な，神秘的な要素がある。かれによれば，貨幣ストックが存在しさえすればとにかく支出をふやす効果をもつのである。

しかしながら，フリードマンは貨幣的刺激が拡大していく姿をくりかえしくりかえし言葉の形でのべ，したがって伝導経路の数式によらないモデルを論じている。これに関し，マネタリストは無理論で議論したり，支出に対する貨幣量の神秘にみちた直接的な効果で議論するといわれているが，かかる見解は根拠のないものである。このことは，貨幣的影響について『いかに』とか『なぜ』という疑問が不必要だということではない。まったくその反対である。しかし，通常の均衡体系においてかかるトランスミッション・メカニズムがある程度適切に把握されるかどうかははじめからのべることはできない。
　結局，理論的着想というのは，それが定式化されていたり，定式化されうるということだけですぐれているとはいえない。詳しく論述されているが誤っている観念よりも，輪郭が多少ぼやけていても正しい観念のほうがよいのは当然であろう。定式化というのはかならずしも現実をよく理解する助けとはならず，思考を誤った方向へむけるかもしれない」(望月[14] 4 ページ以下)。

　ケインジアンのトランスミッション・メカニズムは，定式化されている。しかし，その定式化は誤っているかもしれないという趣旨で，望月教授は，フ

リードマンのトランスミッション・メカニズムを弁護し，ケインジアンのブラック・ボックス批判を批判している。

5．清水啓典教授の見解

1980年に，一橋大学の清水啓典教授も，望月昭一教授と同様に，フリードマンのトランスミッション・メカニズムを，かなり，弁護し，ケインジアンのトランスミッション・メカニズムからのブラック・ボックス批判を批判している。清水教授は以下のように述べている。

「これに対してケインジアンの側からは，この本質的な問題である貨幣部門と実物部門の関連，即ちトランスミッション・メカニズムを説明する体系化されたモデルがないという点が，ブラック・ボックスであるとして批判の的となって来たことも又事実である。ところが，貨幣部門と実物部門の関連というだけであれば，既に指摘されているルート以外にも，更に又他のルートもあり得る可能性があるし，既に指摘されているルートについてだけでも，それらを統一的にモデル化することはかなり困難なことである。しかも，細部を詳細に規定したモデルを作るということ自体，貨幣部門と実物部門の関連をいくつかのルートに限定することを意味する。即ち，現在の段階では，統一的にモデル化することが難しいような様々なルートあるいはメカニズムを通じて，貨幣部門と実物部門が密接に対応しているということこそ，マネタリストの主張の本質とも言える点なのである。従って，それを立証するためには，いわゆる reduced model を用いた実証分析による外はないのである。もちろん，ブラック・ボックスと言われる部分についてより明らかにして行く努力は当然のことであるが，しかし，トランスミッション・メカニズムが統一的にモデル化されていないという理由だけで，マネタリストの主張を排除するという態度もまた，その本質を理解していないと言わなければならない。トランスミッション・メ

カニズムが明確でないという批判は，従来貨幣部門と実物部門の関連を，より狭い範囲でしかとらえていなかったケインジアンに対しても，同様に妥当するのである」(清水[17]73ページ)。

表現方法は違うが，清水教授は，内容的には，望月教授と同じことを主張しているようである。

6．土井省悟教授の見解

四国学院大学の土井省悟教授は，トランスミッション・メカニズムについてもうひとつの見解を示している。土井教授は，ケインジアンのトランスミッション・メカニズムとマネタリストのトランスミッション・メカニズムを，形式的に，一致させている。まず，ケインジアンのトランスミッション・メカニズムを考える。貨幣量の増加は利子率を下落させ，投資を増加させ，そして，乗数過程を通じて所得を増加さす。貨幣量の増加は，利子率を通じて，「間接的に」，所得に影響するのである。次に，マネタリストのトランスミッション・メカニズムを考える。貨幣量の増加は，金融資産の価格を上昇させ，債券利子率は下落する。ここまでは，ケインジアンと同じである。マネタリストのトランスミッション・メカニズムは，まだ，続きがある。貨幣量の増加は金融資産の価格だけでなくて，非金融資産の価格を上昇させ，非金融資産の利子率を下落させる。非金融資産の価格の上昇はその生産を増加させる。同時に，生産諸資源と生産設備の増加も必要になる。生産諸資源の増加は賃金を引き上げ，生産設備の増加は，利子率の下落によって可能になる。このようにして，産出が増加するのである。ケインジアンのトランスミッション・メカニズムも，マネタリストのトランスミッション・メカニズムも，「利子率を経て経済に影響する」といえる。したがって，「形式的レベル」において，貨幣の作用経路は同じである。したがって，マネタリストに貨幣作用経路がないというブラッ

ク・ボックス批判はあたっていない。それでは，ケインジアンとマネタリストのトランスミッション・メカニズムの違いはどこにあるのか。それは，プロセスではなくて，資産の範囲の違いである。ケインジアンは，貨幣の代替資産として，債券を考えているのに対して，マネタリストは，貨幣の代替資産として，耐久財や不動産まで考えているのである。

以上が土井教授（[3]339ページ以下）の要約である[3]。

7．フリードマンの見解

ケインジアンとマネタリストのトランスミッション・メカニズムについて，フリードマンは，どのように，考えているのだろうか。ケインジアンとマネタリストのトランスミッション・メカニズムについての相違は，プロセスの違いではなくて，資産の範囲の違いなのである，とフリードマンは考えている。ケインジアンは，狭い範囲の資産の利子率に，注意を集中する。それに対して，マネタリストは，一層広範な資産と利子率に，注意を集中している。したがって，ケインジアンが強調する市場利子率は妥当な諸利子率の全スペクタルの中のほんの一部分にすぎない，とフリードマンは考えている[4,5]。

短期において，貨幣量の増加は，名目所得の増加を引き起こす，とフリードマンは，以前から，主張しつづけてきた。名目所得の増加は，産出の増加と物価の上昇に分割される。経験的に，産出の増加が先であり，後になって，物価が上昇するのである。それでは，この産出の増加と物価の上昇の比率は，どのようになるのであろうか。この産出と物価の分割の問題に関して，フリードマンは，以前から，苦心して，研究してきたのであるが，現在においても，よく判らないようである[6]。この分割の問題は，トランスミッション・メカニズムと密接な関係があるが，未解決の問題となっている。この分割の問題は，おそらく，国により，時代により，様々なパターンがあるのであろう。しかし，ケインジアンも，この分割の問題について，なにも語るべきものをもっていない，

とフリードマンは考えている[7)8)]。したがって，ケインジアンとマネタリストのトランスミッション・メカニズムの相違は，プロセスではなくて，資産の範囲である，とフリードマンは考えていて，ケインジアンの主張しているブラック・ボックス論は妥当しない，とフリードマンは考えているのであろう。

8．むすびにかえて

前述したが，一橋大学の清水教授は以下のように述べている。

「もちろん，ブラック・ボックスと言われる部分についてより明らかにして行く努力は当然のことであるが，しかし，トランスミッション・メカニズムが統一的にモデル化されていないという理由だけで，マネタリストの主張を排除するという態度もまた，その本質を理解していないと言わなければならない」(清水[17]73ページ)。

「ブラック・ボックスがあるのだから，フリードマンの理論を排除する」というケインジアンの主張と，清水教授は，戦っていたようである。また，前述したが，早稲田大学の望月教授も以下のように述べている。

「結局，理論的着想というのは，それが定式化されていたり，定式化されうるということだけですぐれているとはいえない。詳しく論述されているが誤っている観念よりも，輪郭が多少ぼやけていても正しい観念のほうがよいのは当然であろう。定式化というのはかならずしも現実をよく理解する助けとはならず，思考を誤った方向へむけるかもしれない」(望月[14]5ページ)。

望月教授も，表現方法こそ違うが，清水教授と，内容的に，同じことを主張しているようである。やはり，それは，「ブラック・ボックスがあるのだから，

フリードマンの理論を排除する」というケインジアンの主張と，望月教授も，戦っていたのであろう。清水教授と望月教授の見解は，非常に，優れた見解であり，フリードマンのトランスミッション・メカニズムのブラック・ボックス批判の批判をしているようである。

また，四国学院大学の土井教授は，フリードマンの見解に忠実であり，ブラック・ボックス批判は妥当ではない，と主張している。ケインジアンとマネタリストのトランスミッション・メカニズムの相違は，プロセスではなくて，資産の範囲の相違である。ケインジアンも，マネタリストも，「利子率を経て経済に影響する」ということである。したがって，トランスミッション・メカニズムは，「形式的レベル」では，同一であり，ケインジアンのブラック・ボックス批判は妥当しない，と土井教授は主張している。この土井教授の主張は，ケインジアンのブラック・ボックス批判を退けてしまっているのではないかと考えられる。

最後に，フリードマンについて述べよう。ケインジアンも，産出と物価の分割の問題について，なにも語るべきものをもっていない，とフリードマンは考えている。この分割の問題とトランスミッション・メカニズムは密接な関係がある。また，フリードマンは，ケインジアンとマネタリストのトランスミッション・メカニズムの相違は，プロセスではなくて，資産の範囲の違いである，と考えている。したがって，ケインジアンのブラック・ボックス批判は妥当しない，とフリードマンも，考えているのであろう。

トランスミッション・メカニズムと産出と物価の分割の問題を，フリードマンは，以前から，研究し続けてきた。しかし，未だに，十分に，成功したとは言えないようである。トランスミッション・メカニズムと産出と物価の分割の問題は，フリードマンでさえも，フリードマンの能力の限界を超えているのかもしれない。

第5章 フリードマンのトランスミッション・メカニズム

【注】
1) 吉野[18]の67ページ以下。
2) 立教大学の西山千明教授は，以下のように述べている。
　「それに対して，フリードマンたちは，次のように考える。確かに金利が変動して，その結果お金という紙切れが実物経済の成長の仕方や大きさに影響を与えることがあることを否定はしない。また，ケインズ派の人たちがいうような流動性トラップという問題ではないけれども，金利に対して投資が敏感に動く場合もあれば，投資がほとんど変動しない場合もあるだろう。しかし，問題は，お金が実物経済に影響を与える経路はそれだけではないのだ，ということだ。お金は，もっと直接的にも影響を与える，というのだ。
　ここのところがもっとも議論を呼ぶ点であり，理論的にもっともむずかしい点でもある。フリードマンは『直接的』ということを説明したくて，ヘリコプターからお金をばらまけばそのお金は経済に直接的に影響するはずだといったことがあるのだが，それに対してケインズ派や，そうでなくても金融資産選択理論の立場をとる人びとから，そんな非現実的な前提はないだろう。実際には金融資産との交換という形以外に通貨が発行されることはないのだ。それだというのに，こんな非現実的な前提を立てるから，フリードマンの通貨理論はおかしいのだ，と批判された。
　たしかに，フリードマン自身も，お金がどういう形で『直接的』に影響を与えるかという理論的分析に十分成功したとは，私も思わない。もちろん，彼も貨幣理論の分野において，きわめて理論的な貢献をしているし，いろいろな問題に関して彼が討論に参加するときは，彼こそすぐれて理論的な分析をすることで知られている。しかし，貨幣論における彼の貢献の最大の特徴は，むしろ実証的分析のほうにあったといわなければならない」(西山[15] 8ページ以下)。
3) 土井教授は，別のところで，以下のように述べている。
　「フリードマンのこのような作用経路は，貨幣供給量が直接，支出に影響するような論理に見えるため，トランスミッション・メカニズムがブラック・ボックスになっているとの批判が生じる。しかし，これは，フリードマンとケインジアンそれぞれの利子率概念の違いであって，フリードマンの説明を利子率を通じて貨幣が経済に作用すると言いうることに何ら痛痒はない。フリードマンの利子率概念からすれば，あらゆる資産に利子率が存在するのであって，ケインジアンとフリードマンの違いは，考察の対象にする資産と利子率の範囲の違いである。ケインジアンが考察の対象にする資産は市場で取引される金融資産であり，市場で成立している利子率である。従って，フリードマンは貨幣作用経路を明示していないというのは正しくない」(土井[4]98ページ)。
　「フリードマンによれば，利子率 (an interest rate) は，サービスの価格とそのサービスを生みだす源泉の価値との関係を示す純粋な数値であって，あらゆる

資産にそれぞれの利子率が存在すると考える。したがって，フリードマンが，保有したいと望む実質貨幣量と現実に保有している実質貨幣量との差を，金融資産および非金融資産を購入することによってなくしてゆくと主張するとき，利子率を通じて作用するといえるわけである。したがってフリードマンとケインジアンとのちがいは，貨幣作用経路の性質のちがいではなく，考察される資産の範囲のちがいである。ケインジアンは，狭義の市場性のある資産と市場にあらわれた利子率に集中する傾向があるが，フリードマンはそのような資産と利子率のみならず，耐久消費財，半耐久消費財およびその他の実物財産（家族の将来の稼得能力の現在価値も含まれる）のような資産とそれに関連する利子率——その多くは暗黙裡であり（implicit），観察できない（unobservable）——をも考察する。その結果，フリードマンからみればケインジアンにとって強調される市場利子率は利子率の総スペクトルのわずかな部分にすぎないわけである」(土井[1]112ページ)。

「マネタリストは，ケインジアンよりも広い範囲の資産，したがってより多くの利子率を考慮している。しかし，貨幣作用経路の性質については両者に違いはない。ともに，利子率変化ないし相対価格調整によって貨幣は経済に作用する，と考えている」(土井[2]31ページ)。

4) フリードマンは，以下のように述べている。

「マネタリストとケインジアンとの間のこの局面における相違は，この過程の本性についてのものではなく，その際に考慮される資産の範囲についてのものである。ケインジアンは，狭い範囲の市場性のある資産と記録される利子率に注意を集中する傾向がある。マネタリストは，いっそう広範な資産と利子率が考慮に入れられるべきであると主張する。マネタリストは，耐久消費財および準耐久消費財，建築物，および他の実物資産などの諸資産にも重要性を見出す。その結果，マネタリストは，ケインジアンが強調する市場利子率は妥当な諸利子率の全スペクトルの中のほんの一部分にすぎない，と考えるのである」(フリードマン[10]訳書219ページ)。

5) 四国学院大学の土井教授は，ケインジアンとマネタリストのトランスミッション・メカニズムの相違についてのフリードマンの考え方を，訳して，説明し，以下のように述べている。

しかしながら，ケインジアンとマネタリストの間にあるトランスミッションの違いは両者がとる価格に関する仮定の違いを反映するという点を指摘しておいてもよかろう。

ケインジアンにとっては，ケインズの絶対的流動性選好状態が常態であると言うことを拒否することは利子率を伸縮的にすることと同じである。価格は制度的に与件であるとするケインジアンにとって利子率を伸縮的にすることは，価格の安定と言う仮定への「ひびわれ（clink）」であった。利子率も一つの価格であるからだ。このひびわれは「利子率」を狭く解釈することに

第5章　フリードマンのトランスミッション・メカニズム　75

よって全面的崩壊をまぬがれた。同時に，市場制度がこの想定をたやすくうけいれさせた。結局，マネタリストがするように，「家具や家庭用品や衣服等々を別にして，家屋や自動車の販売価格やレンタル価格に暗黙にある『利子率』("interest rate" implicit in the sales and rental prices) を引き合いに出すのは，ほとんど通常ではない」(Friedman, 1987, pp.13-14)。従ってこれらの価格は，いぜん制度的与件とみなされ続けたのであり，それがトランスミッション・プロセスを極端に狭いチャネルを通じて展開することを強制してしまったのである。つまり，利子率を狭い範囲の資産に限定することによって価格が制度的与件であるとの仮定を維持していくことを可能にさせたのである。

したがって，数量理論へのケインジアンの挑戦として，フリードマンが整理した3つのうち2つ，① 短期変動を考察する場合，価格を制度的与件として扱うのがよいとする点と② 絶対的流動性選好状態とは相互代替的命題とも考えられる。

一方，数量理論家の側には，価格を制度的与件とみなす，と言う禁止条項はなにもない。彼らは，価格を伸縮的とみなすので，「完全に」伸縮的ではないとしても，狭く定義された利子率よりも，広い範囲にわたる相対価格調整と言う言葉で，トランスミッション・メカニズムを解釈するのはごく自然である（土井［3］348ページ，Friedman [12] pp.13-14）。

6）フリードマンは，以下のように述べている。

「今日の経済理論のなかで，もっとも弱体で，もっとも不満足な部分は，諸条件の変化に対して経済全体が適応する過程，したがって集計的活動の短期的変動を取り扱う貨幣動学の分野であるように，私には思われる」(フリードマン[6] p.42，ゴードン所収[13]訳書66ページ）。

「たとえば，貨幣需要は流通速度関数 $v(\cdot)$ の諸変数に関して完全に非弾力的であるというような，もっとも好都合な条件のもとでさえも，貨幣需要方程式⒀〔本書の(7)式に類似の式〕は，せいぜいのところ，貨幣所得の理論を提供するにすぎない。つまり，そのときには，この理論は，貨幣所得の変化は名目貨幣量の変化の映像であると述べる。しかし，この理論は，Y の変化のうち，どれだけが実質所得に反映され，どれだけが物価に反映されるかということについては，なにごとも蘇らない」(フリードマン[7] p.15，ゴードン所収[13]訳書66ページ）。

7）フリードマンは，3つの単純な理論を比較している（Gordon [13]訳書62ページ以下）。ひとつ目は単純な数量説であり，2つ目は単純な所得——支出説であり，3つ目は単純な貨幣的名目所得理論である。そして，フリードマンは以下のように述べている。

「このモデルが他の二つのモデルと共有する主要な欠陥は，三者のうちどれも，名目所得の変化が，短期において，物価の変化と産出高の変化に分割される割合

を決定する諸要因——後出の第12節が取り扱う問題——については，なにも語るべきものをもっていないということである」(フリードマン，Gordon [13]所収，訳書65ページ)。

8) 以上のフリードマンの見解を，四国学院大学の土井教授[4](131ページ以下)は説明しているが，他のところで，以下のように述べている。

　　貨幣の成長率の変化の影響は，最初，産出にあらわれるとしても，やがて物価の変化があらわれてくる。では貨幣成長の変化が，産出と物価の変化にどのような量的影響をうみだすのだろうか。

　　この点についての理論的な試みは，先の「理論的フレームワーク」に関する論文においてなされたが，なお試論的 (tentative) であり，未解決の問題である (Friedman [1970a][1971], Gordon [1974])。この試論的な理論的説明に経験的内容を与えようとした経験的分析の結果も，不首尾であった (unsuccessful experiment)(Friedman & A.J.Schwartz [1982] p.623)。したがって，貨幣成長の変化が産出の変化と物価の変化にどの様な量的影響を与えるかということに対しての「経験的一般化」はない (Friedman [1987])。

　　短期において貨幣成長率の変化が産出と物価の変化にどのような量的変化を生じさせるかを説明する理論はまだないというのが，実情であろうことは先にふれた。この点は貨幣数量理論的伝統にあろうがケインズの理論的伝統にあろうが，等しく直面している理論的課題である（土井[5]130ページ以下）。

【参考文献】

[1] 土井省悟「M.フリードマンの貨幣作用経路について」『金融ジャーナル』第16巻第1号，1975年1月号。

[2] 土井省悟「貨幣と経済(2)——マネタリストの主張——」内橋吉朗編『金融の理論と実際』春秋社，1984年。

[3] 土井省悟「M.フリードマンの貨幣理論における利子率」『四国学院大学創立40周年記念論文集』1990年2月。

[4] 土井省悟「M.フリードマンの貨幣理論と利子理論」四国学院大学『論集』第75号，1990年12月。

[5] 土井省悟「M.フリードマンの貨幣政策論——開題——」四国学院大学『論集』第85号，1994年3月。

[6] Friedman, M., *Essays in Positive Economics*, Chicago : The University of Chicago Press, 1953. 佐藤隆三・長谷川啓之訳『実証的経済学の方法と展開』富士書房，1977年。

[7] Friedman, M., "The Quantity Theory of Money——A Restatement," In

Studies in the Quantity of Theory of Money, ed. Friedman, M., Chicago : The University of Chicago Press, 1956. Reprinted in Friedman [9].
[8] Friedman, M. and Schwartz, A. J., "Money and Business Cycles," *Review of Economics and Statistics*, February 1963. Reprinted in Friedman [9].
[9] Friedman, M., *The Optimum Quantity of Money and Other Essays*, Chicago : Aldine, 1969.
[10] Friedman, M., *The Counter——Revolution in Monetary Theory*, The Institute of Economic Affairs, 1970. 保坂直達訳・解説『インフレーションと失業』マグロウヒル好学社, 1978年。
[11] Friedman, M., and Anna J. Schwartz, *Monetary Trends in the United States and the United Kingdom : Their Relation to Income, Prices, and Interest Rates, 1867-1975*, The University of Chicago Press, 1982.
[12] Friedman, M., "Quantity Theory of Money," in *The New Palgrave : A Dictionary of Economics* (ed. by John Eatwell, M. Milgrate and P. Newman): Vol. 4, pp.3-20, 1987.
[13] Gordon, Robert ed., *Milton Friedman's Monetary Framework : A Debate with His Critics*, 1974. 加藤寛孝訳『フリードマンの貨幣理論——その展開と論争』マグロウヒル好学社, 1978年。
[14] 望月昭一「ケインジアンとマネタリストの方法について」早稲田大学『産業経営』第6号, 1980年12月。
[15] 西山千明『マネタリズム——通貨と日本経済』東洋経済新報社, 1976年。
[16] Robinson, J., *Economic Heresies*, 1971. 宇沢弘文訳『異端の経済学』日本経済新聞社, 1973年。
[17] 清水啓典「マネタリスト論争と乗数理論」『一橋論叢』第83巻第6号, 1980年6月。
[18] 吉野正和「フリードマンの貨幣供給理論について」早稲田大学『商経論集』第52号, 1987年3月。

第6章　フリードマンの $X\%$ ルール

1. はじめに

　現代のケインジアン——マネタリスト論争において経済政策上の大きな違いがある。すなわち，自由裁量　対　$X\%$ ルールである。ケインジアンは自由裁量を主張し，マネタリストは $X\%$ ルールを主張している。なぜ，ケインジアンは自由裁量を主張し，マネタリストは $X\%$ ルールを主張しているのか。また，マネタリストの総帥であるミルトン・フリードマンは $X\%$ ルールを主張する前に，シカゴ大学の伝統的な主張であった「100％準備」を主張していた。なぜ，フリードマンは100％準備を主張したのか。また，なぜ，100％準備から $X\%$ ルールに移ったのか。最近では，ハイパワード・マネーを凍結する主張をしている。なぜ，$X\%$ ルールから，ハイパワード・マネーの凍結を主張しているのか。また，100％準備の提案と $X\%$ ルールの提案とハイパワード・マネー凍結の提案に流れている共通の思想は何であるのか。当章はこれらの問題を研究している。

2. 自由裁量

　ケインジアンは，経済政策において自由裁量を主張している。自由裁量とは，景気が悪い場合には拡張的な貨幣政策・財政政策を用いて景気を良くし，景気

が行き過ぎの場合には縮小的な貨幣政策・財政政策を用いて景気の行き過ぎをおさえるファイン・チューニング（微調整）のことである。ケインジアンの自由裁量は理論的にもっともであり，非常に理解しやすい経済政策であるといえよう。

つぎに，なぜ，ケインジアンが自由裁量を採用するようになったのか。創価大学の加藤寛孝教授は「ケインズ革命」を3つに分けている[1]。ケインズ理論・ケインズ政策・ケインズ主義の3つである。ケインズ主義とは自由放任の否定のヴィジョンであり，長期停滞のヴィジョンである[2,3]。ケインジアンはこのケインズ主義を持っているためにケインズ政策（自由裁量）を主張しているのであろう。

3. X%ルール

ケインジアンの自由裁量は理論的にもっともであり，非常に理解しやすい経済政策である。ケインジアンはフリードマンのX%ルールを批判して，しばしば，次のように述べている。「マネタリストは安定的な貨幣供給（X%ルール）さえしていれば，いいのか。われわれは，経済をいじくってみたくなるんだよね」。フリードマンは，なぜ，ケインジアンの自由裁量に反対し，X%ルールを提案しているのか。自由裁量の反対理由はふたつある。

第一に，実証的・経験的に，これまでがうまくいっていなかったということである。フリードマンは，以下のように述べている。「ほとんどあらゆる場合，アメリカのおもなる不安定は貨幣の不安定によってもたらされたし，まさにそれによってすくなくとも強められてきた」（[2]訳書15ページ以下）。「政府の貨幣問題への干渉は，かえって根本的に正しい自由市場に対する安定的な貨幣機構をもたらさないこととなるので，その干渉が不安定の有力な原因となった」（[2]訳書39ページ）。「それゆえ，連邦準備制度の設立以前と以降でのできごとを，全体として比較することは意義がある。つぎの頁の図では，1867年から

1959年までの各年平均の貨幣残高が対数目盛りで示されている。これは，国家経済調査会の研究の一環として，アンナ・J・シュワルツとフリードマンとによって計測されたものである。これによると，ちょうど偶然にも連邦準備制度が活動をはじめた1914年が，この期間をほとんど二分している。第6-1図を一見すると明らかなように，1914年以降の44ヶ年のほうが1914年以前の47ヶ年よりも貨幣残高においてずっと不安定であることがわかる。数字で示すと貨幣残高に関する年々の変化の標準偏差は，前期に対して後期は1.5倍となっている」（[2]訳書24ページ）。

第二に，理論的に3つの遅れがあるということなのである。第一の理由が実証的・経験的な問題であったが，第二の理由は理論的な問題である。フリードマンは以下のように述べている。「(1) 措置の必要が生じたときから，その必要を認知するまでに経過する時の遅れ，(2) 措置の必要を認知してから措置がとられるまでに経過する時の遅れ，および(3) 措置がとられてからそれが効果を

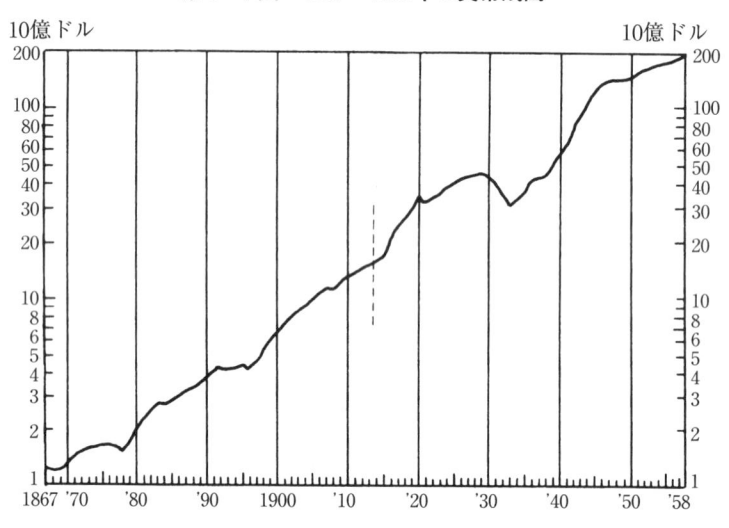

第6-1図　1867～1958年の貨幣残高

［出所］　フリードマン[2]訳書25ページ

あらわすまでに経過する時の遅れ」(フリードマン[1]訳書146ページ)。この3つの遅れは，(1)認知の遅れ，(2)実施の遅れ，(3)効果の遅れ，といわれている。

　第一の実証的な理由と第二の理論的な理由のために，フリードマンはケインジアンの自由裁量に反対している。フリードマンは貨幣的な要因で経済を不安定にするのは良くないと考えていて，$X\%$ルールを主張している。過去90年間の米国の場合において，実質経済成長率が3％であり，貨幣の所得速度であるVは1％で下落しているので，貨幣（M_2）は3ないし5％の増加率が良いと考えている。

　ケインジアンの自由裁量とマネタリストの$X\%$ルールを比較してみよう。ケインジアンの自由裁量は，現在発生している変動に事後的に対応している短期的な観点としての経済政策であるといえよう。一方，マネタリストの$X\%$ルールは長期的な観点としての経済政策であるといえよう。なぜならば，前述したように，マネタリストの$X\%$ルールは過去90年間の米国経済を研究した上での経済政策だからである。

　米国の場合，M_2の増加率が3％ないし5％が最適であるとフリードマンは考えているが，日本の場合はどのようになるであろうか。フリードマンは日本の場合について「最適通貨供給率と日本経済」[4]という題名の論文を書いている。この論文で，フリードマンは年率でM_2の16％の増加率を主張している。この論文は昭和49年2月に訳されて発行されているが，実際にフリードマンが書いたのは昭和48年であろう。昭和48年の日本は高度成長時代の末期になっているが，フリードマンは，実質経済成長率は過去20年間を平均すると10％であり，Vの下落は6％と予想し，年率約16％の貨幣増加率が必要となると主張している。これをフリードマンは数式を用いて説明している（[4]4ページ以下）。まず第一に，貨幣数量方程式から考えている。すなわち，

$$MV = PY \tag{1}$$

Mは名目単位での貨幣数量であり，Vは貨幣の所得速度であり，Pは物価水

準の指数であり，Y は実質所得指数である。(1)式の両辺の自然対数をとり，時間に関して微分すると，以下のようになる。

$$\frac{1}{M}\frac{dM}{dt} + \frac{1}{V}\frac{dV}{dt} = \frac{1}{P}\frac{dP}{dt} + \frac{1}{Y}\frac{dY}{dt} \qquad (2)$$

変化率（増減率）を g で表わすと，(2)式は

$$g_M + g_V = g_P + g_Y \qquad (3)$$

となる。日本の場合，g_V が -6 であり，g_Y が10であるので，g_M は16が望ましいとフリードマンは主張している。ここで問題となるのは g_P をゼロにしようとしていることである。数学的に考えてみると，g_P はゼロにならなければならない。米国の場合についても同じことが考えられる。(3)式において，g_M を4とし，g_V を -1 とし，g_Y を3とすると，g_P はゼロにならなければならない。このように考えてみると，フリードマンの $X\%$ ルールは価格水準の安定が直接的指針になっているように受け取られる。

しかし，FRB が直接的指針として価格水準の安定性をとることは望ましくないと，フリードマンは主張している[4]。短期において，前述した3つの遅れがあり，貨幣的変化と価格変化とのあいだの関係は非常にゆるく非常に不完全にしか知られていないので，短期において，価格を安定化さすことはむずかしいとフリードマンは考えている。しかし，フリードマンは長期的には価格を安定させようとしている。フリードマンは，以下のように述べている。「だいたいにおいて増加率が最終生産物価格のかなり安定的な長期水準に一致すると期待されることができさえすれば，その増加率が選ばれるであろう。ちょうどすすめられた貨幣の概念，すなわち通貨プラス商業銀行の全預金からすれば，これは過去90年の平均で年当りやっと4パーセントを上回った増加率を必要としたであろう。――3パーセント以上のものは生産物の成長を考慮し，1パーセントは所得速度の長期的低下すなわち，その1人当り実質所得が増大するにつれて公衆が保有せんと欲する生産物当りの貨幣残高の増加を考慮したものであ

る。このことから判断して，年当り3パーセントないし5パーセントの増加率は，この特定の貨幣概念でだいたい安定的な価格水準と符合するものと考えられるであろう」(フリードマン[2]訳書162ページ以下)。このフリードマンの引用文をみれば，フリードマンが長期的には価格を安定させようとしているのがわかる。前述したが，フリードマンの$X\%$ルールの政策は非常に長期的な観点からの経済政策なのである。

4．100%準備の提案

　フリードマンは100%準備を提案していたが，100%準備の提案はフリードマンが最初ではなかった。シカゴ大学の伝統的な考え方であった。とくに，H.サイモンズやL.ミンツが中心になってこの提案をした。したがって，この提案は別名「銀行改革のシカゴ・プラン」とも呼ばれている。100%準備とは商業銀行の一部準備制度をやめて，100%準備制度にして，商業銀行の信用創造能力をなくすことである。この100%準備によって，フリードマンは貨幣量の増減を少なくしようとし，貨幣制度を安定させようとした。ここで，問題となるのは100%準備制度にした場合，どのようにして預託機関はその経費を賄う所得をうるのかということである。フリードマン ([2]訳書127ページ)は，そのサービスに対する手数料と準備に対する政府の利子支払いとを考えている。

　しかしながら，フリードマンは100%準備の提案を最近では主張していない。どうしてであろうか。フリードマンは，100%準備から$X\%$ルールに考え方を変えたのである。早稲田大学の望月教授 ([15]92ページ以下) によると，「100%準備案」は「貨幣ルール」の背後にかくれてしまっていて，フリードマンは貨幣乗数アプローチを信頼して$X\%$ルールを採用するようになったと述べている。望月教授の考え方は，正しい主張であろう。フリードマン ([2]訳書90ページ)は，ハイパワード・マネー (H) から貨幣供給 (M) の式を示している。すなわち，

$$M = H \frac{\frac{C}{D} + 1}{\frac{C}{D} + \frac{R}{D}}$$

である。

ここで，C は公衆によって保有される通貨であり，D は公衆によって保有される預金である。R は手許現金プラス連邦準備銀行での商業銀行預金である。

$\dfrac{\frac{C}{D} + 1}{\frac{C}{D} + \frac{R}{D}} = m$ とすると，$M = H \cdot m$ になる。

m は貨幣乗数といわれている。m の中の変数は $\dfrac{C}{D}$ と $\dfrac{R}{D}$ であるが，$\dfrac{C}{D}$ と $\dfrac{R}{D}$ はかなり安定しているとフリードマンは考えている[5]。したがって，m がかなり安定的ならば，公開市場操作による H の増減で M を変動さすことが可能になり，一部準備制度を変える必要がなくなったのである。つまり，貨幣乗数アプローチを信頼して採用することによって100％準備案を放棄したのである。

フリードマンは100％準備から X％ルールに考え方を変えたのであるが，フリードマンの1960年の著作[2]にはその両方の提案が主張されている。X％ルールについて，フリードマンは以下のように述べている。「このことから判断して，年当り3パーセントないし5パーセントの増加率は，この特定の貨幣概念でだいたい安定的な価格水準と符合するものと考えられるであろう。……経済の安定にとって非常に障害となるものは，いずれの方向にせよ，ゆるやかで一定な長期的動きでなくて，物価の急激で大きな変動である。貨幣残高の固定された増加率は，ゆるやかな循環的あるいは長期的変動をとり除かないであろうが，ほとんどたしかにこのような急激で大きな変動をとり除くであろう」（フリードマン[2]訳書163ページ）。

100％準備について，フリードマンは以下のように述べている。「ヘンリー・

第6章　フリードマンのX%ルール　85

シモンズ（サイモンズ）やロイド・ミント（ミンツ）の学者のように，当然私も銀行改革の議論での中心的な論点として，アメリカの商業銀行制度がもつ一部準備の性格についてとりあげたい。私はまた現在の制度が100パーセントの準備を要求するものに変えられるように勧告する点で，それらにしたがうであろう。ただ一つの点で，最初の『銀行改革のシカゴ案』と異なっているであろう。それは非常に重要なものであると私は考えている。私は100パーセント準備に利子が支払われるよう主張するであろう」(フリードマン[2]訳書117ページ)。フリードマンのひとつの著作[2]の中でふたつの提案が主張されているのをみることは非常に興味深いことである。

5．ハイパワード・マネーの凍結提案

100％の準備の提案からX％ルールの提案になり，最近（1984年）ではフリードマン（[5]，[6]，[7]）はX％ルールから，ハイパワード・マネーの凍結提案を主張している。ハイパワード・マネーの凍結だけでなく，フリードマンはFRBを財務省の一部分とすることを提案している。では，なぜ，X％ルールをやめて，これらの新しい提案をするようになったのか。フリードマンは，これまでのFRBのやり方に不満をもっていて，これまでのFRBの業績は非常に悪いと考えている。FRBにX％ルールを実行するのを任すよりも，ハイパワード・マネーを凍結した方が良いとフリードマンは考えている。フリードマンは以下のように述べている。「事実，私の意見では，米国の主要な機関で，FRBほど長期間に亘って業績が芳しくないのに，高い一般の名望を博しているものはない」(フリードマン[6]訳書37ページ)。「私は最早，かつてのように，通貨当局にルールの遵守を説き又はその採用を立法化することによってそれが実現されると楽観的に考えていない。この10年間にFRBをその方向に押し進めようとする議会の試みは繰り返し失敗した」(フリードマン[6]訳書40ページ)。フリードマンは現在のFRBの成績は非常に悪いと考えていて，

FRBの権力をなくすことを考えている[6]。また，フリードマンはFRBを財務省の一部分とすることは理想的なことではないと考えているのであるが，現状のFRBの業績の悪さをみると，FRBを財務省の一部分にした方がよっぽどましであると考えている[7]。

しかしながら，フリードマンは，すぐに，この提案が実行できるとは考えていない。では，なぜ，この新しい提案をしたのか。理由はふたつある。第一に理想的目標の構築である。第二に，必要な時に，利用可能になるということである[8]。1950年代に，フリードマンは変動為替相場を主張していたのであるが（[3]157ページ以下），20年後に変動為替相場は実現されたのである。フリードマンのこの新しい提案は変動為替相場の提案と似ているといえるかもしれない[9]。フリードマンは，この新提案が，すぐに，実行可能であると考えていないのであり，現在でも，$X\%$ルールを主張しているのである[10]。ただ，この$X\%$ルールがなかなか実行できないために，苛立って，この新提案を主張しているということなのである。

6. 共通の思想

フリードマンは，これまでに，100％準備と$X\%$ルールとハイパワード・マネーの凍結の提案をしてきたが，これら3つの提案に共通しているのは何であるのか。これら3つの提案に共通しているのは安定した貨幣供給ということである。この安定した貨幣供給が経済の安定成長をもたらすのである。フリードマンはプライス・メカニズムを信頼し，自由主義経済と自由競争を支持し，独占や政府の規制に反対している。プライス・メカニズムと自由主義経済と自由競争の前提条件になっているのが安定した貨幣供給なのである。

前述したが，100％準備案はフリードマンが最初に主張したのではなく，H.サイモンズやL.ミンツが主張していたものであり，フリードマンはシカゴ大学の伝統を受け継いだのである。シカゴ大学の人々は伝統的に自由裁量（ケイ

ンジアンのファイン・チューニング)に反対であり,フリードマンも自由裁量に反対している。安定した貨幣供給の制度を政府に課すことによって,独占をなくし,自由競争経済を維持し,政府の規制に反対し,プライス・メカニズムを利用して経済の安定成長を維持するというのがシカゴ大学の伝統である。100%準備案と$X\%$ルールとハイパワード・マネーの凍結案の3つの提案はどれもシカゴ大学の伝統に沿ったものであり,根底には自由主義思想があるといえよう。

7. ルールと自由裁量の相違

ケインジアンの自由裁量が,結果として,たまたま,$X\%$ルールと同じことをしている場合もある。また,もしも$X\%$ルールからはずれれば(たとえば,M_2の増加率が5%から10%になれば),中央銀行は公開市場操作等をして$X\%$ルールに戻すとすれば(M_2の増加率を10%から5%にすれば),それは$X\%$ルールであり,しかも,自由裁量にもなるであろう。P. A. サミュエルソンはルールと自由裁量の区別ができないと主張している[11]。しかし,このサミュエルソンの論文に対して,大阪大学の川口慎二教授はルールと自由裁量の区別が強調されねばならないと批判している[12]。やはり,ルールと自由裁量の区別を無視することは無理であろう。

確かに,ルールと自由裁量の両者が似ていることがあるであろう。しかし,それはたまたま似ただけであると考えられる。ルールの場合,自由裁量が必要になるであろうが,ルールに沿った自由裁量でなくてはならない。しかも,前述したが,そのルールは長期的な観点としての経済政策なのである。自由裁量の場合,初めからのルールはなく,前述したが,現在発生している変動に事後的に対応している短期的な観点としての経済政策なのである。初めから,ルールがないのとあるのとの相違と短期的な観点の経済政策と長期的な観点の経済政策との相違があり,経済哲学的に大きな相違があるといえよう。

8. むすびにかえて

フリードマンは，ハイパワード・マネー凍結の新提案をしている。しかし，新提案は現時点では実現可能でない理想案であり，現在でも，フリードマンの経済政策は $X\%$ ルールである。それでも，$X\%$ ルールは最終的なものではないとフリードマンが述べている[13]のは注目に値する。現在の知識水準で，自由社会を維持する貨幣的安定を得るのは $X\%$ ルールであるということである。

【注】
1）詳しくは，「幻想のケインズ主義」[10]と「加藤寛孝教授のマネタリズム」[18]を見ていただきたい。
2）ケインズ自身が，以下のように述べている。「われわれの生活している経済体系は，回復に向かうのか完全に崩壊するのかなんら明確な傾向を示すことなく，長い間慢性的な正常以下の活動状態に止まることもありうるように見える」(Keynes [14] p.249, 加藤[10]138ページ)。「証拠が示すところでは，完全雇用はもとより，それに近い状態でさえ，稀れにしか起こらず，かつ短命である」(Keynes [14] pp.249-250, 加藤[10]141ページ)。
3）このケインズ主義をめぐって，創価大学の加藤寛孝教授と東京大学の早坂忠教授が『二つの経済学』[11]と『日本経済新聞』([8]，[12])において大論争をしている。詳しくは[11]，[8]，[12]を見ていただきたい。
4）フリードマンは，以下のように述べている。「しかしながら準備制度が政策に対する直接的指針として価格水準の安定性をとることの望ましいことを，繰り返しのべてきたことに私は疑いをもつものである。全く役に立つような特定の価格指数をとらえることができないとの技術的問題を別にして，重大な困難さは短期間における価格変化と貨幣的変化との間の関係は非常にゆるく非常に不完全にしか知られていないので，価格水準の安定を政策に対する客観的で論理的にはっきりした指針とすることはできない」(フリードマン[2]訳書155ページ)。
5）フリードマンは，以下のように述べている。「極端な流動性危機を別にするとこれらの比率はかなり安定しており，相当徐々に変化している」(フリードマン[2]訳書121ページ)。
6）フリードマンは，以下のように述べている。「私は，知識のある非専門家にとってすら，選挙にも解雇にも，密接な行政的又は政治的な監督にも服さないで，

第6章　フリードマンの $X\%$ ルール　89

ワシントンで，机の回りに座っている12人（又は19人）の人々が，通貨量を決定する——大恐慌の間に3分の1も減少し，1970年から1980年の間に殆ど倍増することを許す——権限を持っているという命題ほど受け容れ難いものは少ないことを発見した。この権力は極めて重要かつ広汎であり，いやしくも他に可能な選択権がある限り，いかに公共精神に富んでいるといえ，少数の人がこれを行使すべきではない」（[6]訳書45ページ以下）。

7）フリードマンは，以下のように述べている。「FRBを財務省の下に置くことは決して理想的ではない。しかしそれは，他の変動がなくてさえ，現在の事態に対する偉大な改善であろう」（[6]訳書42ページ）。

8）フリードマンは，以下のように述べている。「大きな制度的変更は危機の時だけに起こる」（[6]訳書46ページ）。「そのような変化は今，ありうることではないし緊要なことでないかも知れない。しかし，我々は今これらの変化を考えなければ，必要が迫ったとき及びもしそれが迫ったとしても，我々はそれを受け入れる用意がないであろう」（[6]訳書37ページ）。

9）望月教授は，以下のように述べている。「しかしフリードマンは，現実にそくした次善の策を考えることはせず，『作り出せる』と信じることを主張する。それはただちに実行できなくともよい。いうなれば，基本的改善の可能性に対する長期の志向である。その意味でフリードマンは，最もよい妥協を考えるのではなく，最もよい構想を考えだそうとする『知的急進主義者』といえるかもしれない」（望月[16] 1ページ）。

10）フリードマンは，以下のように述べている。「私は依然として，特定の通貨総量の予測可能な長期的径路に至る通貨ルールが高度に望ましいゴール——通貨当局による通貨量の裁量的管理にも，商品本位制にも優る——であると納得している」（[6]訳書40ページ）。

11）サミュエルソンは，以下のように述べている。「この種の自動的メカニズムは，しばしばいわゆる『自由裁量的』なシステムと対比される。しかしわたくしは，長年にわたってこの区別と闘ってきたのであり，どう考えてもわたくしは，哲学的なレベルでもプラグマティックなレベルでも，真に論理的な差を見出すことができない。それはただ，この種のメカニズムは自由裁量によって設立され，自由裁量によって破棄され，自由裁量によって干渉を受ける，というだけのことではない——もっともこうした点を考えただけでも，真に種類の違いがあるという観念を打破するに十分なのではあるが。さらにわたくしは，論理的に厳密な程度の差を確定すべく種々努力したけれども，ついに成功していないのである」（[17]訳書149ページ）。

12）川口教授は，以下のように述べている。「サミュエルソン（P. A. Samuelson）は，この『自由裁量』と『ルール設定』との間を実践的かつ原理的に区別すべき論理的な差異は存在しないことを強調する。その論点はルールの設定も自由裁量

によって実施されまた廃止されるという点にある。……ところで，ルールの設定は人為的であり，その限りにおいて議会によってその存廃が決定される性質のものであることはサミュエルソンのいう如くである。けれども，それ故にルールの設定を二種の自由裁量政策間の選択の問題と看做し，ルール設定の意義を無視することは妥当ではないであろう。少くともシカゴ学派の貨幣政策においては，『自由裁量』と『ルール設定』との間には実践的並びに原理的な差異の存在が強調されねばならないのである」([13]261ページ)。

　また，大阪大学の一谷藤一郎教授はルールと自由裁量の相違を程度の相違に過ぎないとしながらも，両者の対立は際立っていると主張している。「もちろん，ルールといっても，裁量の余地を全く残さないものは無いであろうし，また自由裁量といっても，ルールに類するものを全然欠いているわけではないから，あるいは両者の対立は本質的なものではなく，単に程度の相違に過ぎないといわれるかもしれない。しかしそれにもかかわらず，両者の対立は際立っているのである」([9]131ページ)。

13) フリードマンは，以下のように述べている。「私はすべてのときに対して貨幣残高の着実な成長を，貨幣政策のかんじんなことで最終的のものであると見なさないということを強調したい。われわれの現在の知識状態では，すすめるに値するのは規則である」([2]訳書175ページ)。
「強調しておきたいが，わたくしは右の提案を貨幣政策として唯一無二のものと思っているわけではない。金板に書きこんで永久に尊重すべき規則であるなどと思わない。現在の経済知識に照らしてみれば，まずまずの貨幣的安定を達成しうる見込みがもっとも大きいのが，この規則であるように思われるのである」([3]訳書170ページ)。

【参考文献】

[1] Friedman, M., *Essays in Positive Economics*, The University of Chicago Press, 1953. 佐藤隆三・長谷川啓之訳『実証的経済学の方法と展開』富士書房，1977年。
[2] Friedman, M., *A Program For Monetary Stability*, FordHam University Press, 1960. 三宅武雄訳『貨幣の安定をめぎして』ダイヤモンド社，1963年。
[3] Friedman, M., *Dollars and Deficits,* Prentice-Hall, 1968. 新開陽一訳，『インフレーションとドル危機』日本経済新聞社，1970年。
[4] Friedman, M."Ideal Money Supply Ratio." 西山千明監訳・編集部訳「最適通貨供給率と日本経済」『週刊 東洋経済』臨時増刊　近代経済学シリーズ No.27, 1974年2月8日。
[5] Friedman, M., "Monetary Policy for the 1980s," Moore, J. H. ed., *To Promote Prosperity*, Hoover Institution Press, 1984.

［6］ Friedman, M., "The Case for Overhauling the Federal Reserve," *Challege*, July August 1985. 青木寅男訳「連邦準備制度の総点検論」『調査月報』第74巻第11号, 大蔵省大臣官房調査企画課, 1985年11月。
［7］ Friedman, M., "Monetary Poliey : Tactics versus Strategy," Dorn, J. A. and Schwartz, A. J. ed., *The Search for Stable Money*, University of Chicago Press, 1987.
［8］ 早坂忠「ケインズ主義は幻想か」『日本経済新聞』1987年5月26日～1987年6月1日。
［9］ 一谷藤一郎「金融政策におけるルールと自由裁量」『大阪大学経済学』第13巻第3・4号, 1964年。
［10］ 加藤寛孝「幻想のケインズ主義」創価大学『創立10周年記念論文集』1980年。
［11］ 加藤寛孝「報告Ⅱ 1930年代の経済分析」根岸隆・山口重克編『二つの経済学』東京大学出版会, 1984年。
［12］ 加藤寛孝「ケインズ再論」『日本経済新聞社』1987年6月24日～1987年7月1日。
［13］ 川口慎二「定式的貨幣政策と経済安定」『大阪大学経済学』第6巻第3・4号, 1957年。
［14］ Keynes, J. M., *The General Theory of Employment, Interest and Money*, MARUZEN, 1936. 塩野谷九十九訳『雇傭・利子および貨幣の一般理論』東洋経済新報社, 1977年。
［15］ 望月昭一「マネタリー・アプローチと経済政策」『金融ジャーナル』1980年10月。
［16］ 望月昭一「ケインズとフリードマン」『不動産鑑定』住宅新報社, 1980年11月。
［17］ Samuelson, P. A., "Principles and Rules In Modern Fiscal Policy : A Neo-Classical Reformulation," In *Money Trade, and Economic Growth——IN HONOR OF John Henry Williams*, 1951, The Macmillan Company : New York. In *The collected scientific papers of Paul A. Samuelson*, Vol. Ⅱ, The M. I. T. Press, 1966. 飯田経夫訳「近代フィスカル・ポリシーの原理とルール——新古典派的な再定式化」篠原三代平・佐藤隆三編『サミュエルソン経済学体系1』勁草書房, 1979年3月。
［18］ 吉野正和「加藤寛孝教授のマネタリズム」早稲田大学『商学研究科紀要』第22号, 1986年。

第7章　1980年代のフリードマン

1．はじめに

　フリードマンは，1980年代に，ハイパワードマネーの凍結を提案している。それまでのフリードマンの経済政策は $X\%$ ルールであった。フリードマンは，なぜ，ハイパワードマネーの凍結を提案するようになったのか。当章はフリードマンのハイパワードマネー凍結提案を検討する。

2．ハイパワードマネー凍結提案

　フリードマンは，1984年に，「1980年代の貨幣政策」[5]というタイトルで，論文を書いている。この論文の一部は除かれているが，大部分は *Challenge* 誌[6]にも収録されている。フリードマンは，[5]と[6]の両方において，ハイパワードマネーの凍結を提案している。つまり，フリードマンはハイパワードマネーのゼロ成長を主張している。貨幣量の増減を決定する連邦準備制度の権限を廃止し，連邦準備制度を財務省の一部分としよう，とフリードマンは考えている。貨幣量は全金融機関と預金者の相互作用によって決定されるようになる。したがって，貨幣量は，短期的に，大きな変化はなくなるであろう，とフリードマンは考えている。連邦準備制度の貨幣政策を放棄させ，ハイパワードマネーを凍結するというのがフリードマンの提案であるが，この提案は，ラ

ディカルで，影響が大きく，単純である，とフリードマンは述べている[1]。

3．なぜ，提案したか

フリードマンは，ハイパワードマネーの凍結を提案しているが，ハイパワードマネー凍結の実現可能性は少ない，とフリードマンは考えている。フリードマンは，以下のように述べている。

「そのような変化は今，ありうることではないし，緊要なことではないかも知れない」(フリードマン[6]訳書37ページ)。

それでは，なぜ，フリードマンは，実現可能性の少ないハイパワードマネーの凍結提案をしたのか。フリードマンは，代案を提示し，利用可能にしておきたかったからである[2]。1950年代から，フリードマンは変動相場制を主張していたのであったが，1973年から，変動相場制は，本格的に，実現された。つまり，変動相場制は1950年代から利用可能であった。

4．連邦準備制度の悪い業績と高い名声

連邦準備制度の貨幣政策は，業績が悪いのに，高い名声を得ている，とフリードマンは考えている。フリードマンは，以下のように述べている。

「事実，私の意見では，米国の主要な機関で，FRBほど長期間に亘って業績が芳しくないのに，高い一般の名望を博しているものはない」(フリードマン[6]訳書37ページ)。

特に，1929年からの大恐慌期に，貨幣量の1／3の下落と1970年から1980年の

間の貨幣量の殆んど倍増を，フリードマンは業績が悪いと考えている[3]。フリードマンは，これまで，X%ルールを主張していたが，結局，連邦準備制度の貨幣政策の業績は悪かった。したがって，ハイパワードマネーを凍結する提案をフリードマンが考え出したとも考えられる。

また，ハイパワードマネーの凍結提案と関連しているのであるが，フリードマンは，「貨幣は重要であるので，中央銀行の首脳には任せられない」とも考えている[4]。

5．ハイパワード・マネーのゼロ成長

ハイパワードマネーの凍結は，ハイパワードマネーのゼロ成長を意味している。なぜ，ゼロ成長をフリードマンは提案しているのか。フリードマンの主張を要約すると以下のようになる。ゼロという数は，政治的に，特別な魅力がある。ゼロは他の数（たとえば，3，4，5）と比べて質的に違っている自然の数である。人によっては3を主張する人もいるだろうが，4を主張する人もいるし，5を主張する人もいるであろう。3を主張する人と4を主張する人と5を主張する人は，互いに，意見が合わないだろうが，ゼロは意見が合いやすい数である。しかも，ハイパワードマネーのゼロ成長（凍結）は連邦準備制度の裁量的政策を廃止することである。以上がフリードマンのハイパワードマネーのゼロ成長の主張の要約である[5)6)]。

6．ゼロ成長は健全な経済と両立するか

ハイパワードマネーのゼロ成長は，健全な経済と両立するのか。フリードマンは両立すると考えている。1870年から1970年までの100年間で，貨幣乗数（M_1のハイパワードマネーに対する比率）は年1％で上昇した。第二次大戦後，M_1の所得速度（V）は年3％で上昇したが，以後は1％〜2％になるであろ

う，とフリードマンは考えている．貨幣乗数と M_1 の所得速度は歴史的経験の範囲内で動くと考えると，物価水準は安定するか，あるいは，少し下落する，とフリードマンは考えている．物価水準を安定させることは健全な経済と両立する，とフリードマンは考えている．したがって，ハイパワードマネーのゼロ成長は健全な経済と両立するのである．

7．ゆっくりとした改革

1979年から1982年までの3年間で，ハイパワードマネーは，年7％で，増加した．フリードマンは，5年間で，ハイパワードマネーの増加率をゼロにしようとしている．年1.5％のレートでハイパワードマネーを減らして，5年後に，ゼロにしようとしている．したがって，フリードマンのハイパワードマネーの凍結のやり方は，ラディカルであるが，ゆっくりとした改革であるといえよう．

8．X％ルールと矛盾しないか

フリードマンは，1970年代までは，X％ルールを主張していた．ところが，1980年代から，ハイパワードマネーの凍結を主張しだした．X％ルールとハイパワードマネーの凍結は矛盾していないのだろうか．X％ルールは連邦準備制度に貨幣量をX％の率で増加させる貨幣政策であったが，ハイパワードマネーの凍結はハイパワードマネーのゼロ成長である．連邦準備制度から貨幣政策を放棄させることである．X％ルールとハイパワードマネーの凍結では大きな相違がある．X％ルールとハイパワードマネーの凍結は，一見，矛盾しているようである．けれども，ミルトン・フリードマンは，X％ルールから，ハイパワードマネーの凍結へと変説したのか，ということになると，そうではない，といわなければならない．

まず第1に，フリードマンは，1980年代においても，X％ルールを主張し

ているのである。フリードマンは，以下のように述べている。

「私は依然として，特定の通貨総量の予測可能な長期的径路に至る通貨ルールが高度に望ましいゴール——過貨当局による通貨量の裁量的管理にも，商品本位制にも優る——であると納得している」(フリードマン[6]訳書40ページ)。

したがって，フリードマンは$X\%$ルールから，ハイパワードマネーの凍結へと，変説したわけではない。

第2に，前述したが，ハイパワードマネーの凍結は実現可能性は少ない，とフリードマンは考えていたのである。ハイパワードマネーの凍結案を利用可能にしておきたかっただけである。

たしかに，フリードマンは$X\%$ルールを主張していたが，$X\%$ルールが最終的なルールであるとはフリードマンは考えていない。$X\%$ルールを運用してみて，また，貨幣に関する諸問題を研究することによって，もっとよいルールを考案することができるであろう，とフリードマンは考えていた[7]。したがって，フリードマンは$X\%$ルールよりもよい政策があったならば，$X\%$ルールから，別のものに変えるべきであるという考えはあったのである。それがハイパワードマネーの凍結であろう。

9．X%ルールとの共通点

それでは，$X\%$ルールとハイパワードマネーの凍結との共通点はなにか。そのふたつの共通点は「貨幣面における安定性」であろう。フリードマンは，この「貨幣面における安定性」を求めているのである。この「貨幣面における安定性」はフリードマンの自由主義思想と両立しているし，前述した「貨幣は重要であるので，中央銀行の首脳には任せられない」という考え方とも両立している[8]。

第7章　1980年代のフリードマン　97

10. 理想主義者

「3．なぜ，提案したか」で述べたが，ハイパワードマネーの凍結提案は，実現可能性が少ないのに，代案として提示し，利用可能にしておきたかったために，フリードマンはハイパワードマネー凍結提案をしたのだった。よく考えてみると，フリードマンは，近い将来の実現可能かどうかは，それほど，重要ではないのかもしれない。実現できる中から，ベストを選ぶのではなくて，実現しにくいものを含めてベストを選ぼうとしているのである[9]。1950年代の変動相場制の主張は具体例であるといえよう。

11. フリードマンの主張は極端か

「フリードマンの主張は極端である」とよくいわれている。このハイパワードマネーの凍結案も極端である，といわれるかもしれない。前述したように，フリードマン自身も，このハイパワードマネーの凍結は実現可能性が少ない，と考えているのである。ただ，フリードマンは代案として提示し，利用可能にしておきたかっただけなのである。したがって，このハイパワードマネーの凍結案は極端である，といわれないかもしれない。しかし，フリードマンという経済学者は主張が極端であるといわれがちである。その理由はいくつかある。

第1に，主流派のケインジアンに対して，フリードマンはマネタリスト反革命を起こしたからである。主流派ケインジアンに対して，少数派のマネタリストということになる。その少数派のマネタリストの総帥であったフリードマンは「極端である」と批判されがちなのである。

第2に，前述したが，フリードマンは実現可能性が低いことまで考えているということである。具体的には，1950年代での変動相場制の主張や1980年代でのハイパワードマネーの凍結提案である。これは，経済学者の思考範囲の問題

であろう。

　第3に，フリードマン経済学を誤って理解している経済学者が多数いるということである[10]。かれらはフリードマン経済学を誤解して批判しているのである。

12. むすびにかえて

　日本では，フリードマンのハイパワードマネー凍結提案は，あまり，有名ではない。したがって，フリードマンのハイパワードマネー凍結提案に関する文献も少ないようである。フリードマン自身も，近い将来，ハイパワードマネーの凍結が実現されるとは考えていない。フリードマンは，危機が生じた時に，ハイパワードマネーの凍結案を利用可能にしておきたかったのである。「9. X%ルールとの共通点」で述べたが，フリードマンは，つねに，「貨幣面における安定性」を求めているようである。「貨幣面における安定性」はふたつの意味を含んでいる。ひとつは「貨幣は重要であるので，中央銀行の首脳には任せられない」であり，もうひとつは「貨幣面から市場メカニズムを乱してはならない」という市場メカニズムを重視する自由主義思想である。貨幣の変化が大きくなると，市場メカニズムが作用しにくくなるのである。

【注】
1) フリードマンは，以下のように述べている。
　　It is radical and far-reaching, yet simple. (Friedman [6] p.9, Friedman [5] p.48)
2) フリードマンは，以下のように述べている。
　　「そのような変化は今，ありうることではないし，緊要なことでないか知れない。しかし，我々は今これらの変化を考えなければ，必要が迫ったとき及びもしそれが迫ったとしても，我々はそれを受け入れる用意がないであろう」(フリードマン[6]訳書37ページ)。
　　「それは，若し抜本的変更を必要とし又は促進するような危機が発生すれば，

注意深く開発され，完全に探究された選択肢が利用可能だからということである。国際通貨取極めが優れた例を示している。数十年間，経済学者は，固定為替相場制度に対する選択肢——特に，各国通貨間における変動為替相場——を探究して来た。実務家は，変動相場を非現実的，非実際的，象牙の塔のものとして愚弄していた。にもかかわらず，危機が到来し，ブレトンウッズの固定相場制度が廃止されなければならなくなったとき，理論家の非実際的提案は高度に実際的になり，国際通貨取極めの新しい制度の基礎となった」(フリードマン[6]訳書46ページ)。
3) フリードマン[6]訳書45ページ以下。
4) フリードマンは，以下のように述べている。
「米国の大不況は，私企業体制に内在する不安定性の兆候などというものではなくて，少数の人たちが一国の貨幣制度に対して強力な権力を振うとき，彼らの過失からいかに大きな害悪が生じうるかということへの証言なのである。

これらの過失は，その当時に人びとが利用しえた知識を基礎にすれば，あるいは許されるもの——わたしはそうは考えないけれども——であったかもしれない。しかし，そのことは実は要点をはずれている。少数の人びとの過失が——その過失が許されるものであれ，許されないものであれ——これほどまでに広範な影響を及ばすことができるほどに，多大な権力と多大な裁量の余地とを少数の人びとにあたえる制度は，それがどのようなものであっても，悪い制度である。それが自由の信奉者にとって悪い制度であるとされるのはまさしく，それが統治体による何ら有効な抑制もなく，そうした権力を少数の人びとにあたえるからである——これが『自主的な』中央銀行に反対する主要な政治的論拠である。しかし，それは自由よりも安全をより高く評価する人びとにとってさえも悪い制度である。責任を分散させながら，しかも少数の人びとに大きな権力をあたえ，そうすることによって重要な政策行動を個性の偶然に大きく依存させる制度のもとでは，許されるものであるなしにかかわらず，過失を回避することができない。これが『自主的な』中央銀行に反対する主要な技術的論拠である。クレマンソーの言葉をいいかえると，貨幣は中央銀行の首脳にまかせておくにはあまりにも重大な事柄なのである」(フリードマン[3]訳書56ページ以下)。

「この論文の内容をあらわす聖句は，ポアンカレの言とされている有名な言葉をもじっていうと，『貨幣は中央銀行にまかせておくには重大すぎる事柄だ』となる(フリードマン[4]訳書142ページ)。

「私は，知識のある非専門家にとってすら，選挙にも解雇にも，密接な行政的又は政治的な監督にも服さないで，ワシントンで，机の回りに座っている12人(又は19人)の人々が，通貨の量を決定する——大恐慌の間に3分の1も減少し，1970年から1980年の間に殆ど倍増することを許す——権限を持っているという命題ほど受け容れ難いものは少ないことを発見した。この権力は極めて重要かつ広汎であり，いやしくも他に可能な選択権がある限り，いかに公共精神に富んでい

るといえ，少数の人がこれを行使すべきではない」(フリードマン[6]訳書45ページ以下)。
5) フリードマンは，以下のように述べている。
「何故ゼロ成長なのであろうか。ゼロには政治的理由でいかなる他の数によっても共にされない特別の魅力を持っている。若し3％なら，どうして4％ではいけないか。あたかも4より3を，5より4を擁護するため政治的防塞に向かうことば困難である。しかし，ゼロは──心理的な問題として──質的に異なる。これはシュリングの点──通貨合計をめぐる論争において『相違を分割する』ように，人々が合意する傾きのある自然の点──と呼ばれるようになったことである。のみならず，通貨創出力を取り除くことによって，通貨成長の裁量的変化に委ねる制度的取極めを廃止する」(フリードマン[6]訳書44ページ)。
6) 四国学院大学の土井省悟教授は，以下のように述べている。
「『$H_{X\%}$ルール』から『$H_{0\%}$ルール』への移行は，ゼロがもつ他の数値と異なった心理的意味からえらばれている。$\dot{H} = 3$％とした場合，では何故4％ではないのかと言う疑問と圧力が生じて来る。4％にしたならば何故5％ではないのか，となる。$M_{X\%}$ルールにしろ$H_{X\%}$ルールにしろXの数値選択において互いに譲り合うことがないためにルールそのものが実行されないわけである。
フリードマンは，具体的な％の数値やどの貨幣量尺度を用いるかは重要ではない，と繰り返し述べている。しかしながら，貨幣の具体的内容と特定の率を選ぶ段になると必ず利害の対立が生じ，『総論賛成各論反対』という事態が生じるのが現実である。そうして，結局現状のままで推移してしまうのである。しかも，『具体的な％の数値やどの貨幣量尺度を用いるか』という問題に決着をつけうると期待される，MとY，P，y等の経済諸量との実証的関係についても，経済理論上の関係についても一致は見出しがたい，と言うのがこれまでの実情である。
そのような事情から『ゼロ』が選ばれるのである。『ゼロ』は，いろいろ論議はあっても人々が自然に合意に達する傾向をもつ心理的な点(Schlling point)である」(土井[1]79ページ)。
7) フリードマンは，以下のように述べている。
「ここで強調しておきたいことは，わたしのこのような特定の提言が，貨幣管理のすべてをつくした最終的なもの，石の板に書き刻まれ，永遠に神格化されるべきルールであるとは，わたし自身も考えていないということである。わたしにはそれが，われわれの知識の現状に照らして，貨幣的安定をかなりの程度まで達成するのに最も大きな見込みをあたえるルールであるように思われる。それを運用してみるにつれて，また貨幣に関する諸問題についてもっと多くのことを学ぶのにつれて，われわれはさらにいっそう良い結果を達成するような，より良いルールを考案することができるだろうと思う。そうしたルールこそは，貨幣政策が自由社会の基盤に対する脅威になるのではなくて，それを支える柱となるよう

に変えるために，現在とりうる唯一の実行可能な方法であるようにわたしには思われる」(フリードマン[3]訳書61ページ以下)。

「強調しておきたいが，わたくしは右の提案を貨幣政策として唯一無二のものと思っているわけではない。金板に書きこんで永久に尊重すべき規則であるなどと思わない。現在の経済知識に照らしてみれば，まずまずの貨幣的安定を達成しうる見込みがもっとも大きいのが，この規則であるように思われるのである。この規則を実際に運用し，通貨問題にかんする知識も増せば，もっと良い規則をつくってもっとよい結果をもたらすこともできよう」(フリードマン[4]訳書170ページ)。

8) 四国学院大学の土井省悟教授も James A. Dorn [2]を引用し，以下のように述べている。

フリードマンの1984年の論文「1980年代の貨幣政策」の転載をふくむ，『安定貨幣をもとめて：貨幣改革論エッセー集』(1987)の編者のひとり J. A. ドーン (James A. Dorn) は，次の様に述べている。

「より最近，単純な貨幣成長ルールの実施や維持を巡る公共選択問題を認識して，フリードマンは，貨幣ベースの凍結，実際は，貨幣政策の放棄を提案した。彼の新しいプランは，彼の初期のルールと異なっているけれども，その根本的原理（理論的根拠 rationale）は，20年前，ポアンカレの言葉をもじって『貨幣は余りにも重要なので中央銀行家の自由裁量に任すことが出来ない』(Friedman [1962]) と述べたのと同じである」(Dorn [1987] p.23)。

フリードマンの貨幣理論や貨幣政策論を検討してきて言える一つのことは，フリードマンは，長い年月のすべてを『貨幣は余りにも重要なので中央銀行家の自由裁量に任すことができない』と言うことを説得しようとしてきたのである，ということである。

同時に，我々は，「$H_{0\%}$ルール」を最善だと言わしめたフリードマンの言葉の中に彼の人間理解と経済観の特徴を見て取ることができる。つまり，人間は，複雑な経済機構に介入して，経済を安定化しうるほどの知識を持っていない。人間は全知全能の神ではない。だから，人間の理性や経験に頼ろうとする自由裁量的行動を放棄し（ないしその範囲を狭めて），人間の政策的営為が，不確実に満ちたこの世に，今一つの不確実性を追加しないようにして，人々が自分の状況を自分にとって最良にすべく行動する環境を創造して，あとは個々人の自由な自発的行動の相互依存関係を市場メカニズムに任せておくことが，人間の誤りを最小にする（増幅しない）知恵である，と言うものである」(土井[1]82ページ以下)。

9) 早稲田大学の望月昭一教授は，以下のように述べている。

「経済政策が論じられるとき，『経済政策に関する主張は現実的でなければならない』ということについて意見の相違がよく発生する。この点につき，ケインズは政策的な実行可能性を考慮しなければならないという立場をとっていた。これ

に反し，フリードマンは，原則として最良と思われる解決策をもとめようとする。しかも，その解決策が実現のチャンスを得るかどうかをほとんど問わないし，またそれ以外にどのような次善の策が受けいれられるかということも気にかけないようである。……

われわれは近代経済学をケインズおよびその後継者たちの考え方で学んできた。しかし1950年代なかば彗星のようにあらわれたマネタリズム，ことにフリードマンの考え方にわたくしはなぜか心ひかれるものを感じていた。おそらくそれは次の点にあったのかもしれない。ケインズは『いま，ここで』実施できる方策を考える実践的融通性のある改良主義者であったといえよう。しかしフリードマンは，現実にそくした次善の策を考えることはせず，『作り出せる』と信じることを主張する。それはただちに実行できなくともよい。いうならば，基本的改善の可能性に対する長期の志向である。その意味でフリードマンは，最もよい妥協を考えるのではなく，最もよい構想を考えだそうとする『知的急進主義者』といえるかもしれない」望月[8]1ページ。

10) フリードマンは，貨幣は重要であり，実物経済にも影響すると考えているのであるが，「貨幣は実物経済に影響しないベールだから，増えても減ってもいい」と誤って理解している経済学者が多いようである。たとえば，篠原三代平先生は以下のように述べている。

「ところで貨幣数量説あるいはマネタリズムの理論構造では，根本的にはいろいろな財貨・サービスの相対価格は実体経済で決まり，貨幣量はただ実体経済で決まった価格体系を貨幣価格でみて上げ下げするベールにすぎないと考えられている。そのように考える限りでは，マネタリズムは伝統的な古典派経済学と結婚可能になる。そして長期的にはそうなるはずだという考え方に立って，現在のマネタリストはいろいろの論議を進めている。

しかし，フリードマンはかつて1930年代のアメリカ経済を分析して，3度にわたってマネーサプライが急激に減少したことが大不況の原因であると述べた。しかし，この見地と貨幣数量説の理論とは矛盾する。なぜなら数量説と古典派経済学が結婚した形での理論体系の下では，貨幣量が3年間にわたって大幅にその量を縮小したとしても，実体経済はほんとうはそれからほとんど影響を受けないはずである。貨幣がベールであれば，貨幣量が3割下がっても，実体経済に対して一時的にはともかく，べらぼうに大きな影響をもたらすはずはないからである。しかし，実際問題として，米国では1929年から不況の底まで，実質GNPは3割も下がった。そのとき民間設備投資は72%も急激に低下した。このことや，当時の相対価格体系の大幅な変化から考えても，貨幣量の増減は実体経済に対して深刻な構造的悪影響を与えたことがわかる。したがって，貨幣はベールではないと考えて，現実に向かっていくほうが適切だと思われる。

フリードマンは元来，論理的な人だと思われるが，大不況の説明に際して，お

れは貨幣説をとるといったのだが,それと同じ人が,『貨幣はベールである』という理論構成の上に立っていることは,私には論理的矛盾だと考えられる」(篠原[9]71ページ)。

また,慶應義塾大学の浜田文雅教授も以下のように述べている。

「日本経済はカネ余りが続き,マネーゲームなどという言葉が使われている。これはこの国ではかつて考えられなかったようなことである。古典派経済学あるいはマネタリストの貨幣ベール観によれば,貨幣は経済の本来の行為としての物々交換を円滑にするための交換メディア(媒体)として存在し作用しているのであるから,せいぜい物価水準に影響するだけで実物経済に対しては中立的立場にあるということになる。もしそうだとすれば,カネ余りもマネーゲームも心配することはなく,インフレの警戒だけしていればよいということになるであろう。現に,少なからぬ数の経済専門家がそう信じているように思われる。貨幣は経済問題の本質とは関係がないのであろうか」(浜田[7])。

【参考文献】

[1] 土井省悟「M.フリードマンの貨幣制度改革論――$M_{X\%}$ルールから$H_{0\%}$ルールへ――」四国学院大学『論集』第89号,1995年12月。

[2] Dorn, James A., "Introduction――The Search for Stable Money : A Historical Perspective," 1987, in James A. Dorn and Anna J. Schwartz ed., *The Search for Stable Money : Essays on Monetary Reform*, pp.1-28.

[3] Friedman, M., *Capitalism and Freedom*, University of Chicago Press, 1962. 熊谷尚夫・西山千明・白井孝昌訳『資本主義と自由』マグロウヒル好学社,1975年。

[4] Friedman, M., *Dollars and Deficits*, 1968. 新開陽一訳『インフレーションとドル危機』日本経済新聞社,1970年。

[5] Friedman, M., "Monetary Policy for the 1980s," in John H. Moore ed., *To Promote Prosperity : U.S. Domestic Policy in the Mid-1980s*, Hoover Institution Press, 1984.

[6] Friedman, M., "The Case for overhauling the Federal Reserve," *Challange*, July-August 1985. 青木寅男訳「連邦準備制度の総点検論」大蔵省『調査月報』第74巻第11号,1985年。

[7] 浜田文雅「流動性と貨幣」『日本経済新聞』1988年11月16日。

[8] 望月昭一「ケインズとフリードマン」『不動産鑑定』1980年11月号。

[9] 篠原三代平「貨幣は魔性,実体経済を攪乱する――日本経済にバブルをつくらないために――」『エコノミスト』第69巻第14号,1991年4月2日号。

第8章　フリードマンの真の主張

1．はじめに

　四国学院大学の土井省悟教授は，以下のように述べている。

　「フリードマンの貨幣理論や貨幣政策論を検討してきて言える一つのことは，フリードマンは，長い年月のすべてを『貨幣は余りにも重要なので中央銀行家の自由裁量に任すことができない』と言うことを説得しようとしてきたのである，ということである」(土井[2]82ページ)。

　この文を読んで，筆者は激しい衝撃を感じた。この土井教授の主張は，本当に，正しいであろうか。当章は土井教授の主張を検討する。

2．フリードマンの主張の存在

　フリードマンは，多数のことを主張している。たとえば，$X\%$ルール，負の所得税制度，フロート制，授業料クーポン制，方法論，自然失業率仮説，……である。たしかに，「貨幣は余りにも重要なので中央銀行家の自由裁量に任すことができない」ということも，フリードマンは主張している。フリードマンは，以下のように述べている。

「クレマンソーの言葉をいいかえると，貨幣は中央銀行の首脳にまかせておくにはあまりにも重大な事柄なのである」(フリードマン[4]訳書57ページ)。

「この論文の内容をあらわす聖句は，ポアンカレの言とされている有名な言葉をもじっていうと，『貨幣は中央銀行にまかせておくには重大すぎる事柄だ』となる」(フリードマン[5]訳書142ページ)。

「私は，知識のある非専門家にとってすら，選挙にも解雇にも，密接な行政的又は政治的な監督にも服さないで，ワシントンで，机の回りに座っている12人（又は19人）の人々が，通貨の量を決定する——大恐慌の間に3分の1も減少し，1970年から1980年の間に殆ど倍増することを許す——権限を持っているという命題ほど受け容れ難いものは少ないことを発見した。この権力は極めて重要かつ広汎であり，いやしくも他に可能な選択権がある限り，いかに公共精神に富んでいるとはいえ，少数の人がこれを行使すべきではない」(フリードマン[6]訳書45ページ以下)。

したがって，「貨幣は余りにも重要なので中央銀行家の自由裁量に任すことができない」ということを，フリードマンは，たしかに，主張しているといえよう。

3．フリードマンの主張の理由

「貨幣は余りにも重要なので中央銀行家の自由裁量に任すことができない」ということを，なぜ，フリードマンは主張しているのか。1929年から始まる大不況を，当時の連銀の首脳が防げなかったという理由で，フリードマンは「貨幣は余りにも重要なので中央銀行家の自由裁量に任すことができない」ということを，強く，主張している[1]。また，前述したが，フリードマンは，『イン

フレーションとドル危機』[5]においても,「貨幣は余りにも重要なので中央銀行家の自由裁量に任すことができない」という内容のことを述べている。独立の中央銀行は,政治的にも,経済的にも,望ましくない,とフリードマンは考えている。政治的に,中央銀行家は,独裁的,全体主義的になりやすい。経済的に,中央銀行家は,政府との責任のなすり付け合戦をするし,また,中央銀行家は,責任者の個性によって,大きく,影響され,政策が不安定化する,とフリードマンは考えている[2)3)]。したがって,フリードマンは「貨幣は余りにも重要なので中央銀行家の自由裁量に任すことができない」という主張を,強く,しているのである。

4. X%ルール

フリードマンは,1980年代に,ハイパワードマネーの凍結提案をしている。しかし,この提案は,実現可能性が少なく,フリードマンは,ただ,この提案を,代案として提示して,利用可能にしておきたかっただけであり,したがって,フリードマンは,現在でも,$X\%$ルールを主張している。フリードマンが$X\%$ルールを主張する説明をみてみよう。『インフレーションとドル危機』[5]において,フリードマンは以下のように述べている。

「したがって現在つくるべき制度は,政府が貨幣問題に責任をもつことができ,同時にそのために政府が手中にする権力を制限し,権力を濫用して自由社会を強化するのでなく弱化するのを防ぐような制度である。これまで提案・示唆された解決案は三種ある。一つは自動的な商品本位,すなわちある商品を本位貨幣に選ぶので,原則的に政府の統制を要しない。もう一つは『独立の』中央銀行による貨幣政策の管理である。残る一つは,規則にしたがって貨幣政策を制御することで,この規則は前もって議会が制定し,貨幣当局を拘束し,その行動範囲を大幅に限定するものである」(フリードマン[5]訳書143ページ)。

フリードマンは，この3つの案を検討している。ひとつ目は商品本位であり，ふたつ目は独立の中央銀行であり，3つ目はX%ルールである。ひとつ目の商品本位は長続きしないで，貨幣商品と銀行券・銀行預金・政府紙幣のような信用貨幣を併用した混合体制になってしまう。そうなると，政府の権力が入ってくる。商品本位は望ましくもないし，可能でもない，とフリードマンは考えている[4]。

ふたつ目の独立の中央銀行については，「3．フリードマンの主張の理由」において述べている。独立の中央銀行家は，政治的に，独裁的，全体主義的になりやすい。また，経済的に，中央銀行家は，政府との責任のなすり付け合戦をするし，また，中央銀行家は，責任者の個性によって，大きく影響され，政策が不安定化する，とフリードマンは考えている。

3つ目は，X%ルールである。フリードマンは，以下のように述べている。

「現在の経済知識を前提にすれば，右の規則を貨幣量の動向によって示すのが望ましいと思われる。さしあたってのわたくしの主張は，貨幣当局をしてある定められた率で貨幣量を増加せしめる法規がよいというにある。この目的のためには，貨幣量をこう定義する。すなわち商業銀行の外部にある現金プラス商業銀行の預金すべてである。連邦準備制度はこう定義された貨幣量が年率Xパーセントで毎月（さらには毎日が望ましい）増加するよう努めるべきであって，Xは三ないし五の数値である。貨幣量を正確にどう定義するか，また増加率を正確にどう定めるかはそれほど重要でなく，ある定義の貨幣量とある成長率をはっきりと決めてしまうことが大切である。

強調しておきたいが，わたくしは右の提案を貨幣政策として唯一無二のものと思っているわけではない。金板に書きこんで永久に尊重すべき規則であるなどと思わない。現在の経済知識に照らしてみれば，まずまずの貨幣的安定を達成しうる見込みがもっとも大きいのが，この規則であるように思われるのである。この規則を実際に運用し，通貨問題にかんする知識も増せば，もっと良い

規則をつくってもっとよい結果をもたらすこともできよう」(フリードマン[5]訳書169ページ以下)。

したがって、フリードマンは3つの案の中で$X\%$ルールがベストであると考えている。

5. 土井教授による$X\%$ルールの解釈

フリードマンが$X\%$ルールを弁護する4つの根拠を土井教授[2]は挙げている。それらは、①貨幣政策の過去の実績、②知識の限界、③信頼の増進、④Fedの中立性を守る、である。①については、連銀の長期間に及ぶ業績の悪さである。②については、正に、人間の知識の限界である。貨幣的変化が経済的変化を引き起こすまでにタイム・ラグがある。また、貨幣政策は、かならず、3つのラグ（認知ラグ、実施ラグ、効果ラグ）がある。したがって、人間は知識の限界がある。③については、連銀が$X\%$ルールを公表することによって、実業界に信頼を与える、ということである。④については、貨幣政策を決定する少数の人々の恣意的な権限や政治的圧力から貨幣政策を守る、ということである。以上が土井教授の要約であるが、フリードマンの主張「貨幣は余りにも重要なので中央銀行家の自由裁量に任すことができない」と、ほとんど、同一であるようである。土井教授は以下のように述べている。

「一方、貨幣政策を決定する少数の人々が、いかに豊かな経験と経済知識をもっており、余人をもって代えがたい逸材であるとしても、複雑で不確実な経済事象の過去・現在・未来の全てを知りえるわけではない。経験豊かな人々による様々な情報に基づいた判断は、知識の現状において最善のものであるとしても、尚、誤りうる可能性を否定できない」(土井[2]73ページ)。

6．本当に正しいか

「1.はじめに」において述べたが，土井教授は以下のように述べている。

「フリードマンの貨幣理論や貨幣政策論を検討してきて言える一つのことは，フリードマンは，長い年月のすべてを『貨幣は余りにも重要なので中央銀行家の自由裁量に任すことができない』と言うことを説得しようとしてきたのである，ということである」(土井[2]82ページ)。

この土井教授の文は，本当に．正しいのであろうか。「2．フリードマンの主張の存在」で述べたが，「貨幣は余りにも重要なので中央銀行家の自由裁量に任すことができない」ということを，フリードマンは，たしかに，主張している。問題は，フリードマンの貨幣理論や貨幣政策論において長い年月のすべてを「貨幣は余りにも重要なので中央銀行家の自由裁量に任すことができない」ということを説得しようとしてきたかどうかであろう。

「4．$X\%$ルール」で述べたが，フリードマンは『インフレーションとドル危機』[5]の第6章において，$X\%$ルールを主張していた。その最初の書き出しにおいて，フリードマンは以下のように述べている。

「この論文の内容をあらわす聖句は，ポアンカレの言とされている有名な言葉をもじっていうと，『貨幣は中央銀行にまかせておくには重大すぎる事柄だ』となる。問題は，自由社会が貨幣政策を制御するにはいかなる制度をもてばよいか，である。自由社会の信奉者──ここではリベラルという言葉を本来の意味でつかっており，アメリカで最近つかわれている意味とは異なっているが──このような本来の自由主義者は基本的に力の集中を恐れる。自由主義者の目的とするところは，他人の自由を侵さないかぎり個人一人一人に最大限の

自由を許すことである。そのためには権力は分散され，権力が一個人または一グループに集中することを避けねばならないと信じている」(フリードマン[5]訳書142ページ)。

　自由主義者として，フリードマンは，権力が分散する貨幣制度をどうすればよいか，と考えている。結論として，フリードマンは，中央銀行家の自由裁量に任すのではなくて，X％ルールを主張している。フリードマンは，これまで，一貫して，X％ルールを主張してきた。つまり，「貨幣は余りにも重要なので中央銀行家の自由裁量に任すことができない」ということとX％ルールの主張は両立している。フリードマンは，自由主義者として，X％ルールを主張しているのであり，「貨幣は余りにも重要なので中央銀行家の自由裁量に任すことができない」を主張しているのである[5)6)]。したがって，土井教授が書いている「フリードマンの貨幣理論や貨幣政策論を検討してきて言える一つのことは，フリードマンは，長い年月のすべてを『貨幣は余りにも重要なので中央銀行家の自由裁量に任すことができない』と言うことを説得しようとしてきたのである，ということである」という文は正しいといえよう。
　さらに，付け加えであるが，土井教授がこの文を書く前に，土井教授はDornを引用している。

「より最近，単純な貨幣成長ルールの実施や維持を巡る公共選択問題を認識して，フリードマンは，貨幣ベースの凍結，実際は，貨幣政策の放棄を提案した。彼の新しいプランは，彼の初期のルールと異なっているけれども，その根本的原理（理論的根拠 rationale）は，20年前，ポアンカレの言葉をもじって『貨幣は余りにも重要なので中央銀行家の自由裁量に任すことができない』(Friedman [1962]) と述べたのと同じである (Dorn [1987] p.23)，(土井[2] 82ページ)。

第8章 フリードマンの真の主張 111

　これは，フリードマンのハイパワードマネーの凍結案とX%ルールは，根本的原理は同一であるということである。つまり，その根本的原理というのは「貨幣は余りにも重要なので中央銀行家の自由裁量に任すことができない」である。したがって，フリードマンが，長い間，「貨幣は余りにも重要なので中央銀行家の自由裁量に任すことができない」を主張している，とDornも考えている。このことに関して，Dornと土井教授は，ほとんど，同じ考えなのであろう。

7．むすびにかえて

　前述したが，土井教授の「フリードマンの貨幣理論や貨幣政策論を検討してきて言える一つのことは，フリードマンは，長い年月のすべてを『貨幣は余りにも重要なので中央銀行家の自由裁量に任すことができない』と言うことを説得しようとしてきたのである，ということである」という文を読んで，激しい衝撃を感じた。最初は，半信半疑であったが，フリードマンの『インフレーションとドル危機』の第6章を読むと納得させられた。最初に，「貨幣は中央銀行にまかせておくには重大すぎる事柄だ」であり，自由主義者として，フリードマンはX%ルールを主張している。しかも，何十年にわたって，X%ルールを主張し続けている。したがって，フリードマンは，「貨幣は余りにも重要なので中央銀行家の自由裁量に任すことができない」を何十年にわたって，説得し続けているといえよう。したがって，土井教授の洞察力は鋭かったといえよう。

　最後に，フリードマン経済学の魅力は論理が矛盾なく，首尾一貫していることであろう[7]。フリードマンは，何十年にわたって，X%ルールを主張し続けているのである。

【注】
1) 前述の「2．フリードマンの主張の存在」のフリードマンの引用（フリードマン［6］訳書45ページ以下）を見ていただきたい。
2) フリードマンは，以下のように述べている。
　「理想が完全に実現されることはないので，ここでは実現性は別にして，憲法が保障する独立機関としての中央銀行を考えてみよう。このような機関を設立するのは望ましいか。わたくしはそうではないと思う。理由は政治上・経済上の両方である。……
　わたくしのことをいうと，『独立』の中央銀行をもつことは政治的に耐えがたいとの確信をいだくにいたったが，……このように，表現法は慈悲深げで『正しい事柄』をなし不信と不確実性をさけると称しているが，背後にひそむ教義が独裁的，全体主義的であることは明白である。……
　つぎに独立の中央銀行の経済的側面，あるいは技術的側面を考える。……
　以上わたくしは，経済的観点から独立の中央銀行がもつ欠点を二つあげた。一つは責任の分散でこれは不確実性と困難の時期には責任回避をひきおこす。もう一つは責任者の個性がきわめて重要な役割を演ずることで，特定のポストの人がたまたま替わったり，責任者の性格いかんによって，政策が不安定化する」（フリードマン［5］訳書151ページ以下）。
3) また，フリードマンは，別のところで，以下のように述べている。
　「米国の大不況は，私企業体制に内在する不安定性の兆候などというものではなくて，少数の人たちが一国の貨幣制度に対して強大な権力を振うとき，彼らの過失からいかに大きな害悪が生じうるかということへの証言なのである。
　これらの過失は，その当時に人びとが利用しえた知識を基礎にすれば，あるいは許されるもの——わたくしはそうは考えないけれども——であったかもしれない。しかし，そのことは実は要点をはずれている。少数の人びとの過失が——その過失が許されるものであれ，許されないものであれ——これほどまでに広範な影響を及ぼすことができるほどに，多大な権力と多大な裁量の余地とを少数の人びとにあたえる制度は，それがどのようなものであっても，悪い制度である。それが自由の信奉者にとって悪い制度であるとされるのはまさしく，それが統治体による何ら有効な抑制もなく，そうした権力を少数の人びとにあたえるからである——これが『自主的な』中央銀行に反対する主要な政治的論拠である。しかし，それは自由よりも安全をより高く評価する人びとにとってさえも悪い制度である。責任を分散させながら，しかも少数の人びとに大きな権力をあたえ，そうすることによって重要な政策行動を個性の偶然に大きく依存させる制度のもとでは，許されるものであるなしにかかわらず，過失を回避することができない。これが『自主的な』中央銀行に反対する主要な技術的論拠である。クレマンソーの言葉をいいかえると，貨幣は中央銀行の首脳にまかせておくにはあまりにも重大な事

第 8 章　フリードマンの真の主張　113

柄なのである」(フリードマン[4]訳書56ページ以下)。
4) フリードマンは，以下のように述べている。
　「わたくしの結論はこうである。自由社会に適した貨幣制度をつくるにさいして，自動的な商品本位制は望ましい解決策でもなければ可能な解決策でもない。貨幣商品の生産に資源をもちいる必要があるので望ましくなく，またそれを有効な制度にするのに必要な神話も信仰も存在しないから，可能ではない」(フリードマン[5]訳書147ページ)。
5) 自由主義者として，フリードマンは以下のように述べている。
　「これまで示唆された方法で有望な唯一の道は，金融政策の運用についてのルールを立法化することによって，人によるのではなく，法による統治を達成しようとすることであって，それは一方で，公衆が政治当局を通じて貨幣政策に対する統制力を及ぼすことができるようにさせる効果をもつであろうが，他方ではそれと同時に，貨幣政策が政治当局の日々の気まぐれにゆだねられることがないようにさせるであろう」(フリードマン[4]訳書57ページ)。
　「ここで強調しておきたいことは，わたしのこのような特定の提言が，貨幣管理のすべてをつくした最終的なもの，石の板に書き刻まれ，永遠に神格化されるべきルールであるとは，わたし自身も考えていないということである。わたしにはそれが，われわれの知識の現状に照らして，貨幣的安定をかなりの程度まで達成するのに最も大きな見込みをあたえるルールであるように思われる。それを運用してみるにつれて，また貨幣に関する諸問題についてもっと多くのことを学ぶのにつれて，われわれはさらにいっそう良い結果を達成するような，より良いルールを考案することができるだろうと思う。そうしたルールこそは，貨幣政策が自由社会の基盤に対する脅威になるのではなくて，それを支える柱となるように変えるために，現在とりうる唯一の実行可能な方法であるようにわたしには思われる」(フリードマン[4]訳書61ページ以下)。
6) フリードマンの『インフレーションとドル危機』[5]の第 6 章の最初の書き出しについて，土井教授も以下のように述べている。
　「ここには，フリードマンの貨幣制度変革論の目標，何のために制度を変革するのか，制度変革によって何を実現しようとしているのかということが明確に現れている。ここに自由主義者としてのフリードマンの理念を抜きにしてはフリードマンの貨幣政策論や貨幣改革論が十分に語りつくせないことが明らかになる」(土井[1]42ページ以下)。
7) フリードマンの『インフレーションとドル危機』を訳された新開陽一教授は「訳書あとがき」において，以下のように述べている。
　「こうしてできた本訳書の内容は目次にみられるとおりであるが，インフレーション・為替相場・国際通貨制度などどれをとっても，わが国の一般読者の関心を引かざるをえない問題であるといえよう。各論文とも興味深い事例を多数引用

し,インド,アメリカ,スウェーデンなど諸国の現実問題に触発された論点を追ってはいるが,これはけっして浅薄な時事評論集ではない。本書は終始一貫して,すぐれた経済学者による経済分析のカルテともいうべき性格を維持している。執筆の時期が二十年にわたり,論ぜられた対象も多岐にわたっているにもかかわらず,論旨にまったく矛盾がみられないことは驚くほどである」(新開,フリードマン[5]訳書,265ページ以下)。

【参考文献】

[1] 土井省悟「中央銀行の独立性と金融政策」四国学院大学『社会科学年誌』第4号,1994年3月。
[2] 土井省悟「M.フリードマンの貨幣制度改革論——$M_{X\%}$ルールから$H_{0\%}$ルールへ——」四国学院大学『論集』第89号,1995年12月。
[3] Dorn, James A., "Introduction——The Search for Stable Money : A Historical Perspective," 1987, in James A. Dorn and Anna J. Schwartz ed., *The Search for Stable Money : Essays on Monetary Reform*, 1987.
[4] Friedman, M., *Capitalism and Freedom*, The University of Chicago Press, 1962. 熊谷尚夫・西山千明・白井孝昌訳『資本主義と自由』マグロウヒル好学社,1975年。
[5] Friedman, M., *Dollars and Deficits*, Prentice-Hall, 1968. 新開陽一訳『インフレーションとドル危機』日本経済新聞社,1970年。
[6] Friedman, M., "The Case for Overhauling the Federal Reserve," *Challenge*, July-August 1985. 青木寅男訳「連邦準備制度の総点検論」大蔵省『調査月報』第74巻第11号,1985年。

第9章　フリードマンの自然失業率仮説

1．はじめに

　1958年に A. W. フィリップス[23]は1861年から1957年までの英国の経済を実証分析して貨幣賃金上昇率と失業率との間に負の相関関係があることを明らかにした。これが有名なフィリップス曲線である。貨幣賃金の上昇率は物価上昇率によって置き換えられるようになった。このフィリップス曲線をケインジアンが積極的に採用したので，フィリップス曲線はますます有名になった。1950年代と1960年代前半までは，安定的なフィリップス曲線の存在は経済学者間で信じられていたが，1960年代の後半から1970年代に入ると，安定的なフィリップス曲線の存在に疑問が持たれるようになった。とくに1970年代は各国がインフレーションと失業が併存するスタグフレーションになったので，安定的なフィリップス曲線の存在は神話となってしまった。ここに，シカゴ学派の総帥であるミルトン・フリードマンが登場してくる。フリードマンは，1967年の第80回アメリカ経済学会の年次会合の会長講演で「自然失業率仮説」を提唱した。当章の目的は，フリードマンの自然失業率仮説を研究してみることである。

2．フィリップス曲線

　フィリップスは，このフィリップス曲線を見い出すのにアービング・フィッ

第 9 - 1 図

貨幣賃金上昇率(%)／失業率(%)

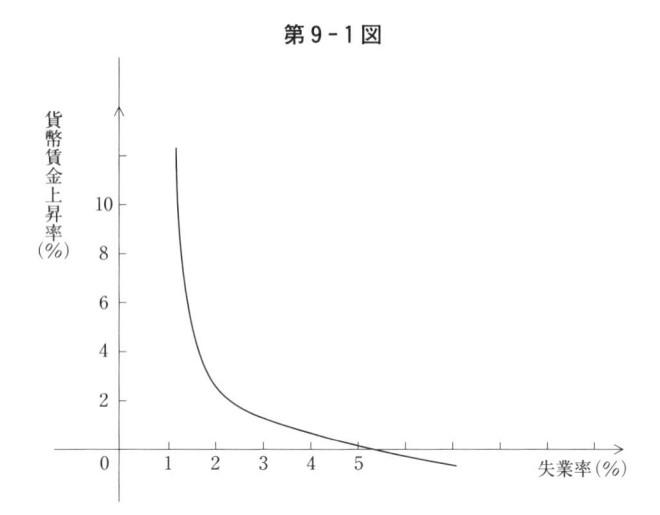

　シャーからかなりの影響を受けているといわれている[1]。前述したが，フィリップスは1861年から1957年までの英国の経済を実証分析して貨幣賃金上昇率と失業率との間に負の相関関係を発見していた。フィリップス曲線を描いてみよう。縦軸に貨幣賃金の上昇率をとり，横軸に失業率をとると，第 9 - 1 図のようなフィリップス曲線になる。

　この安定した右下がりのフィリップス曲線の存在は1960年代の後半から疑われるようになった。さらに，1970年代に入り，各国がインフレーションと失業が併存するスタグフレーションになったので，ますます安定的なフィリップス曲線の存在が疑われるようになったのである。インフレと失業の長期的なトレード・オフは存在しないと主張して登場してきたのがミルトン・フリードマン（[4]，[5]，[6]，[7]）であった。

3. 自然失業率仮説

　フリードマン[5]は，1967年の第80回アメリカ経済学会の年次会合の会長講

第9章 フリードマンの自然失業率仮説 117

第9-2図

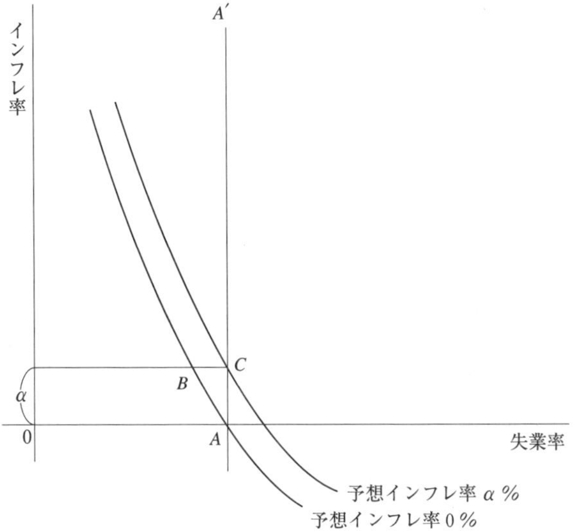

演で「自然失業率仮説」を提唱した。フリードマンは，以下のように述べている。「『自然』失業率とは，換言すれば，ワルラスの一般均衡方程式体系に労働及び商品市場の現実の構造的特徴が折り込まれる時に，産み出される水準であるといえる。その特徴の中には，市場の不完全性，需給の確率的変動，求人求職のための情報収集コスト，さらには移動のコスト等が含まれる」(フリードマン[5]訳書15ページ)。この自然失業率の「自然」というのはヴィクセルからヒントを得たものであり，貨幣的な要因から影響を受けないという意味がある。つまり，貨幣的な要因から影響を受けないということは長期的な概念なのである。貨幣的な要因が実物経済に長期的には影響を与えないというのは貨幣の中立性とか貨幣ヴェール観のことであり，古典派の貨幣数量説の理論であり，フリードマンはこの古典派の考え方を受け継いでいる[2]。

　フィリップス曲線は，名目賃金と実質賃金の区別をしていないという根本的な欠陥があるとフリードマンは主張した。しかも，重要なことは，実質賃金といっても，現行の実質賃金ではなくて，予想された実質賃金なのである[3]。短

期的には，インフレと失業のトレード・オフが存在しても，長期的にはインフレと失業のトレード・オフは存在せず，自然失業率はインフレとは独立に決定されるのであり，第9-2図のように垂直なフィリップス曲線AA'線となる。

　第9-2図において，予想インフレ率がゼロ％のA点を出発点としよう。拡張的な貨幣政策によって一時的に失業率がB点に移動する。しかし，雇用者も労働者もしばらくするとα％のインフレになっているのに気付き，生産量と労働量を減少させて，最終的にはAA'線上のC点に戻ってしまうのである。つまり，一時的・短期的にはAA'線上を離れるが，最終的・長期的にはAA'線上に戻るのであり，貨幣政策の影響はなくなるのである。ただし，厄介なことに，この自然失業率は一定不変ではなく，変動可能であり，実物的な要因によって決定されているのである。また，何が自然失業率かを知ることもできないのである。

4．短期と長期

　短期には，インフレと失業のトレード・オフが存在するが，長期には，インフレと失業のトレード・オフは存在しないとフリードマンは主張しているが，それでは一体どのくらいが短期であり，どのくらいが長期であるのであろうか。たとえば，拡張的な貨幣政策によって貨幣量を増加させると，一時的に失業率は低下し，景気も良くなるが，やがて，インフレが起こり，雇用者も労働者も新しいインフレに調整するようになり，究極的には，失業率は元の自然失業率に戻るのである。その貨幣量が増加した時から最終的な自然失業率に戻るまでの調整期間が短期なのである。この短期は一時的とか過渡期ともいわれるのである。均衡経済に貨幣が増加すると，調整という過渡期が存在し，その後，新しい均衡状態になるわけである。マネタリストの用語では「短期では」という言葉は「過渡期では」とか「一時的では」とほとんど同じ意味に使われている。それでは，長期とはどういう意味かというと，貨幣の増加があってから調整を

経てどのような調整も行なわれなくなった均衡状態になった時点以後である。つまり，貨幣増加の後の調整が行われている期間は短期であり，貨幣増加の後の調整が完了した時点からは長期であるといえる。たとえば，池に石を投げ込むと，一時的に，池の水面に波ができるが，最終的には，池の波はなくなってしまい，元の静かな状態に戻る。この波のある時が短期であり，波がなくなった時点からが長期なのである。

それでは，マネタリストの調整期間の短期とは一体どの位の長さをいうのであろうか。数10年の長い期間でも短期になりうるのである。フリードマンは以下のように述べている。「さらに新しいインフレーション率に完全に調整されるには，利子率や雇用の場合とほぼ同じくらいの長さ，例えば20年ほどかかるということである」（フリードマン［5］訳書20ページ）。また，フリードマン（［7］西山訳312ページ以下）は30年でも調整されないものがあると述べている。第二次大戦直後に，デフレの不況がくると予想した人々がいたが，いまでも（1977年当時）その恐怖心が残っている人々がいるので，完全な調整は戦後30年以上経過してもなされていないとフリードマンは主張している。

5．フリードマンの3段階説

フリードマンは1976年にノーベル経済学賞を受賞しているが，その受賞記念講演（［7］西山訳284ページ）において以下のように述べている。「インフレと雇用との関係に対する，経済学者たちによる分析は，第二次大戦後，2つの段階を経てきまして，いまや第三段階にさしかかろうとしています」。つまり，インフレと雇用（失業）の関係は3つの段階があるというわけです。第1段階は貨幣賃金上昇率と失業率の安定的な関係である素朴なフィリップス曲線を受け入れたときである。第2段階は前述した「自然失業率仮説」のことである。フィリップス曲線を短期と長期に分けて短期のフィリップス曲線はインフレと失業との間のトレード・オフを認めているが，長期のフィリップス曲線はイン

フレと失業のトレード・オフを認めていないので，垂直なフィリップス曲線になるのである。この垂直なフィリップス曲線が第2段階なのである。第3段階とはどんなものであるのか。1970年代に入り，高率のインフレと高率の失業が併存するスタグフレーションの状態に各国がなってしまった。第1段階は素朴なフィリップス曲線であるのでインフレと失業は負の相関関係であった。第2段階ではインフレと失業は相関関係がない垂直なフィリップス曲線であった。この第3段階はインフレと失業が正の相関関係になっているスタグフレーションの説明なのである。

　フリードマン（［7］西山訳308ページ以下）は，試験的仮説としてインフレの上昇率が大幅になるとなぜ高率の失業率になるのかということを説明している。第1に，インフレ率が高くなると，物価にインデクセーションしていない契約期間が短期化するようになる。インデクセーションをしていない契約はインデクセーションをするのが有利になる。しかし，インデクセーションをするのには時間がかかる。契約期間が短期化するということとインデクセーションをするのに時間がかかるということは市場の効率性を低下させる。しかも，インデクセーション自体にも問題がある。インデクセーションをするためにはいろんな物価指数を使用できなければならないが，その物価指数が不完全である。また，物価指数が手に入ったとしても，物価が変動してから，かなりの時間の遅れがあり，物価指数をインデクセーションに入れるにはさらに時間の遅れがある。市場の効率性が低下すると失業率は増加することになる。

　第2に，インフレ率の変動の振幅が増大していくにつれて市場価格体系が経済活動を調整していくのにあたってその効率性を低下させるのである。価格機構の基本的な機能は何をどうやって生産するかとか，自分が所有している資源をどのように活用するかとかを決定するのにあたって必要とする情報を，簡潔に効率よく，しかも低費用において，伝達するということである。したがって，インフレ率の変動の振幅が増大していくと市場価格体系がおかしくなり，市場の効率性は低下して失業率は増加する。2つの理由とも，市場の効率性を低下

させるということでは同じことである。自然失業率は，貨幣的要因以外の実物的要因によって決定されるのである。市場の効率性の低下は実物的要因と考えられるのであるから，自然失業率は上昇するということになる。しかし，高率のインフレが低率のインフレになれば，市場の効率性は上昇し，自然失業率は低下するであろう。

　第3に，インフレ率が高率になると，さらに市場の効率性を低下させるものがある。それは政府の介入である。インフレ率が激しく変動するようになると，不確実性が増大したり，契約が硬直化して市場の効率性を低下させる。また，何をどうやって生産するかとか，資源をどのように活用するかという情報が妨害されても市場の効率性が低下する。このように市場の効率性が低下して経済の働きが鈍くなると政府が介入してきて法的に統制するようになり，政府の介入が，一層，不確実性を増加させたり，市場の効率性を低下させることになり，失業率はますます上昇するようになる。政府の介入にはどんなものがあるであろうか。たとえば，インフレを人為的に抑圧するための正面きった物価・賃金統制であったり，民間の企業や労働組合が物価や賃金の引き上げを自主規制させようとする政府の圧力であったりするわけである。これらの3つの説明はどれも市場の効率性を低下させていて失業率を上昇させているのである。以上のことがフリードマン（[7]西山訳308ページ以下）の説明の要約である。

6．垂直なフィリップス曲線論争

　1960年代にフリードマンが自然失業率仮説を提唱してから，ケインジアンは当初は自然失業率仮説を否定しようとしたが，1970年代のインフレと失業が併存するスタグフレーションに至り，ケインジアンも自然失業率仮説を認めるようになってきているが，それでも，まだ，かなりの日本人のケインジアンが自然失業率仮説に反対しているようにも思える。とくに，長期においてインフレと失業の負の関係が若干あるのではないかと考えている人がいる。自然失業率

がインフレ率とは独立に本当に垂直になるかどうかという問題は本質的には実証的な問題である。大阪大学の中谷巌教授は，以下のように述べている。「しかし，アメリカにおいても日本においても，期待係数の値は1960年代までは，実際に1よりかなり小さかったということが知られています。たとえば，神戸大学の豊田利久氏の実証研究によれば，わが国の1960年代における期待係数の値は0.48であるということが報告されています。しかし，これも日米共通の現象ですが，1970年代に入ると，期待係数の値は非常に1に近くなっているのです。このような実証研究の結果を反映して，自然失業率仮説を支持する経済学者の数は急速に増えているようです」(中谷[22]288ページ)。前述したが，長期フィリップス曲線が垂直になるかどうかの問題は実証的な問題であるが，それでも，垂直になると考えている経済学者が増えているようである[4]。

　しかし，ここで，長期のフィリップス曲線が垂直になるかどうかについてひとつの問題点がある。フリードマンは，過渡期が調整されるのに数10年かかると述べている点である。実証分析で垂直になった場合とならなかった場合の両方において，このような数10年の過渡期の調整をどのように計算したのかという問題である。数10年の期待の調整を計算するのはほとんど不可能に近いのではないか。この問題について，広島修道大学の河野快晴氏は検証対象の期間と検証の分析方法が問題となるので，たとえ，垂直なフィリップス曲線の仮説を否定する結果が出たとしても必ずしもフリードマンの自然失業率仮説を否定したことにはならないと主張している。河野氏（[15]210ページ）は，以下のように主張している。「ところで，フリードマンの予想仮説に関しては，いくつかの実証研究が試みられてきた。仮説の検証に当っては，予想インフレ率の調整係数が1であるか否かに焦点がおかれるために，検証の対象となる期間のほか，検証に用いられる予想形成に関する統計上の手法が，とくに問題となる。フリードマンの仮説は，調整がゆき尽くした状態を考えているのであり，たとえ実証研究によって仮説を否定する結果が導かれたとしても，必ずしも仮説を否定することはできない。なぜならフィリップス曲線が実証研究上の発見であっ

たのに対し，自然失業率の仮説は，合理的思考の到達しうる1つの極限状態を示すものであり，理論的観点からの可能性を示すものであるからである」(河野[15]210ページ)。この河野氏の主張は，正しい主張であろう。たとえ，実証分析の結果が垂直なフィリップス曲線にならなかったとしても，それはかならずしも，垂直なフィリップス曲線の否定にはならないであろう。しかも，人々の予想を簡単に計算するというのは現在の段階では不可能に近いといえよう。ここで，ひとつの問題は，実証分析の結果，垂直なフィリップス曲線を肯定する結果が出た場合はどうなるのかということである。この問題は筆者の能力を越えていて結論を出すことはできない。

7．自然失業率と完全雇用失業率

ケインジアンの完全雇用失業率とフリードマンの自然失業率はかなりの類似点があるが，相違点もある。大まかにいうと，自然失業率は自発的失業プラス摩擦的失業であり，非自発的失業は含まれないということになる。自然失業率と完全雇用失業率の違いはマネタリストとケインジアンの違いがある。完全雇用失業率はこれ以下には失業率を下げられない失業率であるが，自然失業率は一時的に自然失業率よりも低く現実の失業率を下げることができるのである。自然失業率よりも低い失業率を求めて拡張的な貨幣政策をするとインフレになり，完全雇用の状態で拡張的な貨幣政策をするとインフレになるという点は似ている。前述したが，自然失業率と完全雇用失業率の違いはマネタリストとケインジアンの経済思想の相違であるといえよう。ケインジアンとマネタリストの考え方の違いであり，マネタリストの自然失業率に一番近いケインジアンの用語が完全雇用失業率であり，逆にいうと，ケインジアンの完全雇用失業率に一番近いマネタリストの用語が自然失業率であるといえよう。

8. ルール

フリードマン[5]は，3～5％で M_2 を増加すべきであると主張していた。フリードマンは，ケインジアンの微調整に反対してこの3～5％の貨幣増加のルールを主張したのである。自然失業率以下に現実の失業率を一時的に低下させることはできるのであるが，長い間，自然失業率よりも低い失業率を維持することはできない。維持しようと努力すると，やがては高率のインフレを招くだけである[5]。前述したように，高率のインフレになると市場の効率性は低下し，失業率が上昇してしまうのである。したがって，フリードマンはケインジアンの微調整に反対し，貨幣ルールを主張しているのである[6]。

9. 批 判

東京大学の館龍一郎名誉教授[27]によると，ケインジアンは現実には貨幣錯覚や市場の不完全性・制度的な摩擦等が存在するため，垂直なフィリップス曲線にはならないと批判している。館名誉教授は，以下のように述べている。「ただ，ケインジアンは，現実には貨幣錯覚であるとか，市場の不完全性・制度的な摩擦等が存在するため，期待インフレ率が上昇しても，それが現実の物価や賃金に完全に反映されるわけではない，……長期的にみても失業率と物価上昇率との間にはトレード・オフの関係が存在することになる」(館[27]178ページ)。このフリードマンの自然失業率批判は誤りであろう。なぜならば，まず第1に，貨幣錯覚という概念は短期の概念であり，垂直なフィリップス曲線は長期の概念であり，フリードマンの考え方を誤って理解していると考えられるからである。第2に，市場の不完全性とか制度的な摩擦等を含んだものが自然失業率であるとフリードマンは主張している。前述したが，フリードマンは以下のように述べている。「『自然』失業率とは，換言すれば，ワルラスの一般均

衡方程式体系に労働及び商品市場の現実の構造的特徴が折り込まれる時に，産み出される水準であるといえる。その特徴の中には，市場の不完全性，需給の確率的変動，求人求職のための情報収集コスト，さらには移動のコスト等が含まれる」(フリードマン[5]訳書15ページ)。この点においても，フリードマンの自然失業率の定義をよく理解していないで批判をしているようである。また，現実にはインフレ率と独立でなく失業率が決まっているという考え方はその現実の失業率が調整期間中の短期の考え方なのであり，垂直なフィリップス曲線が長期的な概念であるということを理解していないために生じた誤解であるといえよう。

　つぎに，明星大学の公文園子教授[19]はフリードマンの自然失業率仮説は歴史的時間を捨象し，不確実性のない仮定の下で定義されたものであると批判している。公文教授は以下のように述べている。「『自然失業率』は，経済の実物面が貨幣面によって影響を受けないという仮定の下で，従って，歴史的時間をまさに捨象してしまった，不確実性のない仮定の下で，定義されたものである。その意味において，ケインズが分析の基礎とした『完全雇用』の別の候補者と見て良いだろう。だが，このように定義された自然失業率は，本質的に不確実な，歴史的現実としての経済のプロセスとは本来相容れない性質のものである」(公文[19]32ページ)。この公文教授の歴史的時間捨象という批判は短期の歴史的時間の捨象ということであろう。フリードンが捨象しているのは調整期間の短期の歴史的な時間であり，長期的な意味での歴史的時間を無視しているわけではない。確かに，フリードマンは短期を軽視しているが，長期的な視点から現実的な政策を考えているのである。公文教授は「本質的に不確実な，歴史的現実としての経済プロセスとは本来相容れない性質」とも批判しているが，自然失業率よりも失業率を低下させようとしても無駄であるというような現実的な理論を出すことができるのである。また，短期的な視点の政策よりも長期的な視点の政策の方がベターであることが多いのではなかろうか。フリードマンは，長期的な視点に立って貨幣のルールを主張しているのである。

つぎに，早稲田大学の本荘氏（[9]151ページ）は1930年代の恐慌時に高い水準で硬直的となった失業率をどのよう考えるのかとフリードマンを批判している。本荘氏は，以下のように述べている。「しかしながら，自然率水準が，……1930年代の恐慌時に高い水準で硬直的となった失業率をどのように考えるのかなどの問題が，当然のことながら生じてくる。……また，恐慌時に自然失業率が極めて高くなっていたとする主張もあるが，当時の状況をみると，これは説得力のある主張とは言えないように思われる」（本荘[9]151ページ）。確かに，高率の失業率で硬直的になったのは事実である。しかし，1930年代の大恐慌時は貨幣量の減少が激しく，激しいデフレの状態であった。この時期は人々の予想が不確実になり，予想の調整期間と考えられるので短期であると考えられる。フリードマンの短期とは数10年の長さにもなりうる。つまり，一時的に，失業率は上昇したが，長期的な自然失業率はもっと低いところにあったと考えられる。この大恐慌時には，自然失業率が上昇したとは考えられないのである。

10. 問 題 点

　フリードマン[7]は，以下のように述べている。「実際のインフレや，インフレの動向に対して人びとがいだく予測の，変動が大幅なものになればなるほど，自然失業率は，次の2つのきわめて異った理由において，増大します」（フリードマン[7]西山訳315ページ）。1970年代に入り，各国は高率のインフレと高率の失業が併存したスタグフレーションの世界に陥った。フリードマンは自然失業率仮説を応用してスタグフレーションをもうまく説明した。高率のインフレが生じると市場の効率性が低下し，自然失業率を上昇させるとフリードマンは説明した。しかし，自然失業率の上昇ではなく，現実の失業率の上昇であるのではないか。自然失業率は，元の低い水準のままで，インフレ率とは独立の垂直なフィリップス曲線ではないであろうか。確かに，高率のインフレとインフレ予想の変動によって，市場の効率性は低下するであろう。しかし，インフ

第9章 フリードマンの自然失業率仮説　127

レ予想が高率のインフレへの調整期間中であるので，一時的であり，短期であり，過渡期である失業率の上昇と考えられるのではないか。フリードマンも長期的には，元の低い自然失業率に戻ると考えている。フリードマン[7]は以下のように述べている。「この場合よりもいくらか長い期間にわたって発生する正の傾斜度をもった（左下りの）フィリップス曲線も，諸経済活動主体がその諸期待要素だけでなく，制度的・政治的在り方等をも新しい現実に対して調整していくにつれて，消滅してしまう過渡的な現象として発生するものでしかないように，私には思われるものであります。このような調整がいったん完了してしまうと，『自然利子率[7)]』仮説が示唆するように，失業率がどれほどのものになるかは，インフレの平均率が，どんな大きさのものであるかということとは，ほとんどまったく無関係となると，私は信じています」（フリードマン[7]西山訳309ページ）。

　市場の効率性の低下のための失業率の上昇は，自然失業率の上昇であろうか。インフレ期やデフレ期でない場合に，市場の効率性が低下して失業率が上昇した場合は自然失業率の上昇と考えてもよいであろうが，高率のインフレにインフレ予想が調整することが原因で市場の効率性が低下して失業率が上昇した場合は長期的な自然失業率の上昇ではなくて，一時的な失業率の上昇ではないであろうか。神戸大学の田中金司名誉教授[28]は以下のように述べている。「そもそも，失業率はインフレーション率から独立であるとするのが，フリードマンの立場である。ただ，右上りのPhillips曲線の場合だけは例外であるとするのであるが，……」(田中[28]26ページ)。田中名誉教授は右上りのフィリップス曲線を例外としているが，例外ではなくて，短期の一時的な現象であろう。田中名誉教授が述べているように，長期的には，フリードマンの立場は失業率がインフレ率からは独立でなければならない。右上りのフィリップス曲線が一時的な現象であるとすると，フリードマンの自然失業率仮説の例外にはならないことになる。

　もしも，自然失業率の上昇とすると，短期と長期のフリードマンの概念が若

干おかしくなる。調整期間中の短期に長期的な概念の自然失業率が上昇することになる。確かに，フリードマンは自然失業率が変動可能であると考えているが，しかし，前述したが，調整が完了すれば，自然失業率は元の低い水準に戻るのである。調整期間中の短期に長期的な概念の自然失業率の上昇はやはり問題であろう。そもそも，フリードマンの数量説はアービング・フィッシャーの数量説をかなり受け継いでいる。短期と長期の概念もフィッシャーと全く同じ概念なのである。フィッシャーの場合，調整期間中は短期なのである。

　前述したが，フリードマンの理論において，市場の効率性を低下させないために，貨幣ルールがあるのである。貨幣ルールから外れて貨幣量を大幅に増加させると，インフレを招き，市場の効率性が低下する。この市場の効率性を低下させないために貨幣ルールがある。よく考えてみると，貨幣量の増加とインフレと市場の効率性の低下は一本の線で結ばれている。貨幣量の増加→インフレ→市場の効率性の低下。市場の効率性の低下は，一見，実物的要因の影響と考えられるが，この場合は貨幣的影響がかなり強いのではないであろうか。貨幣的影響でインフレになり，市場の効率性が低下して，失業率が上昇しても，自然失業率の上昇とはいえないであろう。フリードマンは，インフレによる市場の効率性の低下での失業率の上昇を自然失業率の上昇と考えているが，この点は大きな問題点であろう。

11. むすびにかえて

　フリードマンの第3段階のスタグフレーションの説明において自然失業率の上昇は誤りであると批判しているが，実は，このスタグフレーションの説明は試験的仮説である。試験的仮説を批判するのは後ろめたい気もする。しかし，フリードマンの自然失業率仮説とインフレによる市場の効率性の低下からの自然失業率の上昇は矛盾であると考えられる。この点を除けば，フリードマンの自然失業率仮説は納得のいく理論であるといえよう。

第9章 フリードマンの自然失業率仮説 129

【注】
1）「I. フィッシャーの理論的アイデアが，A. W. フィリップスにより，英国のデータを使用してトレード・オフの関係として検証されて以来，……」(秋葉・中島［2］115ページ)。その他にも，フィッシャーとフィリップス曲線の関係を述べている文献には次のものがある。相原［1］70ページ，志築・武藤［26］87ページ，小松［16］87ページ，小松［17］262ページ，フリードマン［6］訳書47ページと58ページ，加藤［12］50ページ。
2）自然失業率仮説と古典派の貨幣数量説の理論の関係を述べている文献には，次のようなものがある。加藤［11］7ページ，加藤［13］29ページ，工藤［18］24ページ，新保［25］87ページ，堀内［10］133ページ，志築・武藤［26］96ページ。
3）フリードマン［6］訳書59ページ。
4）ゴードニとストロープ（［8］訳書296ページ）は，以下のように述べている。
「長期フィリップス曲線の形状がどんなものなのかについてはまだ確定的な答えが出ていません。しかしながら，最近ではケインジアンもマネタリストも長期フィリップス曲線は完全に垂直であると信じるようになっています*。*たとえば，最も普及している中級のマクロ経済学の教科書としては（長い間ケインズ経済学の牙城として君臨してきた）MIT 経済学部のメンバー2人（ドーンブッシュ，フィッシャー）によるものと，フランコ・モジリアーニ（ケインジアン）とミルトン・フリードマン（マネタリスト）の両方の学生であったゴードンによるものの2つを挙げることができますが，そこでは分析に期待の要素を組み入れ，長期フィリップス曲線は垂直であることが説明されています」。
その他，かなりの日本人の経済学者が垂直な長期のフィリップス曲線を主張している。たとえば，瀬尾・高橋［24］39ページ，加藤［14］72ページと88ページ，宮川［20］95ページである。
5）日本大学教授のナガイ・ケイ氏は，以下のように述べている。
「したがって，とりわけ現実に多くの国で実施されているケインズ政策は無駄な努力をしているどころか，かえって失業率を減少させることができないままに，インフレを招くだけだという驚くべき結論になるのである」(ナガイ［21］104ページ)。
6）フリードマンのルールについて詳しくは，吉野［29］を見ていただきたい。
7）ここで，「自然利子率」と立教大学の西山教授は訳しているが，失業率のことを述べているのであるから，「自然失業率」の誤訳であろうと考えられる。フリードマン［7］23ページの原文では the natural-rate という用語になっている。保坂訳［7］27ページでは自然失業率と訳している。

【参考文献】
［1］相原正「マネタリストの理論的枠組」『中京商学論叢』第26巻第4号，1980

年2月。
[2] 秋葉弘哉・中島守善「わが国の自然失業率仮説と合理的期待仮説の統計的分析」『拓殖大学論集』第152号，1984年12月。
[3] Friedman, M., "What Price Guideposts?" Shultz, G. P. and Aliber, R. Z. ed., *Guidelines, Informal Controls, and the Market Place*, Chicago : University of Chicago Press, 1966. 金森久雄・丸茂明則監訳『所得政策論争』東洋経済新報社，1968年。
[4] Friedman. M., "Comments," Shultz, G. P. and Aliber, R. Z. ed., *Guidelines, Informal Controls, and the Market Place*, Chicago : University of Chicago Press, 1966. 金森久雄・丸茂明則監訳『所得政策論争』東洋経済新報社，1968年。
[5] Friedman, M., "The Role of Monetary Policy," *American Economic Review*, March 1968. 新飯田宏訳『インフレーションと金融政策』日本経済新聞社，1972年。
[6] Friedman, M., *Unemployment versus Inflation? : An Evaluation of the Phillips Curve*, London : Institute of Economic Affairs, 1975. 保坂直達訳『インフレーションと失業』マグロウヒル好学社，1978年。
[7] Friedman, M., *Inflation and Unemployment : The New Dimension of Politics*, London : Institute of Economic Affairs, 1977. 西山千明編著『フリードマンの思想』東京新聞出版局，1979年。保坂直達訳『インフレーションと失業』マグロウヒル好学社，1978年。
[8] Gwartney, J. and Stroup, R., *Economics : Private and Public Choice*, 1983. 熊谷彰矩・平澤典男訳『マクロ経済学の基礎』多賀出版，1987年。
[9] 本荘康生「自然率仮説と総供給関数」早稲田大学『商学研究科紀要』第26号，1988年3月。
[10] 堀内昭義「インフレ期待とフィリップス曲線」『週刊 東洋経済』「近経済学シリーズ」No.27, 1974年2月。
[11] 加藤寛孝「マクロ経済学の基本動向」『創価経済論集』第11巻4号，1982年3月。
[12] 加藤寛孝「貨幣数量説の再検討——アーヴィング・フィッシャーの取引接近法」『創価経済論集』第12巻第1号，1982年6月。
[13] 加藤寛孝『マネタリストの日本経済論』日本経済新聞社，1982年9月。
[14] 加藤文夫「日本における自然失業率仮説の検証」日本銀行『金融研究資料』第11号，1982年2月。
[15] 河野快晴「マネタリズムに関する一考察」『広島修大論集』第17巻第1号，1976年10月。
[16] 小松憲治『現代のインフレーション』早稲田大学出版部，1980年。

[17]　小松憲治『現代の日本経済』東洋経済新報社，1982年。
[18]　工藤良平「フィリップス曲線と自然失業率」弘前大学『大経論叢』第11巻第1号，1976年3月。
[19]　公文園子「フリードマンの自然失業率仮説」明星大学『経済学研究紀要』第13巻，1981年12月。
[20]　宮川重義「インフレ期待とフィリップス曲線」『京都学園大学論集』第9巻第2号，1980年12月。
[21]　ナガイ・ケイ『挑戦するフリードマン』富士書房，1984年。
[22]　中谷巌『入門マクロ経済学』日本評論社，1981年。
[23]　Phillips, A. W., "The Relation Between Unemployment and the Rate of Change of Money Wage Rates in the United Kingdom, 1861-1951," *Economica*, November 1958.
[24]　瀬尾純一郎・高橋亘「合理的期待とマネーサプライ政策」日本銀行『金融研究資料』第11号，1982年2月。
[25]　新保生二「フィリップス曲線とインフレ分析(下)」経済企画協会編『ESP』No.59，1977年2月。
[26]　志築徹朗・武藤恭彦『合理的期待とマネタリズム』日本経済新聞社，1981年。
[27]　館龍一郎『金融政策の理論』東京大学出版会，1982年。
[28]　田中金司「ヴィクセル→ハイエク→M.フリードマン」関西大学『商学論集』第28巻第1号，1983年4月。
[29]　吉野正和「フリードマンの$X\%$ルールについて」早稲田大学『商学研究科紀要』第25号，1987年12月。

第10章　フリードマンの恒常所得仮説

1．はじめに

　「スウェーデン王立科学アカデミーは本日，ミルトン・フリードマン教授の消費の分析，貨幣の歴史と理論の分野における業績，ならびに安定化政策の複雑さに関する実証に対して，1976年度のアルフレッド・ノーベル記念経済学賞を授与することに決定した」(ローズ・フリードマン[10]鶴岡訳222ページ)。ミルトン・フリードマンは1976年にノーベル経済学賞を受賞している。「消費の分析」とはフリードマンの1957年の *A Theory of the Consumption Function* [8]（宮川・今井共訳）のことである。この *A Theory of the Consumption Function* でフリードマンは「恒常所得仮説」を主張している。当章ではこの「恒常所得仮説」を説明し，フリードマン経済学の中でどのような役割を演じているのかを検討する。

2．恒常所得仮説

　フリードマンは，実際に測定された「実際所得」(measured income) を「恒常所得」(permanent income) と「変動所得」(transitory income) のふたつに分けている。「実際所得」を y，「恒常所得」を y_p，「変動所得」を y_t とすると，(1)式のようになる。

$$y = y_p + y_t \tag{1}$$

ここで，恒常所得とは消費者が長期的に獲得することができると期待される所得のことである。この恒常所得については次節の「3．恒常所得の意味」で説明する。同様に，実際消費を c，恒常消費を c_p，変動消費を c_t とすると(2)式になる。

$$c = c_p + c_t \tag{2}$$

そして，フリードマンは恒常所得（y_p）と恒常消費（c_p）の関係を(3)式のように定義している。

$$c_p = k\,(i,w,u)\,y_p \tag{3}$$

恒常所得と恒常消費の比率は k であり，k は i と w と u に依存する。ここで，i は利子率であり，w は所得に対する資産の比率，u は消費者の嗜好である。k の比率は恒常所得の大きさとは無関係ということになっている。さらに，フリードマンは(4)式の仮定を設けている。

$$\rho y_t y_p = \rho c_t c_p = \rho y_t c_t = 0 \tag{4}$$

ここで，ρ は相関係数を示している。つまり，y_t と y_p の相関がなく，c_t と c_p の相関がなく，y_t と c_t の相関がないと仮定している。(1)，(2)，(3)，(4)式の仮定を使ってフリードマンは恒常所得仮説の実証研究をしている。

　家計調査のデータによると，所得の不平等度は減少していると考えられる。つまり，ある年に実際の所得が低い人はたまたま低かったのであり，長期間にわたって低いとは考えられない。したがって，所得の不平等度は減少傾向にあるとフリードマンは考えている。また，農家家計と非農家家計を比較すると，農家家計の方が変動所得の比率が高く，恒常所得の比率が低いので，非農家家計よりも消費が少ないとフリードマンは指摘する。農家家計は天候に左右され

て収穫量が大きく変化するので変動所得が大きくなるのである。また、白人家計と黒人家計を比較すると、同じ実際所得水準では白人の方が黒人よりも多く消費している。白人と黒人間には平均所得に差があり、北部では約75％、南部では140％～235％、白人の方が高いのである。したがって、同じ実際所得水準でも恒常所得は白人の方が黒人よりもずっと高くなる。

　ゴールドスミスのデータを用いて、フリードマンは1897年から1949年までの米国の1人当り個人消費支出と1人当り個人可処分所得を1929年価格で比較している。結果として、$c = 0.877y$ という回帰線が得られた。この回帰線に上下5％の消費線を追加すると、$c = (0.877 \pm 0.05)y$ になり、2/3以上の点がこの領域の中に入る。また、この領域の下に位置する年を、消費・所得比率の低いものから高いものへと並べると、1942年と1943年と1944年と1945年と1918年と1917年と1905年であり、これらの大部分は戦時インフレの年にあたる。これらの年には、一時所得が異常に高く、また、消費制限という愛国的な動きのために消費が少なかったと考えられる。他方、この領域の上に位置する年を、消費・所得比率の高い順に並べると、1933年と1932年と1934年と1921年と1931年と1935年と1897年と1938年である。これらはすべてが深刻な不況の年であり、変動所得はマイナスであった。これらの年の恒常所得は高くなり、消費は恒常所得に調整されるので、実際の所得に対して消費が異常に高い比率になるとフリードマンは分析する。このゴールドスミスのデータは時系列であり、長期的には $c_p = ky_p$ というフリードマンの恒常所得仮説と一致しているということになる。

3. 恒常所得の意味

　恒常所得についてフリードマンは、以下のように述べている。「恒常所得の概念をこのように一般的に述べるのはやさしいが、正確に定義するのは難しい。恒常所得は直接に観察することはできず、消費単位の行動から推測されなけれ

ばならないのである」(フリードマン[8]訳書412ページ以下)。「所得の恒常成分に与えられる正確な意味に関しては仮説には若干のふくみがある。最も広義の定義は,恒常成分を,一基本時間単位(大ていの研究においては1年)よりも長期にわたってその影響が及ぶようなすべての要因によるものと考えるものであろう。定義を順々により狭義のものにしていくと,3年以上にわたって所得に影響する要因のみを含むもの,4年以上にわたって所得に影響する要因のみを含むもの等々となり,最後には恒常成分と期待生涯所得とを同じものと見なす最も狭い定義に達する。……経験的に適切な定義は,恒常成分を,3年ないしそれ以上の期間にわたって所得に影響する要因の影響を表わすものと考えるもののようである。しかし,これはまだ非常に暫定的な結論であると考えられるべきである」(フリードマン[8]訳書421ページ)。「社会全体についての恒常所得は,現在所得および過去の所得を,一様な長期的傾向について修正し,過去にさかのぼるほど減少するようなウェイトで加重平均したものと考えられる」(フリードマン[8]訳書427ページ)。

　したがって,フリードマンは恒常所得を概念的に変動所得と区別しているが,正確に定義するのは難しいと考えている。消費単位の行動から単に推測されるだけである。統計的には,「社会全体についての恒常所得は,現在所得および過去の所得を,一様な長期的傾向について修正し,過去にさかのぼるほど減少するようなウェイトで加重平均したもの」である。そして,理論的には,所得の恒常成分は1年以上から生涯にわたって所得に影響を与えるものであり,経験的には,3年またはそれ以上にわたって所得に影響を与えるものとなるが,これは非常に暫定的な結論であるとフリードマンは述べている。また,フリードマンは「恒常的」という意味を正確にする必要はないし,望ましくもないと考えていて,恒常成分と変動成分の正確な区別はデータそのものから決定するのが最もよいと考えている。フリードマンは以下のように述べている。「もっと重要なことは『恒常的』という言葉に与えるべき正確な意味を前もって定めておくことは,必要であるともまた望ましいとも思えないということである。

恒常的と変動的との区別は，実際の行動を解釈するために試みられたものである。われわれは，消費単位が，自分の所得および自分の消費がこのような2つの成分の和であると考えているかのように，そして恒常成分の間の関係がわれわれの理論的分析の示唆しているものであるかのように考えようとしているのである。恒常成分と変動成分とを正確に区別する線は，消費者行動に対応すると考えられさえすればどのようにでも，データそのものから決定するのが最もよいのである」(フリードマン[8]訳書40ページ以下)。したがって，フリードマンの「恒常的」と「変動的」の区別は適当に考えられていると解釈できよう。

4. 変動所得と変動消費

　変動所得は期待されなかった所得であり，たとえば，臨時収入である。変動所得はプラスにもマイナスにもなる。たとえば，農産物の出来が良ければ，農家にとってはプラスの変動所得になるが，出来が悪ければ，マイナスの変動所得になる。また，統計的なデータの測定誤差も変動所得に含まれる。同様に，変動消費は期待されなかった消費であり，たとえば，病気のための思いがけない支出である。また，同様に，変動消費も測定誤差を含む。さらに，変動所得と変動消費は平均するとゼロになる傾向があるが，かならずしもゼロにならなければならないというものでもない。たとえば，異常な好天候や異常な悪天候の影響は，ある地方の住民全員が受けることになり，平均するととてもゼロになるとは考えられない。また，ある製品に対して，需要が突然変化する場合も変動所得がゼロになるとはとても考えられない。

　前述したように，フリードマンは(4)式の仮定を設けている。

$$\rho y_t y_p = \rho c_t c_p = \rho y_t c_t = 0 \tag{4}$$

という仮定である。ここで，恒常所得と変動所得の相関がないことと，恒常消費と変動消費の相関がないことはかなりゆるい仮定であるが，変動所得と変動

第10章　フリードマンの恒常所得仮説　137

消費の相関がないというのはかなり強い仮定である。たとえば，臨時収入があると，支出が増えると考えられる。しかし，フリードマンは消費を用役の価値によって考え，耐久財の購入を消費とは考えていない。これまで消費と考えられていた多くのものが，貯蓄に分類されるとフリードマンは主張している。さらに，変動所得と変動消費とが無相関であるという仮定を弁護するふたつの理由を挙げている。第1に，不時の所得と変動所得を同一視するのは正確ではないとしている。たとえば，相続財産を頼りにして前借りをすることは，すでに恒常所得に含まれるのである。第2に，所得の一時的増加が消費の一時的増加をもたらすと考えられるが，その逆も考えられるとフリードマンは主張する。すなわち，所得の一時的増加が消費を減らす場合があるのである。たとえば，所得の一時的な増加が今までよりも長時間働いた結果である場合と，後進地域へ行った結果である場合である。前者の場合は労働時間が多くなり，消費時間が少なくなるし，後者の場合は物価が低くなるので，両者とも消費が少なくなるであろう。トータルでは，プラスとマイナスでゼロになる傾向があるとフリードマン（[8]訳書51ページ）は主張している。

5．恒常所得仮説と貨幣需要関数

　フリードマンは，マネタリストの総帥である。マネタリストの考え方の裏には貨幣数量説がある。貨幣数量説は，貨幣需要の理論のことであるとフリードマンは主張している[1]。それでは，恒常所得仮説と貨幣需要関数はどのように関係しているのであろうか。フリードマンは，以下のように述べている。「私はむしろこの書物によって影響を受けているのである。……この書物は私が経済事象における貨幣の役割についてその後現在まで行ってきた研究にかなりの反射的な影響を与えているのである。個人が消費にどれだけ支出しようとするかを説明すべく精巧に工夫された考え方が，一見非常に異なったように見える問題，すなわち個人や企業が貨幣のかたちで保有する資産の割合を決定するも

のは何かという問題にも非常に重要な貢献をするということは，純粋研究の結実がいかに予測できないものであるかを示す一つの印象的な例である。……所得の恒常成分と変動成分の区別は，本来専門職業の人たちの所得の研究に端を発するものであるが，総消費ばかりでなく，たとえば住居費のような消費の特定種目の分析にも，企業の政策や生産者の供給行動の分析にも，また前述したように貨幣需要の分析にも有用であることがわかった」〔フリードマン[8]「日本語版への序文」1ページ以下，(1960年9月1日付け)，および土井[6]95ページ以下〕。フリードマンは，恒常所得仮説が貨幣需要の分析にも有用であると述べている。フリードマンは，恒常所得を独立変数として貨幣需要関数の中に入れている。

関西学院大学の町永昭五教授は，以下のように述べている。「彼においても1つの注目すべき点は，彼の貨幣需要函数において主要な変数の1つである所得の概念が，彼がかつて消費函数の安定性を考えたときに導入した『恒常所得仮説』におけると同じ概念である変動的要因を含まない恒常所得について考えているという点である。彼は，理論的に必要なものは測定された所得ではなく期待所得（expected income）あるいは恒常所得であると考える。この点において，彼の貨幣需要の長期的動きおよび循環的（短期的）動きの相反関係（contra-diction）を説明する手掛りを得ることができるとともに，当然彼の貨幣需要函数の安定性に関する考え方が窺われるのである」（町永[16]105ページ以下）。

町永教授が述べているように，フリードマンは恒常所得を用いて貨幣需要の長期的な動きと短期的な動きの矛盾を説明しようとしている[2]。また，町永教授が述べているように，フリードマンは恒常所得を独立変数にして貨幣需要関数の安定性を主張している。貨幣需要関数が安定したために，貨幣ストックの増加が名目GNPの増加となる貨幣的景気循環理論である貨幣数量説をフリードマンは導くことができたのである。

議論を整理してみると，フリードマンは恒常所得仮説を用いて貨幣需要の長期的な動きと短期的な動きの矛盾を説明し，続いて，貨幣需要関数の安定性を

第10章　フリードマンの恒常所得仮説　139

説明し，最後に，貨幣数量説を説明している。恒常所得仮説と貨幣需要関数と貨幣数量説は相互に密接に結び付いていてフリードマンのマネタリズムにとってどれも不可欠な存在であるといえよう。恒常所得仮説は消費を取り扱った理論と考えられ，貨幣需要関数は貯蓄を取り扱った理論と考えられるが，熟慮してみると，恒常所得仮説と貨幣需要関数のどちらも消費と貯蓄の両方を取り扱っていると考えられる。フリードマンは，恒常所得仮説と貨幣需要関数によってマネタリズムの貨幣数量説を導いているといえよう[3]。

6．批　判

　耐久財の購入は用役の価値を除くと貯蓄であるとフリードマンは主張していたが，P. デヴィッドソンは耐久財の購入は消費であると批判している（［5］訳書46ページ以下）。10年間持つ耐久財の購入は，一時点の消費ではなくて10年間での消費であるとフリードマンは考えているのであろう。この問題は，恒常所得と消費の相関関係でどちらがより良く適合するかという実証分析の問題であろう。

　ブリティッシュ・コロンビア大学の永谷敬三教授は，以下のように述べている。「また将来所得が過去における所得の加重平均によって推計される限り，オイルショック時に起きたような将来の見通しの悪化による消費の急減を説明することはできないのである」（永谷[13]73ページ）。確かに，オイルショックのような外生的なショックからの消費の急減を説明できない。しかし，現在では，日本経済の景気は回復している。恒常所得仮説は長期的な概念であり，外生的な短期のショックからの消費の落ち込みを説明できないのは当然であり，恒常所得仮説に過大な予想を求めるのは行き過ぎであろう。また，オイルショック以後，消費需要の落ち込みは回復しているのであるから，長期的な意味からすると恒常所得仮説は正しい理論といえよう。

　一橋大学の篠原三代平教授は，以下のように述べている。「かくて恒常所得

仮説は極めて単純な仮説であるが，相対所得仮説の説明できない現象をも説明し，相対所得仮説を別の形で包括してしまう。ただ，フリードマンの論法は極めて鮮かであるが，一つ残された問題があろう。恒常所得仮説はたしかに相対所得仮説の形式面を包括する。しかし，デモンストレーション効果という，個人の消費者行動に直観的にも至大な影響力を持つと思考される要因が，恒常所得仮説の中のいずこにも位置を占めていない。かくてフリードマン仮説は極めて有用であり，その広汎な適用性をもつという点では，戦後第一級の理論ではあるが，しかし相対所得仮説の実体的内容であるデモンストレーション効果まで包摂吸収したものでないという点には特別の注意が払われねばならない。フリードマン自身はこの点には全然論及していない」(篠原[23]183ページ)。

また，一橋大学の篠原教授は以下のようにも述べている。「しかし最後に残る問題は，いわゆる demonstration effect といわれる社会心理的な効果は常識的にもたしかに実在すると思われるにもかかわらず，Friedman 仮説のいずこにも含まれていないどころか，彼自身これを排除しているということである。このことは，彼が自らのモデルを相対所得仮説と形式的に比較しうるように展開したにもかかわらず，なお残存する問題点として注目せねばならない」(篠原[22]81ページ)。

フリードマンは，恒常所得仮説において，デモンストレーション効果を無視しているということである。隣りの家でベンツを購入したので，対抗して自分もベンツを購入するというのがデモンストレーション効果である。しかし，ベンツを購入すれば，しばらくは他の消費を控えるのが当然であろう。なぜならば，恒常所得という長期的な予算の制約があるからである。篠原教授はデモンストレーション効果のことを「個人の消費者行動に直観的にも至大な影響力を持つと思考される要因」と述べ，「社会心理的な効果は常識的にもたしかに実在すると思われる」とも述べている。確かに，常識的にも直観的にもデモンストレーション効果は存在しそうである。したがって，デモンストレーション効果の存在については問題がないであろう。しかし，デモンストレーション効果

は短期の理論である。恒常所得という長期的な予算の制約があるので，模倣や誇示で消費をした人は後で消費を控えるであろう。長期的には恒常所得の予算制約が正しい理論であろう。フリードマンの恒常所得仮説は短期の消費までは説明していないで，消費を長期的に説明している。したがって，フリードマンは短期のデモンストレーション効果を全然論及しないで排除したのであろう。恒常所得仮説は短期理論ではないので，デモンストレーション効果を取り扱っていないといえよう。前述したように，篠原教授は以下のように述べている。「かくて恒常所得仮説は極めて単純な仮説であるが，相対所得仮説の説明できない現象をも説明し，相対所得仮説を別の形で包括してしまう」(篠原[23]183ページ)。相対所得仮説はデモンストレーション効果を意味していると考えられる。篠原教授自身も認めているように，恒常所得仮説は相対所得仮説を包括してしまっているのであり，長期的にはデモンストレーション効果は無視できるのである。また，常識的・直観的に正しい短期のデモンストレーション効果を無視したところに，フリードマンの恒常所得仮説の成功があるといえよう。

慶應義塾大学の鈴木諒一教授は以下のように述べている。「しかし，不況時には多くの経営者について Y_t が負になるのであるから，平均値がゼロになるとは考えがたい。また Y_t と C_t の関係が薄いことは認めるとしても，まったく無相関だとする仮説は強すぎるといわざるをえないであろう。不時の収入があったため，旅行にいくなどということは十分に考えられる」(鈴木[26]32ページ以下)。

確かに，不況時には y_t の平均値がゼロにはならないであろう。しかし，不況時とは短期であり，恒常所得仮説は長期的な概念であるから，不況時だけでなく，好況時との両方を一緒にして，しかも，より長期で恒常所得を考えねばならない。また，確かに，不時の収入があったため，旅行に行くというのも十分考えられる。しかし，不時の収入があっても，消費をしない人もいるであろう。しかも，これも短期ではなくて長期で考えると答えはどのようになるかわからない。ここまでくると，ここから先は理論の問題から実証分析の問題にな

るといえよう。

また，鈴木諒一教授は，以下のようにも述べている。「以上がフリードマンの恒常所得仮説であり，その狙いとするところは本文の中で述べられているように相対所得説を越えて，時系列資料とクロスセクションの資料を結びつけ，経済予測の上に一層有効な理論を築こうとするものである。しかしこの理論がどこまでこの目的を果しているかについては疑問となる点が少なくない。……しかし恒常所得説では前述の多くの前提を撤去又は論証しない限り，その帰結が恣意的だと云われても反駁できない。要するに恒常所得説の目的はよく解るとしてもその発展は今後に待たねばならない」(鈴木[25]11ページ以下)。

慶應義塾大学の鈴木諒一教授はフリードマンの恒常所得仮説の問題点を指摘し，恒常所得仮説の発展は今後に待たねばならないと1959年に述べているのであるが，後で説明するように，かなりの数の経済学者がフリードマンの恒常所得仮説をよく評価しているのである。

7. 評　　価

多くの経済学者がフリードマンの恒常所得仮説を高く評価している。高く評価している文献を示そう。「相対所得仮説，流動資産仮説の出現は，すでに述べたように，消費函数論争における輝かしい業績を意味するものであった。しかし或る意味で，この二つの仮説を遥かに凌駕する新仮説が更に登場して来た。これはミルトン・フリードマンの恒常所得仮説 (permanent income hypothesis) である。それは考え方によっては前二説を包摂し，前二者の説明しえなかった諸点に対しても，簡妙適切な解釈を加えるものだということができるかもしれない。アメリカの消費函数論争を展望する場合に，彼の新仮説を除くことは画竜に点晴を欠くことである。また今後消費函数を研究せんとするものは，彼の仮説を無視して前進することはできない」(篠原[23]136ページ)。

「大正15年～昭和2年の統計局家計データによって，給料生活者，労働者，

農家の貯蓄・消費パタンを詳細に比較することができた。この結果はフリードマンがアメリカについて行った結果とほぼ同じであるとみてよい」(篠原[23]274ページ)。

「デューゼンベリイ＝モジリアニイの相対所得仮説が提示されてから約10年後に，M.フリードマンによって消費関数に対する新しい一つの仮説が提示された。『恒常所得仮説』 permanent income hypothesis とよばれるものがそれであって，現代の消費関数論の中で最重要なものの一つとされているものである」(荒[1]62ページ)。

「以上のように，消費関数を通じて提起された問題はほとんどその内に含む一般的な理論仮説を提起するものとして，フリードマンの恒常所得仮説の持つ重要性はきわめて注目に値するのである」(長谷川[11]435ページ)。

「このような恒常所得仮説が正しいかどうかは，時，所を異にした種々の調査による検証をまって，はじめていえることなのであるが，今日これは最も有力な仮説とみなされている」(千種[2]297ページ，千種[3]374ページ，千種[4]205ページ)。

「さらにフリードマンの理論では，在来存在した相対所得仮説や流動資産仮説が恒常所得仮説の特別な場合として位置付けられることを証明している。また，恒常所得仮説自体は，＜正常所得仮説＞等の新しい仮説への発展もみられ，現在の消費関数論争におけるもっとも重要な地位をしめてきている」(溝口[17]129ページ)。

「この恒常所得仮説は経済理論のなかでも実証研究によってその有効性が最もはっきりと示され，一般に受け入れられているものの一つである」(清水[20]193ページ)。

これだけ多くの経済学者がフリードマンの恒常所得坂説を高く評価しているので，現在の経済理論において恒常所得仮説は不可欠の理論であるといえよう。また，前述したように，恒常所得仮説は貨幣需要関数と深く結び付いていてマネタリズムの貨幣数量説にとって不可欠の存在であるといえよう。また，一橋

大学の篠原三代平教授が恒常所得仮説を日本経済に適用していたが、早稲田大学の渋谷行雄助教授も日本経済に恒常所得仮説を適用し、恒常所得仮説を認めている（[19]57ページ以下）。また、一橋大学の清水啓典教授は1957年と1958年のイスラエルと1950年のアメリカに恒常所得仮説が適用できると述べている（[20]193ページ以下）。

また、フリードマンはこの恒常所得仮説によってケインジアン経済学に挑戦をしていたのである。消費が恒常所得に依存するとなると1回限りの減税では消費が増えないことになり、財政政策の効果がなくなってしまうということになるのである[4]。ケインジアンの財政政策の有効性がフリードマンの恒常所得仮説によって脅かされたといえよう。

8．むすびにかえて

フリードマンのマネタリズムにおいて恒常所得仮説がどのような役割を演じているのかということを調べているうちに、次第に次のことがわかってきた。フリードマンは貨幣需要関数の中に恒常所得仮説を導入し、貨幣数量説を導いているのである。したがって、恒常所得仮説と貨幣需要関数の両方とも消費と貯蓄を取り扱っていて、両方ともマネタリズムの貨幣数量説にとって不可欠な存在であるといえよう。また、この恒常所得仮説によって、フリードマンはケインジアン経済学に挑戦していたといえよう。フリードマンは、以下のように述べている。「その仮説が、とても前もって明確にしえないような新しい方向と、新しい方法でひとが考えたことを刺激する点にある」（フリードマン［8］訳書444ページ）。フリードマンはケインジアンの消費関数・所得支出説・財政政策に挑戦してマネタリスト反革命をしようとしていたと考えられないこともない。

フリードマンの妻であるローズ・フリードマンは、以下のように述べている。「消費の恒常所得理論の由来を求めますと、ミルトンの最初の重要な研究で

あった『専門職の所得』の中の所得の分析にまでさかのぼります。……消費理論は，科学的研究における，いわゆる"僥倖"の一つのよい例といえましょう。専門職の所得を説明するために作り出された分析の手法が，非常に多くの異なった諸現象——たとえば，人々の所得と消費との関係——を説明するうえで，きわめて効果的であることがわかったのです」(ローズ・フリードマン[10]鶴岡訳110ページ以下)。フリードマンは最初は専門職の所得を研究していたのだが，後になって所得と消費の関係を説明するようになったのである。ある意味で，経済を分析する多くの経済理論はお互いに結び付くと考えることもできるということを恒常所得仮説が証明したといえよう。フリードマンは自分の研究を専門職の所得から所得と消費の研究，貨幣需要関数の研究，そして，マネタリズムの貨幣数量説の研究へと進めて行ったのであり，これらの経済理論は相互に密接に結び付いているのである。

【注】
1）フリードマンは，以下のように述べている。
「貨幣数量説は，第一に，貨幣需要の理論である」(フリードマン[7]4ページ，訳書176ページ)。
2）フリードマンは以下のように述べている。
「見方を変えて，実質現金残高需要が趨勢分析で推定された関係にしたがって，もっぱら実質恒常所得によって決定され，また現実の現金残高が常に所望残高に等しいものと仮定しよう。そうだとすれば，もし，流通速度を，恒常所得を貨幣ストックで割ることによって計算するならば，それは拡張期に低下し，後退期に上昇（あるいは，より小さな率で低下）するであろう。しかし，これまで『流通速度』とよばれてきた数値は，このようにして計算されたものではなくて，計測所得を貨幣ストックで割ることによって計算されたものである。このような計測流通速度 (*measured velocity*) は，景気の谷では，計測所得は恒常所得よりも小さくなるため，そこではわれわれが恒常流通速度とよぶものよりも低くなる傾向を示すであろうし，また，景気のピークでは，計測所得は恒常所得より大きくなるため，そこにおいては計測流通速度は恒常流通速度よりも高くなる傾向を示すであろう。したがって，たとえ恒常流通速度が景気循環と逆である場合でも，計測流通速度は循環と一致することがありうるのである」(フリードマン[9]訳書98ページ)。

また，中央大学の川口弘教授も以下のように述べている。「この恒常所得概念が通貨保有需要関数にも導入され，通貨の流通速度は恒常所得に対して一定値に決まり，そのため現実所得が恒常所得を離れて変動するのに対応して，現実所得に対する流通速度は短期的に変動すると考える。これによって，実証研究の結果に現われた流通速度の変動がかなり整合的に説明されることになったのである」（川口[15]341ページ）」。
3）恒常所得仮説と貨幣需要関数とマネタリズムの関係について述べている以下の文献がある。今井[13]，今井[14]。
4）恒常所得仮説によって，財政政策が無効になるということを説明している以下の文献がある。駿河[24]136ページ，新開[21]357ページ，林[12] 3 ページ。

【参考文献】

[1]　荒憲治郎『マクロ経済学講義』創文社，1985年。
[2]　千種義人『経済原論』慶應義塾大学通信教育部，1974年。
[3]　千種義人『経済学入門』同文館，1976年。
[4]　千種義人『経済学』同文館，1978年。
[5]　Davidson, P., *International Money and the Real World*, Macmillan, 1982. 渡辺良夫・秋葉弘哉訳『国際貨幣経済理論』日本経済評論社，1986年。
[6]　土井省悟「M. フリードマンとNBER——『貨幣趨勢』(1982)とその形成過程を中心に——」『四国学院大学論集』第69号，1988年7月。
[7]　Friedman, M., "The Quantity Theory of Money——A Restatement," Friedman, M. ed., *Studies in the Quantity Theory of Money*, The University of Chicago Press, 1956. 大住栄治訳『現代マクロ経済学の基本問題＜上巻＞——ケインズ『一般理論』を軸として——』第三出版，1986年4月。
[8]　Friedman, M., A *Theory of the Consumption Function*, Princeton University Press, 1957. 宮川公男・今井賢一共訳『消費の経済理論』巌松堂，1961年。
[9]　Friedman, M., "The Demand for Money : Some Theoretical and Empirical Results," *J. P. E.* 67 August 1959. 山下邦男訳「貨幣の需要——若干の理論的ならびに経験的結果——」水野正一・山下邦男監訳『現代の金融理論Ⅰ』勁草書房，1965年。
[10]　Friedman, R., "Milton Friedman : Husband and Colleague——(1)～(12)," *The Oriental Economist*, Vol. 44 No. 787, May 1976 ～ Vol. 45 No. 802, Aug. 1977. ローズ・フリードマン「夫・ミルトン・フリードマンの人と思想」『週刊 東洋経済』臨時増刊号　No. 30(1974年10月)～ No. 41(1977年7月)。鶴岡厚生訳『ミルトン・フリードマン——わが友，わが夫』東洋経済新報社，1981年。
[11]　長谷川啓之「26. ミルトン・フリードマン」『経済学・人と学説』富士書房，1979年。

[12]　林文夫「恒常所得仮説の拡張とその検証」『経済分析』第101号，経済企画庁経済研究所，1986年2月。
[13]　今井譲「マネタリストの理論と恒常所得仮説」関西学院大学『商学論究』第29巻第1号，1981年6月。
[14]　今井譲『マネタリズムの政策と理論』東洋経済新報社，1984年。
[15]　川口弘『金融論』筑摩書房，1982年。
[16]　町永昭五「フリードマンの貨幣数量説──その理論的側面」関西学院大学『商学論究』第38号，1962年9月。
[17]　溝口敏行「消費関数の恒常所得仮説」新開陽一・根岸隆・藤田晴・宮沢健一・渡部福太郎編『近代経済学の基礎知識』有斐閣，1971年。
[18]　永谷敬三『金融論』マグロウヒル好学社，1982年。
[19]　渋谷行雄「消費者行動理論における恒常所得仮説の経験的検証」『早稲田政治経済学雑誌』第192号，1965年4月。
[20]　清水啓典「合理的期待と政策評価」一橋大学『商学研究』28，1988年3月。
[21]　新開陽一「第12章　消費と投資」新開陽一・新飯田宏・根岸隆『近代経済学〔新版〕』有斐閣，1987年。
[22]　篠原三代平「フリードマンの恒常所得仮説」一橋大学『経済研究』第9巻第1号，1958年1月。
[23]　篠原三代平『消費函数』勁草書房，1958年4月。
[24]　駿河輝和「合理的期待形成を含んだ恒常所得仮説について」大阪府立大学『経済研究』第29巻第3号，1984年5月。
[25]　鈴木諒一「消費函数における恒常所得説について」『三田商学研究』第1巻第6号，1959年12月。
[26]　鈴木諒一『経済学基礎理論』東洋経済新報社，1967年。

第11章　貨幣面におけるバブルと不況

1．はじめに

　1980年代後半と1990年代の初めに，日本経済は，バブルになり，1991年4月，5月頃から，バブルがはじけて，平成不況になった。現在（1996年9月）においても，日本経済は平成不況から，完全に，抜け出しておらず，未だに，どこかに，不況感が漂っている。当章では，貨幣面に重点を置いて，バブルと平成不況の原因を研究する。また，平成不況を契機として，学者と中央銀行家の論争，いわゆる，マネーサプライ論争が展開されたが，この論争についても言及する。

2．バブルと平成不況

　第11-1表は1980年度から1994年度までの M_2＋CD の前年比と国内総生産の実質前年比と消費者物価指数の前年比である。1980年から1986年までの M_2＋CD の前年比の伸び率は，7，8，9％台の1ケタ台の伸び率であった。1987年から1990年までの M_2＋CD の前年比の伸び率は，10％を超える2ケタ台の伸び率になっている。この1987年から1990年までの国内総生産の実質前年比も4，5，6％台で増加している。平均株価は，1989年12月29日に，38,915円の最高値となっている。この1987年から1990年がバブル期といえよう。しかし，消費

第11章　貨幣面におけるバブルと不況　149

第11-1表

年度	M_2+CD 前年比	国内総生産 実質前年比	消費者物価指数 前年比
80	8.4	2.6	7.6
81	9.7	3.0	4.0
82	8.4	3.1	2.6
83	7.5	2.5	1.9
84	7.8	4.1	2.2
85	8.7	4.1	1.9
86	8.6	3.1	0.0
87	11.2	4.8	0.5
88	10.8	6.0	0.8
89	10.3	4.4	2.9
90	10.2	5.6	3.3
91	2.6	3.1	2.8
92	0.1	0.4	1.6
93	1.5	0.2	1.2
94	2.5	0.5	0.4

［出所］『経済要覧』14ページ，23ページ，28ページの合成。

者物価指数は，それほど，急激に，上昇しなかった。1987年に，M_2+CD の前年比は11.2％で上昇しているが，タイム・ラグが2年であるとしたら，1989年からの消費者物価指数は，2.9％，3.3％，2.8％と，それほど，激しいインフレ率ではなかった。

　インフレ率は，それほど，激しくはなかったが，1987年から1990年の期間は，好景気であり，株価が，異常に，上昇したので，バブルの時期といえよう。1991年から1994年の M_2+CD の前年比は，それぞれ，2.6％，0.1％，1.5％，2.5％となっている。また，この期間の国内総生産の実質前年比も，それぞれ，3.1％，0.4％，0.2％，0.5％と低迷している。この1991年から1994年の期間は平成不況であるといえよう。バブルと平成不況は M_2+CD の前年比の伸び率とかなりの相関関係があるといえよう。

3．貨幣の増減

バブルと平成不況は，貨幣の増減と，かなりの相関関係があるが，それでは，なにが，貨幣の増減を決定するのか。貨幣の増減に，最も，大きな影響力があるのは，中央銀行であり，日本の場合，日本銀行である。それでは，なぜ，1987年に，$M_2 + CD$ の前年比の伸び率が11.2%という高い伸び率になったのであろうか。第11-2表をみてみよう。

昭和62年は，西暦にすると，1987年になる。1987年2月23日から，平成元年

第11-2表 公定歩合の推移

年月日	公定歩合
昭61. 1.30	4.50
3.10	4.00
4.21	3.50
11. 1	3.00
62. 2.23	2.50
平 1. 5.31	3.25
10.11	3.75
12.25	4.25
2. 3.20	5.25
8.30	6.00
3. 7. 1	5.50
11.14	5.00
12.30	4.50
4. 4. 1	3.75
7.27	3.25
5. 2. 4	2.50
9.21	1.75
7. 4.14	1.00
9. 8	0.50

［出所］『経済要覧』179ページ

第11章 貨幣面におけるバブルと不況　151

(1989年) 5月30日まで，公定歩合は2.5%であった。1989年5月31日に，公定歩合は，2.5%から，3.25%に，引き上げられた。2年3カ月にわたって，公定歩合は2.5%という低い水準であった。この低い公定歩合が M_2+CD の増加とバブル発生の原因であるといえよう。バブル退治のために，平成元年5月31日，2.5%→3.25%へと，公定歩合の1回目の引き上げをして，平成2年8月30日，6%へと，5回目の公定歩合の引き上げをした。やがて，貨幣は，1991年度に，急速に，減少し始めた。この5回の公定歩合の引き上げは，効果があり過ぎたのであろう。自動車でいえば，ブレーキの踏み過ぎであった。平成3年7月1日，公定歩合を6%から5.5%に引き下げ，以後，平成7年9月8日，9回目の公定歩合の引き下げで，0.5%まで，公定歩合が引き下げられたが，M_2+CD の伸び率は，現在 (1996年8月)，3%台で低迷している。もちろん，日銀の金融政策は公定歩合だけではない。ここまでの話は公定歩合だけであった。日銀の金融政策は，公定歩合の変更の他に，オペレーションと準備率の操作がある。オペレーションの操作の問題で，マネーサプライ論争が生じたといえよう。このマネーサプライ論争は，次に，述べる。

4．マネーサプライ論争

前述したが，平成不況を契機として，1992年に，学者と中央銀行家で，マネーサプライ論争が引き起こされた。学者というのは，上智大学経済学部の岩田規久男教授であり，中央銀行家というのは，日本銀行調査統計局企画調査課長の翁邦雄氏である。したがって，このマネーサプライ論争は，岩田・翁論争ともいわれている。岩田教授は以下のように述べている。「日銀はベースマネーをコントロールできないという『日銀理論』を直ちに放棄して，ベースマネーを手形や国債の買いオペなどによって積極的に増やすべきである」(岩田[4]128ページ)。日銀は，買いオペによって，マネーサプライを増加すべきである，と岩田教授は主張している。標準的な金融論の教科書では，マネタリー

ベース・アプローチがある。マネーサプライ（M）は貨幣乗数（m）とハイパワードマネー（H）の積となる。ハイパワードマネーはベースマネーとか，マネタリーベースともいわれている。ハイパワードマネーは現金と準備の合計である。マネタリーベース・アプローチでは以下の式となる。

$$M = m \cdot H$$

岩田教授によると，貨幣乗数の m は11.6で安定しているのである。したがって，ベースマネーを増やせば，11.6倍のマネーサプライの増加になる。日銀は，買いオペによって，マネーサプライを増やしているのではなくて，むしろ，売りオペによって，マネーサプライを減らしている，と岩田教授は主張している。

岩田教授の主張に対して，日銀の翁氏は反論している。要約すると，以下のようになる。ハイパワードマネーを増加すると，金利が下落するので，日銀は，ハイパワードマネーを，能動的に，変動できない。つまり，日銀は，ハイパワードマネーの変動は，能動的ではなくて，受動的なのである。また，日銀は，政策目標として，マネーサプライではなくて，金利政策を重視している，と翁氏は主張している[1]。したがって，日銀はハイパワードマネーをコントロールできないし，マネーサプライもコントロールできない，ということになる。この岩田・翁論争は結論が出ないまま，平行線になっている。この論争については，後ほど，コメントをするつもりである。

5．歴史は繰り返す

1992年に，岩田・翁論争が生じたのであるが，最終的に，岩田教授は，日銀がマネーサプライをコントロールできる，と考えているのに対して，翁氏は，日銀がマネーサプライをコントロールできない，と考えている。学者と中央銀行家の間の論争は1992年が初めてではない。明治大学の黒田晃生教授は，岩

田・翁論争以前に、ふたつの論争があったことを指摘している。黒田教授[11]を要約してみよう。昭和30～40年代において、東京大学の館龍一郎教授と日本銀行の吉野俊彦理事をはじめとした日本銀行エコノミストとの間で、1回目のマネーサプライ論争があった。2回目の論争は、1973-1974年の大インフレーションの原因をめぐって、東京大学の小宮隆太郎教授と日本銀行の外山茂理事との間で、マネーサプライ論争があった、というのが黒田教授の要約である[2]。

岩田・翁論争は、まさに、「歴史は繰り返す」といえるマネーサプライ論争である。また、岩田・翁論争は、マネーサプライのコントロールの可能か不可能かをめぐる論争である。つまり、貨幣は内生なのか、外生なのか、の論争である。この論争は、英国の19世紀前半の通貨主義と銀行主義の論争の繰り返しであるともいえよう。また、岩田・翁論争は、通貨主義と銀行主義の論争の後に続いた、ケインジアン―マネタリスト論争の繰り返しであるともいえよう。貨幣の内生・外生の問題は、ケインジアン―マネタリストの大きな問題点でもあった。やはり、「歴史は繰り返す」といえよう。

6．マネーサプライのコントロール

日銀がマネーサプライをコントロールできるのか、できないのか。岩田・翁論争の決定的な問題点である。日銀の翁氏は、買いオペによって、超過準備を作ろうとすると、金利がゼロ近くになってしまうので、買いオペによる超過準備を作ることは不可能ではないが、無理である、と考えている[3]。また、八木慶和氏は以下のように述べている。「ハイパワード・マネーを余分に供給したらどうか。そのときは余分のかねは、直ちに日銀の窓口に還流してくる。現金に利子がつかない。だから市中銀行はむだな現金を手もとにおかない。ハイパワード・マネーを余分に押しつけることもできない。

それゆえ日銀は、日々の取引においては、市中金融機関が必要として申し出た金額を、そのまま供給するのである。日銀がハイパワード・マネーの供給を

コントロールできないというのは，こういう意味である」(八木[12]131ページ)。翁氏は，ハイパワードマネーを余分に供給すると，金利がゼロ近くになる恐れがあるので，ハイパワードマネーの余分な供給は無理である，と考えている。また，八木氏は余分なハイパワードマネーの供給はできない，と考えている。翁氏と八木氏の両氏は余分なハイパワードマネーの供給はできないという点で共通である。

　しかし，そうであろうか。まず，翁氏の金利がゼロ近くまでになるのであるが，この問題は実証の問題である。翁氏は実例として，イタリア[4]の例を出しているが，たったひとつのサンプルでは，あまりにも，説得力がないのではないか。確かに，買いオペをすれば，金利が下がるが，ゼロ近くまで下がるかどうかは，その国の経済状況によっても違うであろう。また，一時的に，ゼロ近くまで下がったとしても，ハイパワードマネーの増加がマネーサプライの増加となり，物価の上昇となり，フィッシャー効果で，金利の上昇を生むことも考えられるが，翁氏はこの点は，全く，考えていないようである。次に，八木氏の「ハイパワードマネーの供給を余分に押しつけることもできない」であるが，日銀はハイパワードマネーの供給をする能力は，常に，ある。銀行の貸し渋りや企業の借り渋りがあるので，資金の需要がないと考えているのであろうが，ハイパワードマネーの供給が少ないと，資金の需要が少なくなるのは当然であろう。翁氏と八木氏の両氏は，マネーサプライの増減を決定しているのは銀行であり，日銀ではない，と考えているのであろう。

　成田淳司氏は，以下のように述べている。「いまのところ，銀行の信用創造機能は，バブルの崩壊前も崩壊後もまったく変わっていないといってよかろう。最近，貨幣供給が増えないことについて，需要側の借り渋りか，あるいは，金融機関の貸し渋りかが議論されることがあるが，そもそも日本銀行が信用創造の基礎となる基礎貨幣を供給していないことを見落としてはならない」(成田[13]23ページ以下)。成田氏が主張しているように，マネーサプライの低下は，借り渋りや貸し渋りではなく，日銀のハイパワードマネーの供給の低下であろ

う。マネーサプライの増減を決定するのは，銀行ではなくて，日銀であるといえよう。また，郵政省の原田泰氏と経済企画庁の白石氏と東京大学の吉川洋教授も成田氏と同じ考え方をしている[5]。

マネーサプライの減少について，買いオペではなくて，売りオペをしている，と岩田教授は指摘している。岩田教授は以下のように述べている。「しかし，資金運用部が日銀から国債を購入する場合には，ベースマネーの減少が起きる。この場合には，民間部門は預金を郵貯に変えて，．資金運用部を通じて日銀から国債を購入したことになり，日銀は国債の売りオペを実施したことになるのである」(岩田[41]126ページ以下)。売りオペをして，ハイパワードマネーの低下をさせることはできても，買いオペをすることはできないという日銀の考え方は奇妙であるといえよう。

7. 先 行 性

マネーサプライと所得の関係が，どんなに，相関関係があっても，それは因果関係を示していない。現在のマネーサプライ論争においては，それほど，現れていないが，それでも，この問題は貨幣の内生・外生の問題と同じ意味をもつ。日銀がマネーサプライを受動的にしているのか，あるいは，能動的にしているのか，と同じ問題になる。つまり，日銀は，経済の状況に応じて，受動的に貨幣を供給しているのか，あるいは，日銀が貨幣をコントロールして，経済が変動するのか，という問題である。貨幣と所得に強い相関関係があるのは，多くの経済学者が認めている。しかし，どちらが，主として，先行性があるのか。三和総合研究所の嶋中雄二氏は，所得に対して，貨幣が，6〜9カ月，先行していると述べている。嶋中氏は以下のように述べている。「マネーサプライの伸びのピークと景気の山との平均タイム・ラグは6〜9カ月であり，ちょうど平成景気の終焉とよく符合している」(嶋中[17]49ページ)。やはり，貨幣と所得には，因果関係があり，所得よりも，貨幣の方が先行性があるのであろ

う[6][7]。

8．日銀の責任

　前述したが，$M_2 + CD$ の前年比の伸び率は，1987年から，1990年まで，それぞれ，11.2％，10.8％，10.3％，10.2％となっている。そして，1991年から，1994年まで，それぞれ，2.6％，0.1％，1.5％，2.5％となっている。このように，急激に，マネーサプライを増加して，バブルを引き起こし，急激に，マネーサプライを減少させて，平成不況を生じさせたのは，日銀の責任である。和光大学の山田久先生も以下のように述べている。「現在の日本のマネーサプライ増加率はあまりにも低すぎるし，もっと重要なことは，あまりにも振幅の大きい通貨政策を採っているということである。通貨の伸び率を乱高下されることは，百害あって一利無しである。適切な通貨の伸び率を維持することが望まれる」（山田[12]21ページ）。この山田先生の論文の中に，元日銀エコノミストの鈴木淑夫氏の引用があるが，鈴木氏も以下のように述べている。「このようなマネーサプライ伸び率の急増と急減は，マネーサプライ重視が始まった1975年以降，絶えて久しくなかったことだ。それが起こったために，石油危機や円高のような海外からのショックがないにもかかわらず，景気後退が起こったともいえる。……13％のマネーサプライ増加率や2％のマネーサプライ増加率は許容限度を越えた変動である。それが経済の不安定化の原因にならないはずはない。その程度の判断は常識であろう（鈴木[20]189ページ）。また，八木氏も以下のように述べている。「こうして日銀は史上最低の2.5％の公定歩合を，1987年2月から1989年5月まで，2年3カ月の長期にわたって継続する。ブラックマンデーから数えても，1年7カ月という長さである。余りにも長い。ここにバブルの原因がある。この間米国は2回，西独は4回，それぞれ公定歩合を引き上げている。なぜ日本だけが拱手傍観，バブルの跳梁するにまかせたのか。政府・日銀の責任は重いといえよう」（八木[21]125ページ）。岩田教授も

第11章　貨幣面におけるバブルと不況　157

以下のように述べている。「日銀のもうひとつの誤りは，マネーサプライをあまりにも低水準のままに放置してきたことだ。これは実質金利を高める要因にもなっている。私は以前からマネーサプライをもっと増やすような政策をとるべきだと言い続けてきたが，日銀は，『マネーサプライは貨幣需要で決まるのだから，日銀はそれに合わせるしかない。コントロールできない』と反論したり，のちには『マネーサプライと実体経済は全然，関係がない』と言い出したりした」(岩田[5]41ページ)。創価大学の小林孝次先生も以下のように述べている。「プラザ合意以降のマネーサプライの激しい変動，すなわちバブル期の2ケタ台のマネーサプライの伸び率，特に80年代終わりから90年代にかけての12～3％の増加率，そしてその後のマイナスの増加率は異例のことではなく，やはり異常なことであると思われる」(小林[10]106ページ)。

　以上のように，マネーサプライの増減に対して，日銀の責任が大きいと考えられる[8]が，日銀エコノミストは反対の見解を示している。たとえば，まず，翁氏である。翁氏は以下のように述べている。「この指標によると，郵貯シフトの影響を受けている M_2+CD においてもおおむねトレンド線の近傍にあり，フローの実体経済に比べてマネーが非常に不足しているという状態にはなっていない。……マネーサプライの減少は主に企業のバランスシート調整の動きを反映しているとみられ，これまでのところ金融機関の貸出態度の慎重化によって，企業活動が大きく制約されるという状況(いわゆるクレジット・クランチ)にはなかったとみられる」(翁[16]5ページ以下)。翁氏は，1993年2月においても，マネーサプライが少ないと考えていないし，マネーサプライは経済活動の反映と考えているようである[9]。

　もうひとりの日銀エコノミストを引用してみよう。日銀エコノミストの賀来景英氏[10]は以下のように述べている。「最近のマネーの伸びの低さは確かに『異例』ではあるが，『異常』とはいえない」(賀来[8])，賀来氏は，マネーサプライの伸び率の減少は異例だが，異常ではない，と主張している。しかし，この誤った認識が平成不況を，一層，深刻にしたともいえよう。もう一度，創

価大学の小林先生を引用してみよう。小林先生は以下のように述べている。「現在の不況下での縮小した GNP に対する貨幣需要量を基準にして，マネーサプライが不足していないとするのは誤りである。なにはともあれ現実の深刻な不況を前にして，経済の血液ともいうべきマネーサプライの不足，あるいはマイナス成長のマネーサプライは放置すべきではない」(小林[10]107ページ)。やはり，日銀エコノミストの誤った見解が平成不況を生んだといえよう。日銀の責任は大きいといえよう。

9. 澄田 智 日銀総裁

　日銀の責任について述べたが，一番のトップの澄田 智 日銀総裁について述べよう。澄田日銀総裁は，公定歩合を，2.5%に，1987年2月から，1989年5月まで，2年3カ月間，固定していた日銀総裁であった。この公定歩合の2.5%の2年3カ月間が問題であった。なぜ，2年3カ月間もの間，超低金利政策をとったのか。1987年10月19日に，ニューヨークの株価が暴落したブラックマンデーがあった。このブラックマンデーが，2.5%の公定歩合を，長く引き延ばしてしまった。澄田総裁は以下のように述べている。「その後の金融政策がブラックマンデーによってある程度の影響を受けたことは認めざるをえない」(澄田[19]1993年10月28日)。「後から振り返ればブラックマンデーの株価の下落は，景気にそれほど悪影響を及ぼさなかった。……

　それに何と言っても物価が落ち着いていた。……金融を引き締めるのは適当でないと判断した。

　そこに落とし穴があった，と言えば言えるのかも知れない。……バブルに対する警戒が薄かったかもしれない。……

　……しかし日銀総裁たるもの，少しでもおかしな兆候があれば敏感に感じ取って将来を予想すべきであり，資産価格が上がることの意味をもっと早くとらえて手を打つべきだった，と思っている」(澄田[19]1993年10月29日)。澄田日

銀総裁も，2年3カ月に及ぶ，2.5％の公定歩合の据え置きは，失敗だった，と思っているようである．

10. 外　圧

　「国際協調」という名の「外圧」がある．八木氏の論文を要約してみよう．1985年9月に「プラザ合意」があり，日本は，金利の引き下げと財政支出拡大を要求された．1986年1月30日に，公定歩合は，5％から，4.5％へと，0.5％引き下げられた．次に，日銀は，1986年3月10日に，公定歩合を，4.5％から，4％へと引き下げている．この公定歩合の引き下げは，アメリカからの日銀への圧力であった．1986年2月24日，アメリカの連邦準備制度理事会のボルカー議長が日銀の国際金融担当の緒方理事に電話をした．この3月の利下げは，日本，西独，アメリカ3カ国の協調利下げとなった．次に，日銀は，1986年4月21日に，公定歩合を，4％から，3.5％へと引き下げた．この引き下げも，裏があった．4月8日，ワシントンで開催された先進10カ国（G10）会議に出席した竹下蔵相と澄田日銀総裁が米国のベーカー財務長官とボルカー議長に説得されたためである．次に，1986年11月1日，公定歩合が，3.5％から，3％へと引き下げられた．これも，アメリカの圧力である．1986年9月，宮沢蔵相と澄田日銀総裁は，ワシントン開催のG5，G7，IMF総会に出席した．このとき，ベーカー長官が，澄田総裁を説得した．次に，1987年2月23日，公定歩合は，3％から，2.5％へと引き下げられた．これも，アメリカの圧力であった．宮沢蔵相は，第5次引き下げを土産にアメリカに行ったのである．次に，1989年4月，澄田総裁はG7のために，ワシントンに行った．ここでも，ボルカー議長は，再利下げを要求した．しかし，澄田総裁は断った．以上が，八木氏[21]の論文の要約である．このように，日本の公定歩合の引き下げは，「国際協調」という名の下での，米国からの圧力であった，といえよう．

　マネタリストのフリードマンは，日本のバブルの要因を，1987年2月の

「ルーブル合意」であるとしている。日銀がドルを買い，それがマネーサプライの増加となり，株と土地に流れていった，とフリードマンは考えている[11]。また，バブル期に，日本が，高率のインフレにならなかったのは，円高によって，回避されたのであろう，とフリードマンは考えている。日本の一連のバブルと平成不況に関して，フリードマンは，以下のように述べている。

「わたしの考えでは，アメリカがルーブル合意を推し進めたのは誤りであり，日本がこの合意に賛成したのも誤りだった」(フリードマン[2]4ページ)。つまり，フリードマンは，アメリカの「ルーブル合意」を推し進めた誤りと日本の「ルーブル合意」を受け入れた誤りを指摘している。まさに，外圧によって，日本は，バブルと平成不況を被ってしまったともいえよう。

11. 予めの警告

創価大学の加藤寛孝教授は，1989年において，日本のマネーサプライが2ケタ台になっているのに注目し，警告をしていたようである。加藤教授は以下のように述べている。「物価水準の安定化のための根本的条件は，貨幣量の増加率を抑制することである。フリードマンの$X\%$ルールをわが国において実施する場合の$X\%$の値としては（貨幣需要関数のいっそうの研究によって貨幣に対する資産需要が推定された結果修正が必要とされないかぎり）年率6～7％程度が妥当なところであろう。ただし，現在（1989年5月）の年率10％台からの引き下げは，1年間に1ポイントの下げ程度のゆっくりしたテンポで漸進的に行うべきである」(加藤[7]76ページ)。マネーサプライの増加率は6～7％が適当であると考えているのに対して，1987年から，2ケタ台になっていたので，インフレを防ぐために，マネーサプライの増加率を，1年間に，1％程度，下げるべきである，と加藤教授は主張している。マネーサプライの増加率を，急激に，引き下げると，不況になってしまうので，ゆっくりとした，年1％程度の引き下げの，漸進的な方法を提案していたのである。残念ながら，日銀は，

第11章　貨幣面におけるバブルと不況　161

急激なブレーキを踏んで，マネーサプライを，急激に，減少させてしまった。1989年において，加藤教授はマネーサプライの増加率から考えて，バブルの予測をし，未然に防ごうとしていたようである。

12. むすびにかえて

前述したが，日本は，1980年代後半と1990年代の初めに，バブルになり，1991年4月，5月頃から，バブルがはじけて，平成不況になった。マネーサプライの増加率をみると，バブルと平成不況の原因が，容易に，理解できる。ただ，そのマネーサプライに関して，日銀がマネーサプライをコントロールできるのか，できないのかという古くて新しい論争が生じた。この論争は，マネーサプライが，内生なのか，外生なのか，という論争でもある。今回の日本のバブルと平成不況を契機として，マネーサプライ論争が生じたのは，まさに，「歴史は繰り返す」といえよう。日銀エコノミストと学者の論争でもあり，ケインジアン—マネタリストの論争でもあり，19世紀前半の英国の通貨主義と銀行主義の論争の繰り返しといえよう。日銀が貨幣重視をやめてしまったために，バブルと平成不況とマネーサプライ論争が生じたのである。今後，日銀は，マネーサプライを重視して，5％から，7％程度の$X\%$ルールを実行していくべきであろう。

【注】
1) 詳しくは，以下の文献をみていただきたい。翁[14]，[15]。
2) このふたつのマネーサプライ論争について，詳しくは，黒田[11]の外に，八木[21]をみていただきたい。
3) 翁氏は以下のように述べている。
「オペで無理に超過準備を作ろうとすることの帰結は，短期金利が単に大きく低下することにとどまらずゼロにまで落ちることであり，短期金利をゼロにしてしまえば貸し出しの採算性は高まるから，確かに『オペによって通貨を増やすことは無理であっても不可能ではない』。しかし，通常の金融市場では短期金利が

ゼロという状況は許容し難いから，オペによって量的ルートからマネーサプライを増加させることができる，という理解はわが国の金融システムに即した正しいものであるとは思われない」(翁[15] 144ページ)。

4) 詳しくは，翁[14]109ページをみていただきたい。
5) 原田・白石[3]は以下のように述べている。

「日銀的金融理論として，マネーサプライは日銀が作るものではなくて，銀行が作るものであるという固い信念がある。……

しかし，それは誤りであって，日銀がコントロールできるハイパワードマネーが，マネーサプライ全休を動かすのである。このようなマネーサプライ供給の基本式は

マネーサプライ $(M_2 + CD) = $ 信用乗数×ハイパワードマネー

と表される。……

この式は，マネーサプライが政策によって低下しているのか，それともマネーを求める人々の行動によって低下しているのかを判断してくれる。もしマネーサプライが政策によって低下しているのであれば，ハイパワードマネーの減少がマネーサプライの減少を説明するであろう。一方，マネーサプライの減少が人々の行動（企業の借り渋りまたは銀行の貸し渋り）によるものであれば，信用乗数の低下となって現れるであろう。……

信用乗数が上昇しているにもかかわらず，マネーサプライが低下しているのであるから，マネーサプライの低下はハイパワードマネーの縮小，すなわち，金融政策の変化によるものであることが示唆される。

これはまた，86年から90年にかけてのマネーサプライの急増が何によって生じたかも明らかにする。信用乗数が大きく低下しているのだから，マネーサプライの増加はハイパワードマネーの増加によるものである。すなわち，86年から90年にかけてのマネーサプライの増加も，90年以降のマネーサプライの減少も，ともに金融政策によって引き起こされたものである」(原田・白石[3]70ページ以下)。

また，吉川洋教授も以下のように述べている。

「当然のごとくマネーサプライをめぐる大論争が起こり『銀行の貸し渋り』説が浮上した。しかし『貸し渋り』説の根拠は薄弱である。……

このように『貸し渋り』は経済全体でみる限りメジャーな現象とはいえない」(吉川[23]27ページ)。

6) 嶋中氏の外にも，新保氏は以下のように述べている。

「マネーサプライ増加率と名目成長率の間には，前者が変動すると2四半期遅れて後者が連動する，というかなり安定的な関係がある」(新保[18] 54ページ)。

7) ケインジアン―マネタリスト論争において，ケインジアンであるはずのジェームズ・トービンでさえも，貨幣の外生性を認めている。トービンは以下のように

述べている。

「本書においてフリードマンとシュヴァルツは，貨幣は重要であるという命題のための証拠を見事に説得力のある仕方で提示している。彼らは，貨幣的な出来事を単なる二次的現象，あるいは所得，雇用，および物価さえをも完全に決定する非貨幣的要因に対する余論として追加されるあと書き程度のものと見なす新ケインズ派を——もしそのような論者が存在するならば——敗走させた」(トービン，加藤訳［6］84ページ)。

8) その外にも，一橋大学の中谷巌教授は以下のように述べている。

「結局，根本のところにあるのは，短期にハイパワード・マネーがコントロールされうるかどうかといった技術的な細かい議論ではなく，その時々の経済情勢に対してマネーサプライの水準が正しいものであるのかどうかという判断であると思われます。たとえば，平成不況が厳しさを増していると伝えられた1992年秋の段階でマネーサプライの伸びがマイナスとなりました。このようなマネーサプライの推移には問題がないのでしょうか。もし，政策当局がこのようなマネーサプライの急激な低下が好ましくないと判断するのであれば，公定歩合をもっと早くから引き下げるなどの手段を積極的に講じつつ，ハイパワード・マネーの供給，さらには，マネーサプライを増やすためのあらゆる努力をすべきでした」(中谷［12］527ページ)。

9) また，別のところで，翁氏は以下のようにも述べている。

「最近のマネーサプライの伸び率の低下には，80年代後半の資産価格上昇等を受けたマネーサプライの高い伸びの反動といった要素も強く，前年対比での伸びが低いからといってストックでの水準自体が過小であるとは思えない。……
　結局，日銀は情勢の推移を総合的に判断して適時適切な金利政策を行っていくことが望ましいと筆者には思われる」(翁　［14］110ページ以下)。

10) 日銀エコノミストの賀来氏の引用は，前述の小林　［10］　106ページにも述べられている。

11) フリードマンは，以下のように述べている。

「すべては1987年のルーブル合意に起因する。日本とドイツ，とくに日本は，この合意に縛られ，自らの犠牲においてドルを買い支えた。日本では日銀がドルを買ったのです。ドルと引き替えに日本の通貨当局は円を対価として支払ったわけだから，その分日本の通貨供給量が急速に増大することになった。周知のように，それが株式，土地市場に流れた……」(フリードマン・西山［1］42ページ)。

【参考文献】

［1］　ミルトン・フリードマン・西山千明「世界同時不況の真犯人」『諸君！』1993年4月号。
［2］　ミルトン・フリードマン『貨幣の悪戯』三田出版会，1993年7月。

［3］原田泰・白石賢「岩田教授の金融理論はやはり正しい」『週刊 東洋経済』第5118号，1993年1月16日号．
［4］岩田規久男「景気後退・株価暴落の原因『日銀理論』を放棄せよ」『週刊 東洋経済』第5095号，1992年9月12日号．
［5］岩田規久男「超低金利時代 公定歩合"ゼロ％"の根拠」『エコノミスト』第73巻第30号，1995年7月11日号．
［6］加藤寛孝「幻想のケインズ主義(下)——1930年代のアメリカの実態」『経済セミナー』第341号，1983年6月．
［7］加藤寛孝「日本における貨幣，名目所得，および物価水準の短期的変動，1960～1987年」『創価経済論集』第19巻第2号，1989年9月．
［8］賀来景英「マネーサプライ論争(上)——供給量，不足とは言えず」『日本経済新聞』1992年12月23日．
［9］経済企画庁調査局編『経済要覧』平成8年版（1996），平成8年5月10日発行．
［10］小林孝次「最近のマネーサプライの異常な変動について——ハイパワードマネーとマネーサプライの因果関係テスト——」『創価経済論集』第23巻第3号，1993年12月．
［11］黒田晁生「日本銀行の金融調節とハイパワード・マネー」『金融経済研究』第10号，1996年1月．
［12］中谷巌『入門マクロ経済学 第3版』日本評論社，1993年4月．
［13］成田淳司「供給量の低下は日銀の失敗」『エコノミスト』第70巻第50号，1992年11月24日号．
［14］翁邦雄「『日銀理論』は間違っていない」『週刊 東洋経済』第5101号，1992年10月10日号．
［15］翁邦雄「政策論議を混乱させる実務への誤解」『週刊 東洋経済』第5116号，1992年12月26日号．
［16］翁邦雄「伝統的マネタリズム思想は崩壊」『日本経済研究センター会報』第676号，1993年3月15日発行．
［17］嶋中雄二「底入れは92年7～9月だが，鈍い回復力」『週刊 東洋経済』第5049号，1992年2月7日号．
［18］新保生二「平成デフレの鍵を握るマネーサプライ」『エコノミスト』第73巻第44号，1995年10月16日号．
［19］澄田智「私の履歴書」『日本経済新聞』1993年10月28日，10月29日．
［20］鈴木淑夫『日本経済の再生』東洋経済新報社，1992年6月．
［21］八木慶和「バブル経済における日本銀行の責任」千葉商科大学『国府台経済研究』第6巻，1994年6月．
［22］山田久「通貨供給量伸び率の急低下」『世界経済』第47巻第9号，1992年9月．

[23]　吉川洋「平成の景気循環とバブルの関係を糺す」『エコノミスト』第71巻第32号，1993年7月27日号。

第12章 マネーサプライ論争

1. はじめに

　1992年と1993年に,上智大学経済学部の岩田規久男教授と日本銀行の調査統計局企画調査課長の翁邦雄氏が大論争をした。これは,岩田・翁論争とか,マネーサプライ論争ともいわれている。筆者も,2年前(1996年)に,「貨幣面におけるバブルと不況」『徳山大学論叢』[21]において,このマネーサプライ論争を書いたが,1997年に,創価大学の加藤寛孝教授が日銀の翁氏と論争をした。岩田・翁論争から,加藤・翁論争に変ったようである。当章では,岩田・翁論争と加藤・翁論争を研究する。また,最近では,調整インフレ論ということがいわれているが,この点についても考えてみる。

2. 岩田・翁論争

　岩田・翁論争は,マネーサプライ論争とか,ハイパワード・マネー論争とか,現代の通貨論争ともいわれている。1980年代後半と1990年代の初めに,日本経済は,バブルになり,1991年4月,5月頃から,バブルが弾けて,平成不況に陥った。バブルは好景気の行き過ぎと考えられる。バブル期は好景気であるので,あまり,責任は追求されなかったが,平成不況に突入すると,平成不況の原因が追求されるようになった。そこに,1992年において,岩田・翁論争が生

じたと考えられる。平成不況の原因は，日銀の金融政策にあり，買いオペによって，積極的に，ハイパワード・マネーを増やすべきである，と岩田教授は主張した。岩田教授はマネタリーベース・アプローチを考えている。一方，日銀の翁氏は岩田教授の考え方を否定した。要約すると，以下のようになる。わが国の準備預金制度は「後積み方式」であるので，前月の預金量に応じて準備預金を積んでいる。日銀は準備預金を，能動的に，コントロールしていない。日銀が買いオペによって，準備を増やすと，金利がゼロ近くまで低下してしまう。金利を変動さすことは好ましくない。したがって，日銀は，買いオペによって，能動的に，ハイパワード・マネーを増やすことはできない。日銀はハイパワード・マネーを，受動的に，供給している。したがって，日銀はマネーサプライをコントロールしていない，というのが「日銀理論」であり，翁氏の反論である。

3．加藤・翁論争

　1992年から，岩田・翁論争が始まったが，結論が出ないで，論争は平行線のままであった。1997年4月18日に，創価大学の加藤寛孝教授が，『日本経済新聞』において，岩田教授と，ほとんど，同じ内容の主張をした。日銀は国債などの買いオペによってマネーサプライを4％〜8％の範囲内に供給すべきである，と加藤教授は主張した。加藤教授の主張に対して，日銀の翁氏は，1997年6月19日の『日本経済新聞』において，要約すると，以下のような反論をした。量的緩和論について，日銀はその必要を認めていない。日本経済は「取りあえず成長軌道に乗りつつある」と翁氏は考えている。また，国債などの買いオペは短期金利をゼロ近くまで低下させてしまうので，買いオペはできない。また，マネーは有力な情報のひとつに過ぎず，「金融政策の一元的座標軸ではない」というのが翁氏の反論の要約である。

　1997年6月19日の『日本経済新聞』での翁氏の反論を受けて，加藤教授は，

2カ月後の8月18日に,『日本経済新聞』において,翁氏に反論している。加藤教授の反論を要約すると,以下のようになる。マネーサプライと物価の関係が密接ではないので,マネーサプライの増加率の目標設定は困難である,と翁氏は主張しているが,究極的目標を「安定的な貨幣的枠組みの提供」とし,目標値にかなりの幅を持たせるならば,日銀は,マネーサプライの目標設定は可能である。また,日銀が,国債買い切りオペによって,ハイパワード・マネーをコントロールすることは,技術的には,可能であるが,短期金利がゼロ近くまで低下する副作用があるので,現実には,日銀はハイパワード・マネーをコントロールすることは不可能である,と翁氏が主張しているが,実際には,金利がどの程度低下し,また,その低下した金利がどのような弊害があるかは経験上の問題である,と加藤教授は主張している。以上が加藤教授の反論の要約である。

8月18日の加藤教授の反論を受けて,1997年10月8日の『日本経済新聞』において,翁氏は,要約すると,以下のような反論をしている。マネーサプライの目標設定が,可能か,不可能か,という議論は水掛け論になりやすい。金利低下の副作用が受容可能かどうかの評価の違いである。金利低下は預金離れとタンス預金を増やすであろう。また,ハイパワード・マネーとマネーサプライの関係が不安定のため,ハイパワード・マネーの増加の効果は不確実である。フリードマン以来のマネタリズムの考え方は貨幣のみに注目し,金利を無視している。金利の動向は無視できない。以上が翁氏の反論の要約である。「加藤・翁論争」という言葉は,まだ,学会では,定着していないが,この「加藤・翁論争」は「岩田・翁論争」と,内容的には,ほとんど,同一であるといえよう。

4．歴史は繰り返す

1992年に,岩田・翁論争が生じたのであるが,5年後の1997年に,加藤・翁

論争が生じた。内容的にも，ほとんど，同一であり，まさに，「歴史は繰り返す」である。岩田・翁論争と加藤・翁論争は，もうひとつの共通点がある。それは，学者と中央銀行家の論争である。拙稿[21]で，すでに述べたが，以前にも，学者と中央銀行家の間で，マネーサプライ論争があった。それは，1回目は，昭和30〜40年代において，東京大学の館龍一郎教授と日本銀行の吉野俊彦理事をはじめとした日本銀行エコノミストとの間で，論争が行われた。2回目は，1973〜1974年の大インフレーションの原因をめぐって，東京大学の小宮隆太郎教授と日本銀行の外山茂理事との間で，論争があった。ということは，今後も，学者と日銀エコノミストとの間で，マネーサプライ論争が生じても不思議ではない。また，わが国のマネーサプライ論争以前にも，英国で，同じようなマネーサプライ論争があった。これは，英国の19世紀前半の通貨主義と銀行主義の論争である。さらに，通貨主義と銀行主義の論争以前に，18世紀後半から19世紀前半において，貨幣とインフレーションについての地金論争が生じていた。歴史を振り返ってみると，地金論争→通貨主義と銀行主義の論争→ケインジアン—マネタリスト論争の順番になる。岩田・翁論争と加藤・翁論争はケインジアン—マネタリスト論争とも考えられる[1]。岩田教授と加藤教授は，日銀がマネーサプライをコントロールできると考えているのに対して，翁氏は，日銀がマネーサプライをコントロールできない，と考えている。これは，ケインジアン—マネタリスト論争における貨幣の内生性と外生性の問題と一致している。

5．ケインジアン——マネタリスト論争

前述したが，岩田・翁論争と加藤・翁論争はケインジアン—マネタリスト論争とも考えられる。貨幣の内生性・外生性について，マネタリストは外生性を主張し，ケインジアンは内生性を主張している。したがって，日銀の翁氏はケインジアンの考え方に近いといえよう。貨幣の内生性・外生性の問題以外でも，

マネタリストとケインジアンは論争をしている。経済政策において，マネタリストは「ルール」を主張し，ケインジアンは「自由裁量」を主張している。加藤教授[6][7]は4％〜8％のルールを主張している。翁氏は「自由裁量」を主張しているようである。翁氏は以下のように述べている。「結局，日銀は情勢の推移を総合的に判断して適時適切な金利政策を行っていくことが望ましいと筆者には思われる」(翁[12]111ページ)。また，ケインジアンとマネタリストは操作目標が違う。ケインジアンは短期金利であり，マネタリストはハイパワード・マネーである。加藤教授と翁氏の論争はケインジアン—マネタリスト論争であるといえよう。

6．貨幣と金利の関係

貨幣と金利の関係についても，マネタリストとケインジアンでは考え方が違っている。翁氏は以下のように述べている。

「また，こうしたオペにより超過準備が発生すると，現実には短期金利のゼロ近傍への低下が先行する。いずれにせよ短期金利の低下は不可避であり，金利に影響を与えずに銀行券やマネーサプライを増加させることはできない」(翁[14])。

「この考え方を突き詰めると，マネーが主な原因で名目 GDP はその結果であるから，金利などその他要因を捨象して考えても経済の安定は保たれるはずである，ということになる」(翁[15])。

マネタリストは貨幣にのみ注目して金利を無視している，とケインジアンは主張している。一方，マネタリストは，金利は貨幣の影響を受ける，と考えている。金利は独立変数ではなくて，貨幣の従属変数なのである。貨幣が増加す

ると，金利は低下する。マネタリストも，ケインジアンも，ここまでは共通の考え方をしている。しかし，ケインジアンは，低下した金利が，その後，どうなるかということを，ほとんど，考えていないようである。マネタリストは，その後，低下した金利は上昇し，元の水準を越えて上昇すると考えている[2]。つまり，貨幣量が，大きく，増加している時は，最終的には，高金利になる。逆に，貨幣量が，少ししか，増加していない時は，低金利となるのである。これは，日本経済についても，通用する。貨幣量の増加率の高かったバブル期では高金利であり，貨幣量の増加率が低い平成不況期では低金利になっている。貨幣と金利の関係について，マネタリストとケインジアンは，大きく，違っているといえよう。

　この貨幣と金利の関係について，マネタリストとケインジアンが，大きく，違っていることは「加藤・翁論争」にも反映されている。前述したが，翁氏は以下のように述べている。

「また，こうしたオペにより超過準備が発生すると，現実には短期金利のゼロ近傍への低下が先行する。いずれにせよ短期金利の低下は不可避であり，金利に影響を与えずに銀行券やマネーサプライを増加させることばできない」(翁[14])。

　一方，加藤教授は以下のように述べている。

「翁氏も国債買い切りオペなどによって日銀がベースマネーを直接に操作することは技術的には可能だと認めている。ただ，超過準備を生み出した場合には短期金利が極端に低下するという副作用を重視している。しかし実際に金利がどの程度低下するか，またその低下がどのような弊害を生むかは経験的にのみ分かることである」(加藤[7])。

短期金利の低下が不可避であるので,日銀はマネーサプライを増加することができない,と翁氏は考えている。それに対して,金利がどの程度低下し,また,その低下した金利がどのような弊害があるかは,経験上の問題である,と加藤教授は考えている。翁氏の場合,低金利が,長い期間にわたって続くと考えているのであろう。加藤教授の場合,この低金利は一時的であると考えているのであろう。「どのような弊害を生むか」と「金利がどの程度低下するか」は,たしかに,加藤教授が述べているように,経験上の問題である。大規模な国債買い切りオペを日銀がしなければ,実験ができないので,この問題は,いつまでも,水掛け論に終わるであろう。ただ,「ゼロ近くの金利の弊害」の文献は,ほとんどないが,評論家の田中直毅氏は弊害は起きそうにもない,と主張している[3]。

7. 望まれる貨幣量

1998年7月のわが国の M_2+CD の増加率は前年同月比で3.5%であった。日銀の翁氏は,わが国の貨幣ストック水準が過小ではない,と考えている。翁氏[4]は以下のように述べている。

「最近のマネーサプライの伸び率の低下には,80年代後半の資産価格上昇等を受けたマネーサプライの高い伸びの反動といった要素も強く,前年対比での伸びが低いからといってストックでの水準自体が過小であるとは思えない」(翁[12]110ページ)。

一方,マネタリスト的な考え方に立つと,わが国の貨幣ストック水準は過小である,ということになる。前述の1997年4月18日の『日本経済新聞』[6]において4%～8%のルールを加藤教授は提案している[5]。岩田教授は5%～6%を主張している[6]。三和総合研究所の嶋中雄二氏と創価大学の小林孝次先

生は7％～8％を主張している[7)8)]。カーネギー・メロン大学のアラン・メルツァー教授は6％～7％を主張している[9)]。日銀の翁氏とマネタリスト的な考え方の相違は貨幣数量説の考え方の相違である。貨幣とGDPの関係で，翁氏は双方向的な関係を考えているのに対して，マネタリストは貨幣からGDPへの因果関係を考えている。これは翁氏とマネタリストの経済観の相違であろう。ここから先は，理論の問題ではなくて，経験上の問題となるであろう。翁氏が「ストックが過小ではない」と主張したのは，1992年10月であるが，1998年9月になっても，平成不況から脱出できないのは，貨幣ストックが過小のためではないですか，という素朴な疑問が生じる。

8．マネーサプライのコントロール

かつて，翁氏は，買いオペによって，マネーサプライを増加さすことは，不可能ではないが，無理である，というようなことを主張していた[10)]。その理由は，何となく，判っていたが，加藤・翁論争で，明白になった。ハイパワード・マネーを増加して，短期金利をゼロ近くまで下げることができないために，ハイパワード・マネーを増加さすことが無理なのである。買いオペは短期金利がゼロ近くまで下がるという副作用があるのである。この短期金利がゼロ近くまで下がるという副作用が受容可能かどうかということで，翁氏は買いオペが無理なのである，という。しかし，このことは，日銀がハイパワード・マネーをコントロールする能力がない，ということではない。日銀が，技術的に，ハイパワード・マネーをコントロールすることができる，と翁氏は認めているようである。前述したが，あとは，短期金利が，本当に，ゼロ近くまで下がった時に，どのような弊害が生じるのかという問題である。この点に関しては，前述しているので，ここでは省略する。

9．流動性のわな

　不況になると，「流動性のわな」に陥っている，とよくいわれる。「流動性のわな」もケインジアンとマネタリストの論争点のひとつである。貨幣を増加しても，金利が下がらないことを「流動性のわな」というのである。ケインズがこの「流動性のわな」を考え出したのである。したがって，ケインジアンは，この「流動性のわな」を，不況期において，よく使いたがるのである。一方，マネタリストは「流動性のわな」の存在を信じていないのである。マクロ経済学の理論において，「流動性のわな」に陥っている場合，金融政策は役に立たないで，財政政策のみが有効なのである。ところが，橋本首相の時代から，何回も，財政政策である新総合経済対策を行ってきたが，効果がなかったようで，現在（1998年9月）でも，不況のままである。「流動性のわな」ではなくて，おそらく，別の不況の原因があるのであろう。

　三和総合研究所の嶋中雄二氏は「流動性のわな」に陥っていない，と主張している[11]。嶋中氏は以下のように述べている。

　「金融政策がもう効かないという議論のなかに，いま流動性のわなにはまっているという見方がある。流動性のわなは債券と貨幣需要との関係を想定して，ケインズが『一般理論』で示した概念だが，もし，そのわなに入っているとすれば，貨幣需要は金利に対して無限に弾力的でなければならない。つまり，ある水準まで長期金利が下がっていくと，それ以上は絶対下がらない。あとは貨幣ばかりが保有される。現実にそういう世界になっているなら，金融政策が効かないという想定は可能だ。

　ところが，そうはなっていない。長期金利はどんどん下がっている。貨幣需要は無限に弾力的でもない。金融政策はいまも依然として有効なのだ」（嶋中[17]51ページ）。

マネタリストは，貨幣数量説で，不況を説明する。不況期では，一般に，マネーサプライの増加率が低下していて，デフレ状態になっている。流通速度である V が下落し，同じことだが，貨幣需要である k が増加している。したがって，タンス預金の増加，預金量の減少，貸し渋り，借り渋りが生じている。わが国の平成不況は，まさに，この状況であるといえよう。このような不況期において，「流動性のわな」に陥っていないので，買いオペが有効であるとマネタリストは考えている[12]。

10. 調整インフレ論

マサチューセッツ工科大学のポール・クルーグマン教授[9]は「調整インフレ論」を主張している。マネーサプライを，長期的に，増加させて，インフレ期待を作り出し，本当に，インフレを発生させて，デフレ・スパイラルを防ぐ，というのが「調整インフレ論」である。東京大学の伊藤元重教授[4]も同様な「調整インフレ論」を主張している。日銀が国債を購入するか，法定預金準備率を下げることによって，インフレを引き起こし，デフレ・スパイラルを防ごうとしている。インフレとデフレで，どちらが怖いかという点で，デフレの方が怖い，と伊藤教授は考えている。この「調整インフレ論」は，マネタリストの買いオペの主張と，ほとんど，同じである。しかし，マネタリストは，積極的に，インフレを引き起こそうとは考えていない。

11. 政策提言

前述したが，加藤寛孝教授はマネーサプライの増加率を4％～8％のルールの提案をしている。岩田規久男教授は5％～6％のルールを提案している。嶋中雄二氏と小林孝次先生は7％～8％のルールを主張している。アラン・メルツァー教授は6％～7％のルールを主張している。筆者は，マネーサプライの

増加率のルールは7％〜8％でよいと考えている。現在のわが国の経済はデフレの入口に立っている。貨幣は，人間でいうと，血液である。その血液の廻りが悪くなってしまっている。こういう経済状況から抜け出すためには7％〜8％のマネーサプライの増加率が必要であると考えている。バブル期において，マネーサプライの増加率は12％〜13％であった。10％まで行かない，7％〜8％のマネーサプライの増加率が適当である，と筆者は考えている。

12. むすびにかえて

かつて，フィリップ・ケイガンは以下のように述べていた。

「地金主義者対反地金主義者，通貨学派対銀行学派，そしていまや，マネタリスト対ケインジアン。有名な論争に参加することはなんとすばらしいスポーツではないか」(筆者訳，Cagan [1] p.85)。

たしかに，地金論争，通貨主義と銀行主義の論争，ケインジアン—マネタリスト論争に参加するのは楽しいことかもしれない。しかし，わが国の経済が，デフレ状態で，調子が悪く，国民が経済の見通しに自信を失っている状態では，ケインジアン—マネタリスト論争に参加しても，とても，楽しいとはいえないであろう。「岩田・翁論争」と「加藤・翁論争」はケインジアン—マネタリスト論争と考えられる。バブル期というのは好景気であり，国民全員が浮かれていたのであろう。すべてがうまく行っていたのであった。バブル期には，「岩田・翁論争」は生まれなかったのであろう。バブルが弾けて，不況になり，すべてがうまく行かなくなって，因果関係や責任論である「岩田・翁論争」が登場したのであろう。景気が良い時には，楽しいケインジアン—マネタリスト論争は，おそらく，活発にはならないのであろう。

【注】
1）中央大学の建部正義教授も以下のように述べている。
　「ところで，部外者からみたこの論争の興味は，理論家と実務家という事情には解消することのできない，両者の水と油との関係ともいうべきこうした決定的な理論的亀裂は，いったいどのような理由から生まれてくるのかという問題に帰着する。
　筆者によれば，その淵源は，岩田氏がマネタリスト的見地に立脚して論旨を展開しているのにたいして，翁氏がケインジアン的見地に立脚して論旨を展開している点に求めることができる」（建部[19]79ページ）。
　「筆者のみるところ，こうした対立が生ずる淵源は，理論的には，岩田氏がマネタリスト的見地（『貨幣乗数アプローチ』）に立脚して論旨を展開しているのにたいして，翁氏がケインジアン的見地に立脚して論旨を展開している点に求めることができる」（建部[19]148ページ）。
2）フリードマンは，以下のように述べている。
　「10．マネーサプライ残高伸び率の変更は，それが最初に金利に対して，上，下どちらかの方向へむけて影響を与えるとすると，あとになってからは，それとちょうど反対の方向へとむけて，影響を与える。通貨供給量増加率が大きければ大きいほど，最初は金利を下降させる傾向をもっている。ところが，時間が経過し，それが支出を増大させ物価の上昇を刺激していくにつれて，資金に対する借り入れ需要も増大させることによって，金利も逆に押し上げていく傾向をもつ。その上，その際に発生する物価の上昇は，実質金利と名目金利とのくい違いを発生させる。これこそが，ブラジルとかチリとか韓国とかイスラエルのように，マネーサプライ残高増加率が最も高く，したがって物価上昇率も最も高い国において，金利も世界で最も高くなった理由である。
　これとはちょうど反対に，マネーサプライ残高増加率が小さければ小さいほど，最初は金利を押し上げるが，それが消費を減少させ物価上昇率を引き下げていくにつれて，あとになるとそれは逆に金利を引き下げる傾向をもっている。これこそが，西独とかスイスのように，マネーサプライ残高伸び率が世界でも最も小さい国において，金利も最も低くなってきた理由である。
　このようにマネーサプライ残高と金利との間には，初めとあととでは正反対の方向に働く関係が存在しているので，金融政策を運営するためには，金利はわれわれを極めて誤らせがちな指標であると，われわれマネタリストは主張する」（フリードマン，西山[11]に所収，236ページ以下）。

　「こうした理由で，特に中央銀行関係者および広く金融界は，一般的に貨幣量の増加は利子率を下げる傾向をもっていると信じている。経済学者も異なった理由からであるが，同じ結果を受け入れている。経済学者は，自分の胸中に，負の

勾配をもった流動性選好表を思い描いている。いかなる誘因があれば，人はより大きな貨幣量を保有しようとするであろうか。この答えは，利子率を下げる以外にない。

　両者ともある点までは正しい。それまで増加し続けていたスピードよりも高い率で，貨幣の増加を早めると，最初のインパクトは，しばらくの間，それがない場合よりも利子率を多少下げることができるであろう。しかし，これはプロセスの初めだけであって，いつまでも続くわけではない。一層急速な率で通貨を増加させると，支出を刺激する。それは一つは低利子率による投資への刺激を通してであり，もう一つは必要以上に高い現金残高が他の支出や相対価格に影響を与えるからである。しかしある人の支出は他人の所得である。所得の上昇は，流動性選好表と貸付けに対する需要を上昇させる。それは価格を上昇させ，それが貨幣の実質量を減少させるであろう。これらの三つの効果は，かなりすみやかに，1年そこそこで，利子率に対する下方への圧力を逆転させるであろう。その結果，1年とか2年とか多少長い期間をみれば，利子率はこうした手段をとらなかった場合の水準にもどる傾向をもつであろう。事実，経済には行き過ぎる傾向があるので，循環的な調整過程が始まればこれらの効果は一時的に，その水準以上に利子率を高めるきらいが十分ある。

　かりに四番目の効果が現われた場合，またはそうなればことはさらに前進し貨幣の拡大率を高めれば高めるほど，利子率は通貨量の拡大を前提としない水準を下回るどころか，ますます上回ることは明白である。…経験的に，低い利子率は──通貨量が緩慢に上昇したという意味で──金融政策が緊縮的であった証拠であり，高い利子率は──通貨量が急激に増加したという意味で──金融政策が緩和的であった証しである。こうした経験的事実は，金融界ならびに経済学者が一般に認めてきた方向とは，全く逆の方向であった」(フリードマン[2]訳書10ページ以下)。

3) 田中直毅氏は，以下のように述べている。

　「12%という高い伸び率を維持すれば，インターバンクの金利である無担保コール翌日物は金利がゼロになるではないか，というコメントが寄せられるかもしれない。

　しかし，インターバンクで日銀券があふれ，金利が限りなくゼロに近づいたとしても，そのことが大きな弊害をともなわないかぎりかまわない，というのが本来であろう。これまで日銀は，このレートが公定歩合水準よりも少しだけ低いところに落ち着くように調整してきたようだが，結果として金融面から実態経済の振れを大きくしてしまった，というのが実情だ。今日のような経済活動の異常収縮が起きているところでは，インターバンクで資金を取り入れる銀行にとって，追加的費用がゼロに近づいたとしても弊害は起きそうにもない」(田中[20]70ページ以下)。

4）翁氏は以下のようにも述べている。
　「いろいろな問題を抱えつつも取りあえず成長軌道に乗りつつある現在の日本経済の状況は比べものにならない」(翁[14])。
5）加藤教授は，以下のように述べている。
　「具体的に言えば，向こう10年間，日銀は年々のマネーサプライ（M_2＋CD）増加率を４～８％の範囲内に収めるように金融政策を運営すべきである。この前提として，趨（すう）勢的な実質経済成長率を3.5％，『マーシャルのk』（名目GDPに対するマネーサプライの割合）の趨勢的増加率を１％，許容可能な趨勢的GDPデフレーター上昇率を1.5％とした。これらの合計である６％に，上下２％ずつの幅を持たせたものである」(加藤[6])。
6）岩田教授は，以下のように述べている。
　「日本銀行は９月８日に，公定歩合を0.5％まで引き下げたが，今後は，マネーサプライの伸び率が，潜在成長率から判断して，５～６と考えられる適正水準で安定するまで，金利の低め誘導を執拗に続けるべきである」(岩田[5]11ページ)。
7）嶋中雄二氏は，以下のように述べている。
　「金融政策面で強調したいことは，マネーサプライは中期的に見て7～8％の伸びが必要だということです。従って，この水準にまで伸びを緩やかに加速していく政策努力を一層，日銀に望みたいと思います」(嶋中[16]13ページ)。
8）小林先生は，以下のように述べている。
　「ところで，現在のマネーサプライの減少については，景気停滞と資産デフレによる貨幣需要の減少が原因であり，貨幣の供給は決して不足はしていないとの見解がしばしば示される。そしてその証拠として現在，金利は十分低くなっており，金融は十分緩和しているといわれている。しかし，貨幣供給量が不足しているかどうかは，ある基準となる貨幣需要量に対して議論されるべきものである。その基準となる貨幣需要量とは自然産出高・完全雇用国民所得に対する貨幣需要量であり，自然産出高・完全雇用国民所得が現在もなお４～５％で成長しているなら，やはり７～８％の増加率でもってマネーサプライを増加させるべきである。現在の不況下での縮小したGNPに対する貨幣需要量を基準にして，マネーサプライが不足していないとするのは誤りである」(小林[8]106ページ以下)。
9）アラン・メルツァー教授は，以下のように述べている。
　「低すぎる。過去数年間にわたって低いと考えていたが，現在は今まで以上にそう思います。資産価格の下落が続いているからです。都市部の住宅価格は83年の水準まで下がっています。これは金融政策が非常に引き締めすぎだということです。　M_2＋CDは前年比６－７％はなければならない」(メルツァー[10])。
10）翁氏は，以下のように述べている。
　「この場合，オペで無理に超過準備を作ろうとすることの帰結は，短期金利が単に大きく低下することにとどまらずゼロにまで落ちることであり，短期金利を

ゼロにしてしまえば貸し出しの採算性は高まるから，確かに『オペによって通貨を増やすことは無理であっても不可能ではない』。しかし，通常の金融市場では短期金利がゼロという状況は許容し難いから，オペによって量的ルートからマネーサプライを増加させることができる，という理解はわが国の金融システムに即した正しいものであるとは思われない，と言うことになる」(翁[13]144ページ)。
11) また，嶋中氏は，別のところで，以下のように述べている。

「今回の調整インフレ論の発端は，5月上旬に発表されたMITのP.クルーグマン教授の『日本のわな』と題する論文であったが，この中でクルーグマン教授は，日本経済は名目金利がこれ以上下がらないという『流動性のわな』に陥っている，と説いている。

だが，98年度版『経済白書』が指摘しているように，昨年末から3月末にかけて日銀が大量の資金供給を行った際にコールレートが低下した事実がある。また，貨幣需要変化の長期金利変動に対する弾性値として，最長期国債利回りの前年差に対する M_2+CD の前年比の比率を見ると，足元まで低水準で推移しており，貨幣需要の金利弾力性が無限大となる流動性のわなの発生を示す事実は見いだせない」(嶋中[18])。
12) マネタリストの総帥であるフリードマンも以下のように述べている。

「ただ，どうもよく理解できないのは，日銀のこれまでの対応だ。例えば彼らは，マネーサプライを拡大すべきときに，これをやらなかった。

中央銀行というのは，どの国でも公定歩合に気をとられがちだ。日銀の担当者は『やるべきことはすべてやった。その結果，金利がこんなに鎮静しているじゃないか』と胸を張る。だが，たとえ金利がゼロになったとしても，それが経済成長にどんな効果を与えるというのか。

日銀はほかにやるべきことがあった。市場で国債を買い上げてしまえばよかったのだ。その結果，通貨の流通量が増えて，バブル崩壊後の異常事態を是正できたはずだ。ところが日銀は，マネーサプライを削減してこれに対処しようとした。その結果，日本経済は上昇活力を失ってしまった」(フリードマン[3]46ページ以下)。

【参考文献】

[1] Cagan Ph., Monetarism in Historical Perspective, In : Thomas Mayer, et al., *The Structure of Monetarism*, 1978.
[2] Friedman, M., "The Role of Monetary Policy," *American Economic Review*, March 1968. 新飯田宏訳『インフレーションと金融政策』日本経済新聞社，1972年。
[3] ミルトン・フリードマン「ミルトン・フリードマンが占う世紀末の世界経済」『フォーブス』1998年4月号。

［4］　伊藤元重「インフレ性悪説から脱しよう」『This is 読売』1998年9月号。
［5］　岩田規久男「デフレはなぜ起きるのか」『エコノミスト』第73巻第44号，臨時増刊，1995年10月16日号。
［6］　加藤寛孝「金融政策の核に『通貨供給』」『日本経済新聞』1997年4月18日。
［7］　加藤寛孝「『通貨供給』，目標設定は可能」『日本経済新聞』1997年8月18日。
［8］　小林孝次「最近のマネーサプライの異常な変動について——ハイパワードマネーとマネーサプライの因果関係テスト——」『創価経済論集』第23巻第3号，1993年12月。
［9］　ポール・クルーグマン「罠に落ちた日本経済」『This is 読売』1998年9月号。
［10］　アラン・メルツァー「日銀，地価上がるまで緩和を」『日本経済新聞』1998年8月2日。
［11］　西山千明編『フリードマンの思想』東京新聞出版局，1979年6月。
［12］　翁邦雄「『日銀理論』は間違っていない」『週刊 東洋経済』第5101号，1992年10月10日号。
［13］　翁邦雄「政策論議を混乱させる実務への誤解」『週刊 東洋経済』第5116号，1992年12月26日号。
［14］　翁邦雄「『通貨供給』，目標設定は困難」『日本経済新聞』1997年6月19日。
［15］　翁邦雄「『通貨供給』操作，金利に影響」『日本経済新聞』1997年10月8日。
［16］　嶋中雄二・鈴木淑夫・田原昭四・宮本邦男「『バブル崩壊不況』が始まった!!」『週刊 東洋経済』第5049号，臨時増刊 1992年2月7日号。
［17］　嶋中雄二「戦後最大のデフレは不可避」『論争 東洋経済』1998年7月号。
［18］　嶋中雄二「追加緩和で"リフレ"推進」『日本経済新聞』1998年7月28日。
［19］　建部正義『貨幣・金融論の現代的課題』大月書店，1997年。
［20］　田中直毅「マネタリーベースを持続拡大させよ」『論争 東洋経済』1998年9月号。
［21］　吉野正和「貨幣面におけるバブルと不況」『徳山大学論叢』第46号，1996年12月。

第13章　1930年代の大不況に関する諸種の解釈

1．はじめに

　1929年10月のニューヨーク株式市場の大暴落から始まった大不況は全世界へと波及していった。米国では4人の内1人が失業するという有様であった。この大不況を原点としてケインズ経済学が生まれたといわれている。また，マネタリスト反革命もこの大不況を原点としているといわれている。その意味からしてケインジアンにとってもマネタリストにとっても1930年代の大不況を研究することは極めて重要なことであるといえよう。この大不況を研究することによって，ケインジアン―マネタリストの論争上の問題点をも明らかにすることができるといってよいであろう。

　そこで，当章では，まず第一に，フリードマン＝シュヴァルツ説を紹介し，次に，フリードマン＝シュヴァルツ説に反対している経済学者の諸説を紹介する。

2．フリードマン＝シュヴァルツ説

①　株式市場の崩壊――1929年10月

　フリードマンによると，大不況は米国で始まり，後になって，世界に拡大していったとされている[1]。つまり，1930年代の世界の大不況の原因は米国に

あったと主張している。彼は米国の大不況の始動的原因を1928～29年の連邦準備制度の金融引き締め政策に求めている[2]。この金融引き締め政策のために景気が下降し始め，1929年10月24日（暗黒の木曜日）に株式の投げ売りが始まり，ニューヨーク株式市場の大暴落が発生したというのである。

1929年8月から1930年10月までに貨幣量は2.6％減少した[3]が，フリードマンとシュヴァルツによると，この期間の2.6％の減少は穏やかのようであるが，長期的な観点からすると，かなり影響の大きいものであったと述べている[4]。

しかしながら，フリードマンとシュヴァルツによると，この時期における金融上の影響は株式市場だけに限られており，銀行に対する預金者の不信はまだ生じていなかったのである[5]。

1930年1月から1930年10月までに，もしも10億ドルの買いオペが行なわれていたら，貨幣量は2％の縮小から逆に7％の増大となり，たとえ第一次銀行恐慌が発生したとしても，その程度は小さなものになっていたであろうとされている[6]。

彼らの主張によれば，この時期に全く深刻な金融上の困難は外国ではまだ発生していなかったのである[7]。

② 第一次銀行恐慌——1930年10月

1930年10月に第一次銀行恐慌が発生した。特にミズーリ，インディアナ，アイオワ，アーカンソー，ノース・カロライナ諸州における銀行破産の集中的な発生は取り付けを引き起こし，それはあたかも伝染病のごとく米国本土に拡大していった[8]。最も劇的であったのは2億ドル以上の預金を持っていた「合衆国銀行」(the Bank of United States) が1930年12月11日に破産したことである[9]。「合衆国銀行」はその名称によって一般には国立銀行のように思われていた[10]。

フリードマンとシュヴァルツによると，「1930年10月に（貨幣量）縮小の貨幣的性格は劇的に変化した」（[4] p.308, [8]158ページ，カッコ内筆者挿入）。この変化は銀行破産と取り付けという伝染病によって引き起こされたのである。

この変化は第13-1図にはっきりと反映されていて，公衆は預金の引き出しに殺到した。これに対して銀行は流動性ポジションを改善しようと努力した[11]。第13-2図は1930年10月以降の預金－通貨比率 $\left(\frac{D}{C}\right)$ と預金－準備比率 $\left(\frac{D}{R}\right)$ の急落を示している[12]。$\frac{D}{C}$ の急落は取り付けを意味し，$\frac{D}{R}$ の急落はこれに対抗して準備を増加させようとした銀行の努力が示されている[13]。

この時期に銀行は流動性を求めて格付けの低い債券を処分した。したがって，

第13-1図　Money Stock, Currency, and Commercial Bank Deposits, Monthly, 1929—March 1933

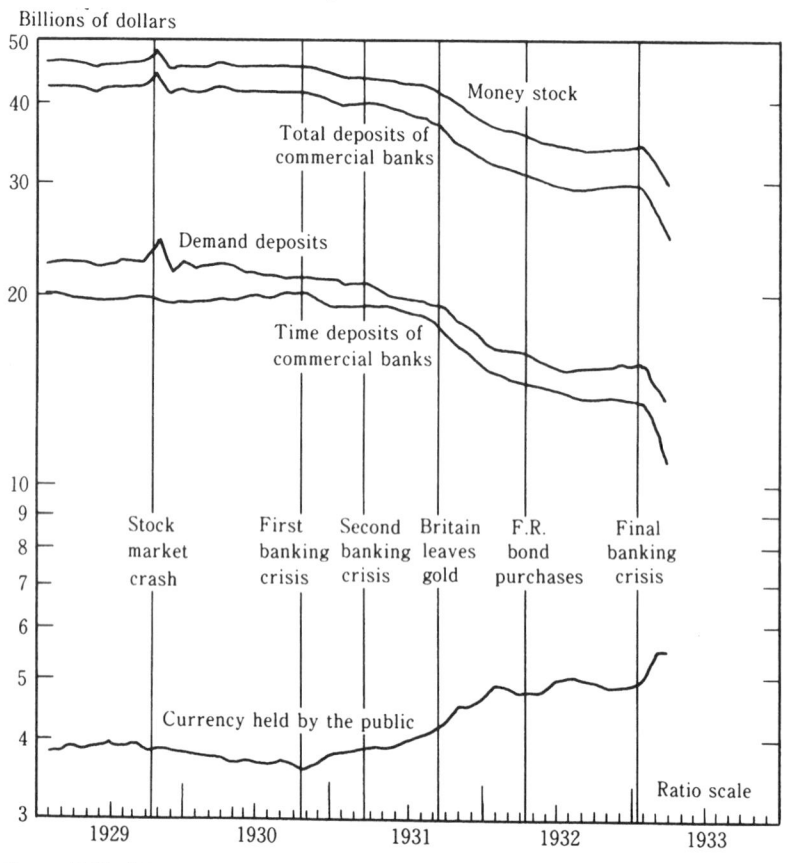

Source: Table A-1.

その債券価格は下落し，その利回りは上昇した。この債券価格の下落がその後の銀行恐慌の原因となったのである。なぜならば，その債券価格の下落によって，銀行は手持ち債券の評価額が減少し，巨額の資本損失を被ったからである[14]。

第13-2図　The Stock of Money and Its Proximate Determinants, Monthly, 1929—March 1933

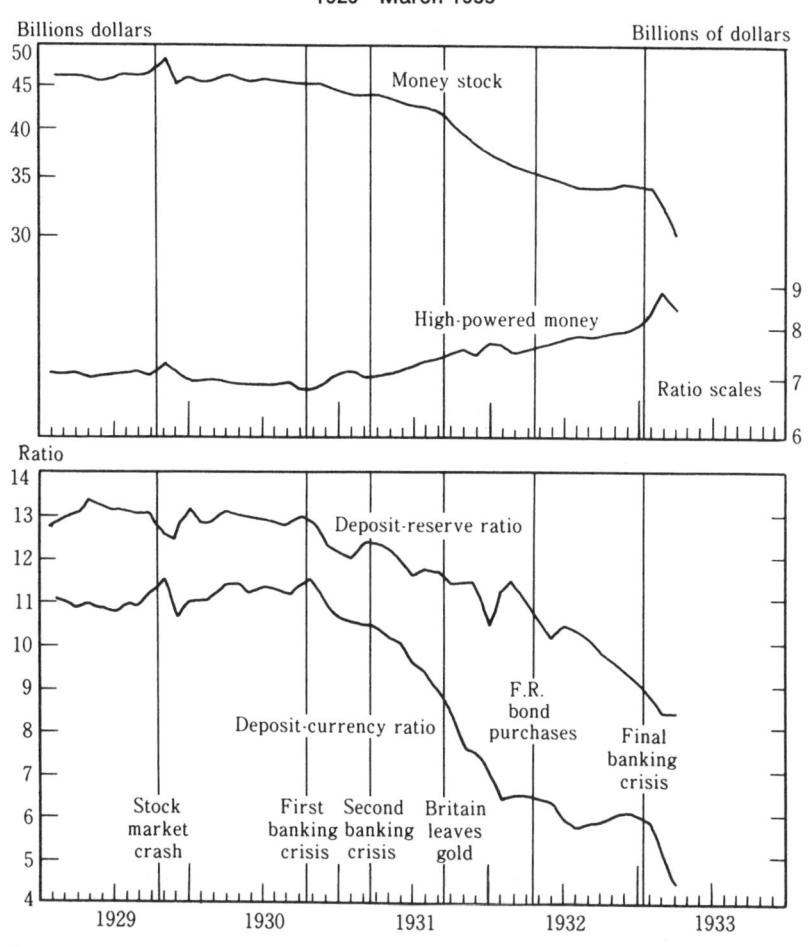

Source: Tables A-1(col.8) and B-3.

1931年に入って，経済活動の様々な諸指標が回復に向ったのである[15]，が，同年3月には第二次銀行恐慌が発生したのであった。

③ 第二次銀行恐慌——1931年3月

第二次銀行恐慌は1931年3月に発生した。営業停止銀行預金負債額は3月に上昇し始め，6月にピークにたっした。3月から$\frac{D}{C}$が下落し始め，4月から$\frac{D}{R}$が下落しだした。公衆は預金を現金化しようとし，銀行は準備を増大させようと努力した結果である[16]。

1931年6月～8月に小規模な買いオペが行なわれたが，連邦準備信用残高は不変であって，貨幣量は年率で11%も減少した。フリードマンとシュヴァルツによると，1931年1月～8月期に大規模な（10億ドル）買いオペをしていれば，貨幣ストックは不変に維持され，第二次銀行恐慌は起こらなかったであろうと主張されている（[4] p.394, [8]160ページ）。

この時期になると，米国の不況の影響を受けた外国の金融市場における事件が米国に伝えられ，それが国内市場に影響をもたらすことになった（フィードバック効果）。1931年5月にオーストリア最大の民間銀行「クレディット・アンシュタルト」が破産し，7月にはドイツやその他の諸国で銀行の破産が続発した。こうして，7月にはふたたび信用不安が高まり，その結果，フーヴァー・モラトリアムが発効されたのである[17]。

④ 英国の金本位制停止と第三次銀行恐慌——1931年9月

1931年9月21日，英国が金本位制を離脱し，それについで多くの諸国も金本位制を離脱した。ニューヨーク連邦準備銀行は金の海外流失に対抗して1931年10月9日に割り引き率を1.5%から2.5%に，10月16日には2.5%から3.5%に引き上げた。その結果，金の流失は止まったが，国内の金融的困難も増大した。1931年8月に営業停止銀行預金負債額が急増し始め，10月にはピークにたっした。10月だけで522の銀行が破産した。貨幣ストックは1931年8月～1932年1

第13章 1930年代の大不況に関する諸種の解釈　187

月の期間で12%も減少し，年率では31%も減少した。

当時，銀行が流動性を高めるのにはふたつの方法があった。ひとつは連邦準備銀行からの借り入れであり，もうひとつは銀行が手持ちの資産を投げ売りすることであった。この時期に銀行はその両方を行なった。しかし，それでも破産を防ぐことはできなかった。したがって，この時期に国債も処分され，国債の利回りも増大した。

1931年にはフーバー大統領によって「復興金融公社」(Reconstruction Finance

第13-3図　Prices, Personal Income, and Industrial Production, Monthly, 1929—March 1933

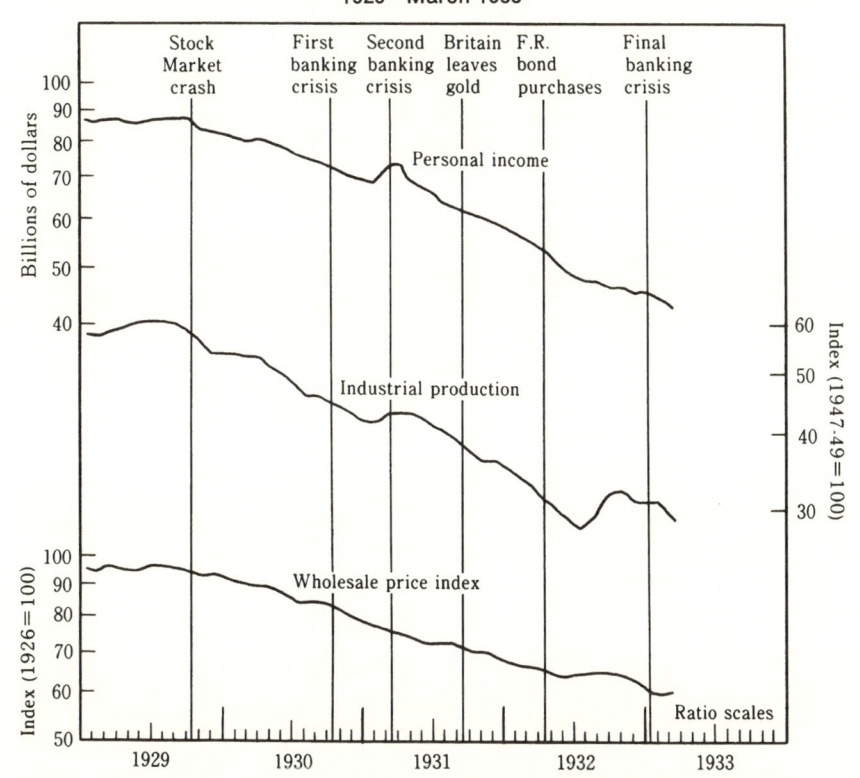

[図：1929年から1933年3月までの物価・個人所得・工業生産の月次推移。縦の区切り線は Stock Market crash、First banking crisis、Second banking crisis、Britain leaves gold、F.R. bond purchases、Final banking crisis を示す。Personal income (Billions of dollars)、Industrial production (Index 1947-49=100)、Wholesale price index (Index 1926=100)。Ratio scales。]

Source: Industrial production, same as for Chart 16. Wholesale price index, same as for Chart 62. Personal income, *Business Cycle Indicators* (Princeton for NBER, G. H. Moore, ed., 1961), Vol. 11, p.139.

第13-4図　Common Stock Prices, Interest Yields, and Discount Rates of Federal Reserve Bank of New York, Monthly, 1929—March 1933

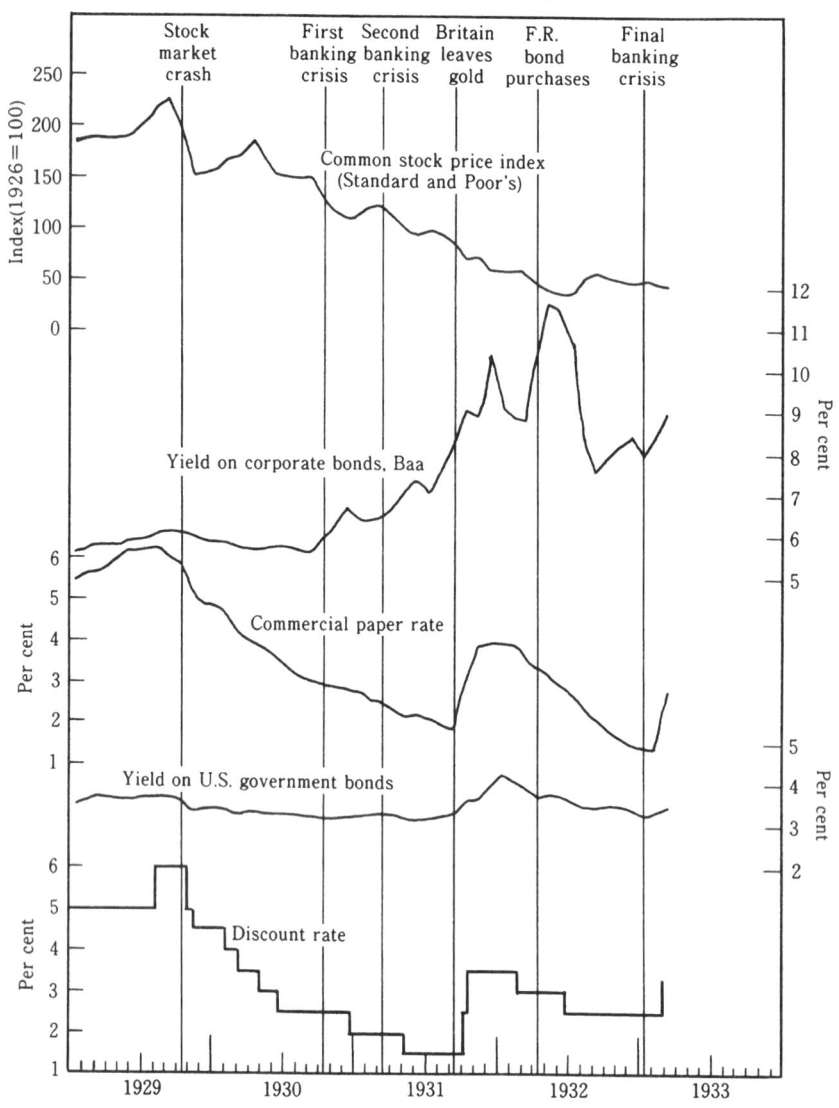

Source: Common stock price index, Standard and Poor's, as published in Common-Stock Indexes, 1871-1937 (Cowles Commission for Research in Economics, Bloomington, Ind., Principia Press, 1938), p.67 Discount rates, *Banking and Monetary Statistics*, p.441. Other data, same as for Chart 35.

Corporation) が設立され，銀行と鉄道会社に対する積極的な救済融資が行なわれ，銀行恐慌は鎮静化した。さらに，1932年2月27日にグラス＝スティーガル法が成立し，国債が保証準備として認められた。

⑤ 大規模な買いオペ──1932年4月

議会からの強い圧力により連邦準備制度は大規模な買いオペを1932年4月12日から開始した。この買いオペは8月10日に中止された。貨幣ストックの減少は穏やかになり，僅かではあるが，9月から貨幣ストックは増大した[18]。一般経済指標にも顕著な改善がみられるようになった。卸売物価は7月に上昇し始め，工業生産は8月に上昇を開始した。フリードマンとシュヴァルツはこれについて以下のように述べている。「タイミング関係，これまでの経験，および一般的考察からして，この経済的改善が貨幣的改善の影響を反映したものであることは，極めてもっともらしく思われる」（［4］p.324,［8］162ページ）。

⑥ 最終的銀行恐慌──1932年9月

経済的な回復は一時的であった。連邦準備銀行は買いオペを8月10日にやめてしまい，9月，10月には銀行恐慌が再発し，1933年の1月にピークにたっした。この銀行恐慌は当初は中西部と西部で始まったが，1933年1月には全国的に広がっていた。「復興金融公社」（RFC）も相つぐ銀行倒産をくい止めることはできなかった。そのひとつの理由は融資先の銀行名を公表したためとされている。銀行名の公表によって，借り入れ銀行の弱体ぶりが宣伝され，その影響で取り付けが集中することになった。このため，最終的には銀行は「復興金融公社」からの借り入れを恐れるようになった。

1932年10月31日にネヴァダ州が「銀行休日」を宣言し，1933年3月3日までに約半数の州が「休日宣言」をした。1933年3月6日，ローズベルト大統領は「全国一斉銀行休日」を宣言し，銀行恐慌はようやく鎮静化したのであった。

⑦ 要　約

フリードマンとシュヴァルツの見解によると，1930年代の大不況は米国に原因があり，米国から世界に広がった，ということになる。もちろん，第二次銀行恐慌には外国からの影響もみられている（フィードバック効果）が，それよりも前の株価の暴落や第一次銀行恐慌については米国だけの問題である。したがって，早い時期に大規模な買いオペをしていれば，世界的な大不況にはなら

第13-5図　Deposits of Suspended Commercial Banks, Monthly, 1929—February 1933

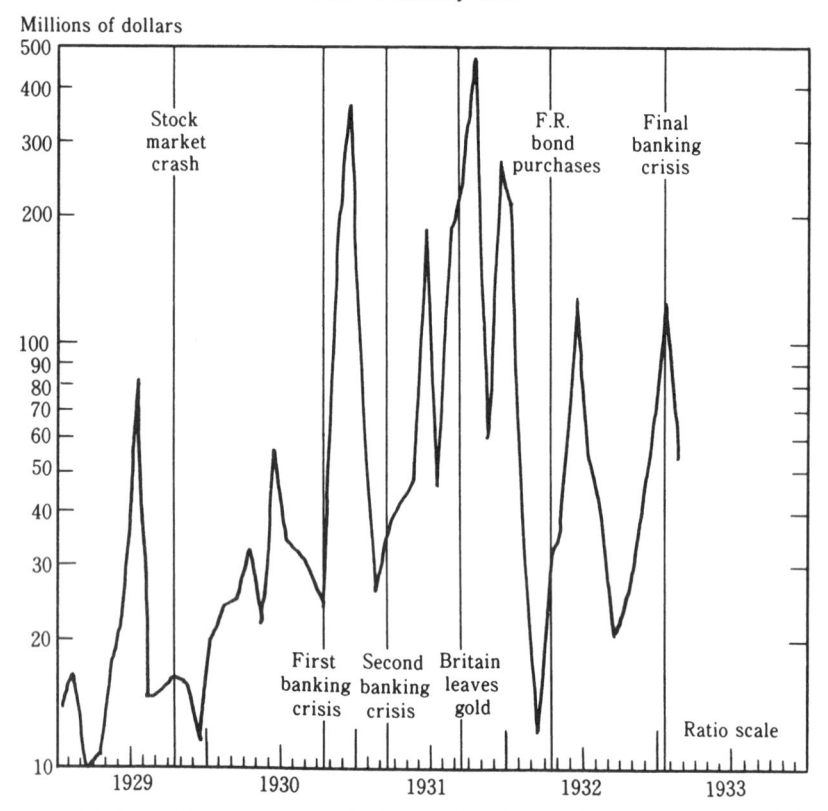

Millions of dollars

Stock market crash

F.R. bond purchases

Final banking crisis

First banking crisis

Second banking crisis

Britain leaves gold

Ratio scale

Source: Data from *Federal Reserve Bulletin*, Sept. 1937, p.909, were adjusted for seasonal variations by the monthly mean method, applied 1921-33.

第13章　1930年代の大不況に関する諸種の解釈　191

なかったであろう。貨幣量と一般的経済指標との関係や国債とその他の債券の投げ売りと利回りとの関係[19]が説得的であり，このフリードマンとシュヴァルツの見解は注目すべきものであるといえよう。

3．キンドルバーガーの批判

　キンドルバーガーはフリーマン＝シュヴァルツ説を色々な角度から批判している。キンドルバーガーは「フリードマンの説明は，一国的であり，貨幣的であり，政策決定にかかわるものである。これは単一原因説であり，私の判断では誤りである」（[11]訳書2ページ）と述べている。

　また，キンドルバーガーは以下のようにも述べている。「1929年不況が非常に広い地域に及び，著しく深刻であり，大へん長びいたのは，(1)投げ売りされる商品に対して比較的に開かれた市場を維持する，(2)景気調整的な長期貸付を行う，(3)恐慌のさいに手形を割引くという三点において，イギリスは国際経済を安定させるために責任を負う能力をもたず，アメリカはその責任を負う意思をもたず，そのため国際経済システムが不安定になったという理由によるものであった」（[11]訳書264ページ）。

　1930年1月と10月の間に買いオペをすべきであったとフリードマンとシュヴァルツは主張していたが，キンドルバーガーは1930年10月までは買いオペをする必要はなかったと主張している[20]。マネタリストは貨幣供給量をいつも一定に維持していればいいのだ[21]ともキンドルバーガーは考えている。

　しかし，これはキンドルバーガーの誤解であるといわなければならない。キンドルバーガーの論理は1929年8月から1930年10月までは貨幣量はほとんど一定ではないかということである。しかし，実際には1929年8月から1930年10月までに貨幣量は2.6％減少していたのである。2.6％の減少ならば，大きなものではなく，ほとんど一定とみなしてよいのではないかと考えているようである。しかしながら，通常は貨幣量と実質経済は増大しているものであり，それが僅

かであっても減少しているのであるから，実質経済に非常に大きな影響を与えたとみるべきであろう。

キンドルバーガーは，買いオペが適切であったと認めているようである[22]。しかも当時は米国が国際経済の中心国であったという事実も認めているようである[23]。そうなると，米国経済が悪くなれば，当然の事ながら，その影響は世界中に広がることになる。フリードマン＝シュヴァルツ説は一国的であると述べているが，キンドルバーガーはかなりの程度フリードマン＝シュヴァルツ説に同意しているといえるのではないか。キンドルバーガーはフリードマン＝シュヴァルツ説に国際的な側面を追加している[24]とみてよいであろう。フリードマンは自由主義者であり，関税には反対である。キンドルバーガーは1930年のフーバー大統領のスムート・ホーリー関税法とその後の関税報復と競争的為替切り下げを述べている[25]。フリードマンとキンドルバーガーは正反対の主張をしているのではなくて，かなり似かよったことを主張しているのである。

それでは，フリードマンとキンドルバーガーの違いは一体どこにあるのか。フリードマン＝シュヴァルツ説では大不況の始動的原因[26]を1928～29年にとられた連邦準備制度の金融引き締め政策に求めている。1929年10月の株価の暴落から1930年10月から始まる第一次銀行恐慌までは国内的な問題であり，一国的である[27]。オーストリア最大の民間銀行「クレディット・アンシュタルト」が破産したのは1931年5月であり，米国の第二次銀行恐慌が始まったのは1931年3月からである。したがって，1930年10月までに買いオペをしていれば，大不況にはならなかったであろうというのがフリードマンとシュヴァルツの考え方であるといえよう。

他方，キンドルバーガーは1931年以降に注目している。大不況が長期化し，探刻化したのは英国が責任の能力をなくし，米国が責任を負わなかったからだとしている。

つまり，キンドルバーガーは大不況が長期化し，深刻化したところに注目し

第13章 1930年代の大不況に関する諸種の解釈 193

ているのに対して，フリードマンとシュヴァルツは大不況の始動的原因と増強的原因の一部（第一次銀行恐慌の1930年10月まで）のところに注目している。見方を変えれば，フリードマンとシュヴァルツの分析は大不況が深刻化する前の分析であり，キンドルバーガーの分析は大不況が深刻化した時点に関する分析といえよう。

4．ケインズの大不況の説明

「3．キンドルバーガーの批判」でケインジアンであるキンドルバーガーの批判を述べたので，ここではケインズの大不況の説明を考察してみよう。大不況は1929年から始まっているが，ケインズは1930年に『貨幣論』を書いている。『貨幣論』のケインズは高金利と投資の減少が大不況の原因であると考えているようである[28]。ケインズは改善策として公定歩合政策と公開市場操作（拡張的な貨幣政策）の実施を主張している[29]。拡張的な貨幣政策を主張しているので，『貨幣論』のケインズはフリードマンとかなり似た考え方をしていたのである。

しかし，『一般理論』のケインズは大不況の原因を利子率騰貴ではなくて資本の限界効率の急激な崩壊[30]と絶対的流動性選好[31][32]に求めているようである。

大不況に関してケインズの主張には，『貨幣論』と『一般理論』とでは大きな違いが認められる。強いて共通点を挙げるとすれば，投資の減少に着目していることであろう。『一般理論』において貨幣量が重要視されていないのが大きな問題点ではないであろうか。また，『一般理論』の絶対的流動性についても最近では否定的な見解が支配的のようである[33]。

5. フィアランの見解

フィアラン（P. Fearon）はフリードマン＝シュヴァルツ説を取り入れ[34]ていてキンドルバーガーと同じように国際的な側面を追加している。特に興味ある点は1931年9月の英国の金本位離脱と30％の平価切り下げおよびその後の各国の対応であった。英国の金本位離脱後に，1931年の終わりまでには英国の自治領，北欧諸国，日本，その他多くの諸国も金本位を離脱した。しかし，米国，フランス，ベルギー，スイス，オランダは金本位を維持し，関税や輸入割り当てや為替統制を行ない，デフレ効果をひき起こしてしまった[35]。金本位を離脱した英国と日本は大不況の影響が相対的に少なかったとフィアランは主張している[36]。

6. ブルンナー・メルツァーの主張

ブルンナー・メルツァーは，フリードマン＝シュヴァルツ説にほとんど賛成のようだが，ひとつだけ異説を唱えている。フリードマンはストロングニューヨーク連邦準備銀行総裁が1928年に死ななかったならば，あの大不況にならなかったであろうと主張している。しかし，ストロング総裁が生きていたとしても，真正手形説に基づいて短期利子率が連邦準備制度のインディケーターになっていたという事実からして，大不況は免れなかったであろうとブルンナー・メルツァーは主張している。

この問題は，推論の域を出ない。なぜならば，ストロング総裁は1928年に死んでしまっていたからである。ただ，「株式市場の崩壊の直後，ニューヨーク連銀は，ストロング時代に叩き込まれた条件反射件用によって……買い操作を行い，……」（[3]訳書128ページ）とフリードマンは述べている。ストロング総裁は個人的にもかなりの人望があったとみられるので，もしもストロング総裁

が生きていたら，大不況にはならなかったであろうというフリードマンの考え方に筆者は共感を覚えるのである。

しかし，ブルンナー・メルツァーも他の部分ではフリードマン＝シュヴァルツ説に反対していないので，大不況の解釈についてはストロング総裁の死以外についてはフリードマン＝シュヴァルツの考え方に賛成しているといってよいであろう。これはマネタリスト内部の激しい対立というよりは意見の僅かな相違なのである。

7．ガルブレイスの批判

ガルブレイスはフリードマン＝シュヴァルツ説を以下のように批判している。たとえ買いオペをしたとしても，当時は不況のため，資金の借り手不足（資金需要の不足）であり，銀行も貸し出しに気乗りしていなかったし，銀行も流動性に対する抑えがたい欲求があり，貨幣政策は効果がなかったであろう。貨幣政策はヒモみたいなものであり，引っ張ることができても押すことはできない[37]。

このガルブレイスの批判に対してフリードマンは以下のように述べている。「この解釈は間違っている。準備は厳密に法律的な意味においてのみ過剰であった。銀行はそれまでの苦痛にみちた2年間に，法定準備も"最後の貸し手"の理論上の利用可能性も急場にはあまり役に立たないということを発見していた。そしてこの教訓は間もなく再びたたき込まれることになった。銀行がこれだけ保有するのが賢明だと悟るようになった準備が法律的に保有を義務づけられている準備額を大きく超えるようになったとしても少しもおかしくない」（[4] p.348，[8]168ページ）。さらに，創価大学の加藤寛孝教授は以下のように述べている。「事実，不況がきわめて深刻化した段階においても，大規模な買いオペが貨幣ストックの減少を阻止し，生産を刺激する効果をもちうることは，1932年4月～8月の約10億ドルの買いオペの例によって実証されてい

る」([8]168ページ)。

　1932年4月から8月までの買いオペの結果，7月と8月には卸売物価と工業生産は上昇し始めて買いオペの効果は顕著であったので，ガルブレイスの批判は正しくないといって差し支えないであろう。

8．むすび

　大不況に関してフリードマン＝シュヴァルツ説はかなり説得力がある。前述したとおり，キンドルバーガーは「フリードマンの説明は，一国的であり，貨幣的であり，……」と批判しているが，これは大不況の分析の視点の違いにすぎない。逆に，キンドルバーガーの説明には大不況の始動的な原因は述べられていない。また，フリードマン＝シュヴァルツ説の説明と第13-1図，第13-2図，第13-3図，第13-4図，第13-5図は整合性を保っている。

　1932年4月から8月までの買いオペ後の貨幣量の動きと一般経済指標の動きも説得力がある。フリードマンも述べていたが，このことから，貨幣的改善が経済的改善に影響を与えていたのがわかる。しばしば，ケインジアンとマネタリスト論争で貨幣 $(M) \to$ 所得 (Y) なのか $Y \to M$ なのかという論争がおこなわれる。少くとも，1932年の米国という時間と場所においては $M \to Y$ であると考えることができるのではなかろうか[38]。

　前述のごとく，フリードマン＝シュヴァルツ説とキンドルバーガー説との違いは視点の違いであり，フリードマンとシュヴァルツは大不況が長期化・深刻化するのを未然に防ぐことを考えていたのである。キンドルバーガーは大不況が長期化・深刻化した理由を考えていた。どちらの研究も重要であると考えられるが，経済政策的にはフリードマンとシュヴァルツの研究の方が重要であるといえよう。なぜならば，大不況にしないようにするのが経済政策であるといえるからである。

　マネタリズム理論はケインズ革命に対する反革命とされているが，このフ

第13章　1930年代の大不況に関する諸種の解釈　197

リードマンとシュヴァルツの著作[4]はマネタリスト反革命の中心的著作であり、いわば、マネタリストの『一般理論』といえるのではなかろうか[39]。

【注】
1)　[3]訳書139ページ以下
2)　創価大学の加藤寛孝教授は以下のように述べている。
　　「1929年9月から始まった縮小の始動的原因についてはフリードマン＝シュヴァルツはあまり明示的な議論を展開していないが、株式市場の投機的ブームを抑制するために1928～29年にとられた連邦準備制度の金融引締め政策を重視しているようである。『この引締めは、強気の株式市場を抑制するのには明らかにゆるすぎたが、物価に厳しい下方圧力を加えることなく産業活動の継続的拡大を許すのにはほとんど確実に厳しすぎた』（[4]pp.265-66)」（[8]157ページ）。
3)　[4]p.307
4)　[4]p.307および[8]158ページ
5)　[4]p.306
6)　[4]pp.392-393および[8]158ページ
7)　[4]p.392
8)　[4]p.308および[8]159ページ
9)　[4]p.309,[8]159ページおよび[3]訳書130ページ
10)　「この銀行の倒産はそれまでのアメリカの歴史を通じて最大のものであった。その上、この銀行は普通の商業銀行でしかなかったのだが、その名前のために、内外の多くの人びとに国立の銀行であるかのように思わせてしまった。そのためこの銀行の倒産は、公衆の銀行に対する信頼感にとりわけ深刻な打撃を与えることになった」（[3]訳書130ページおよび[4]pp.309-311）。
11)　[4]p.311および[8]159ページ
12)　[8]159ページ
13)　[8]159ページ
14)　[4]p.312, pp.351-357および[8]159ページ
15)　「もし貨幣ストックの力強い拡大によって補強されたならば、これらの一時的な回復の動きを持続的な回復へ転換することができたであろう」（[4]p.313）（[8]160ページ）とフリードマンとシュヴァルツは述べている。
16)　「あつものに懲りてなますを吹く」（[4]p.314）。
17)　[4]p.314,[8]160ページおよび[3]訳書141ページ
18)　「それ以前の急減に比べると、この変化は大きなものであった」[4]p.323および[8]162ページ）。

19) 第13-1図, 第13-2図, 第13-3図, 第13-4図, 第13-5図は[4]からであり, ページはp.302とp.333とp.303とp.304とp.309である。
20) [11]訳書113ページ
21) [11]訳書97ページ以下
22) [11]訳書114ページ
23) [11]訳書9ページおよび264ページ
24) 前述したが,「フリードマン＝シュヴァルツ説は一国的であり, 貨幣的であり, 政策決定にかかわるものである」とキンドルバーガーは批判しているが, フリードマンとシュヴァルツも国際的な側面を述べている。

　金本位制が維持されている限り, 様々な諸国の物価と所得は密接に関係させられていた。つまり, 米国の所得と物価の下落が世界的な所得と物価の下落（デフレ）になった（[4]p.359—正確な引用でない）。

　米国の不況がオーストリアとドイツとハンガリーとルーマニアに影響を与え, 米国にその影響が戻ってきた（フィードバック効果）（[4]p.361—正確な引用でない）。
25) [11]訳書266ページ以下
26) [8]157ページ
27) 前述したが,「深刻な貨幣的な困難は外国ではまだ生じていなかった。1930年1月～1930年10月」（[4]p.392）。
28) [10]Ⅱ訳書206ページ以下
29) [10]Ⅱ訳書495ページ以下
30) [9]訳書356ページ以下
31) [9]訳232ページ以下
32) 絶対的流動性選好に関してケインズは「私はその例を知らない」（[9]訳書233ページ）と述べているが, これに関する説明は（[6]11ページ以下）が有益である。
33) [12]192ページ
34) [2]p.42
35) [2]pp.47-48
36) [2]pp.47-48, p.59
37) [5]pp.209-215
38) トービンも以下のように述べている。「本書[4]においてフリードマンとシュヴァルツは, 貨幣は重要であるという命題のための証拠を見事に説得力のある仕方で提示している。彼らは, 貨幣的な出来事を単なる二次的現象, あるいは所得, 雇用, および物価さえをも完全に決定する非貨幣的要因に対する余論として追加されるあと書き程度のものと見なす新ケインズ派を——もしそのような論者が存在するならば——敗走させた」（[13]p.481,[7]84ページ）。

39) 創価大学の加藤寛孝教授から多くの有益な助言を賜った。この場をかりて厚くお礼を申し上げたい。

【参考文献】

［1］ Brunner, E., and Meltzer, A. H., "What Did We Learn from the Monetary Experience of the United States in the Great Depression?" *Canadian Journal of Economics*, May 1968.
［2］ Fearon, P., *The Origins and Nature of the Great Slump 1929-1932*, Macmillan, Reprinted 1982.
［3］ Friedman, M. and R., *Free to choose* 1969. 西山千明訳『選択の自由』日本経済新聞社，1980年。
［4］ Friedman, M., and Schwartz, A. J., *A Monetary History of the United States, 1867-1960*, Princeton: Princeton University Press, 1963.
［5］ Galbraith, J. K., *Money*, Boston: Houghton Mifflin,1975. 都留重人監訳『マネー』TBSブリタニカ，1976年7月。
［6］ 加藤寛孝「フリードマンの貨幣主義とケインズ批判――1930年代の『大不況』の再解釈」『創価経済論集』1981年9月。
［7］ 加藤寛孝「幻想のケインズ主義(下)――1930年代のアメリカの実態」『経済セミナー』1983年6月。
［8］ 加藤寛孝「1930年代の経済」根岸隆・山口重克編『二つの経済学』東京大学出版会，1984年9月。
［9］ Keynes, J. M., *The General Theory of Employment, Interest and Money*, 1936. 塩野谷九十九訳『雇用・利子および貨幣の一般理論』東洋経済新報社。
［10］ Keynes, J. M., *A Treatise on Money*, 2Vols., 1930. Reprinted in *Collected Writings*, Vols. V and VI, *A Treatise on Money*, 1971. 小泉明／長澤惟恭訳「貨幣論Ⅰ　貨幣の純粋理論」『ケインズ全集』第5巻，長澤惟恭訳「貨幣論Ⅱ　貨幣の応用理論」『ケインズ全集』第6巻，東洋経済新報社。
［11］ Kindleberger, C. P., *The world in depression 1929-1939*, Berkeley:University of California Press, 1973. 石崎昭彦／木村一朗訳『大不況下の世界 1929-1939』東京大学出版会，1982年1月。
［12］ 中谷巌『入門マクロ経済学』日本評論社，1981年4月。
［13］ Tobin, J., "The Monetary Interpretation of History: A Review Article," *American Economic Review*, June 1965, p.481.

第14章　フリードマンの貨幣仮説批判

1．はじめに

　1963年に，マネタリストのフリードマンとシュヴァルツは，*A Monetary History of the United States, 1867-1960*［3］を出版した。その第7章で，大不況を分析し，大不況の原因を，貨幣の減少である，とフリードマンとシュヴァルツは考えた。以後，大不況に関する論争は，ケインジアン―マネタリスト論争のひとつに加わって，現在まで続いている。1992年に，ケインジアンの立場で，マンキュー［14］は，フリードマンとシュヴァルツの「貨幣仮説」を批判している。当章は，このマンキューの主張を，批判的に，検討する。

2．マンキューの主張

　マンキューは，米国の大不況を，*IS-LM* 分析を使って，説明している。1930年代初期において，所得の低下と利子率の低下があったので，*IS* 曲線が，左に，シフトしている，とマンキュー（［14］訳書285ページ以下）は考えている。これを，第14-1図を使って，マンキューの主張を説明してみよう。
　外生的な支出が低下したので *IS* 曲線が *IS'* 曲線にシフトしたことになるのである。したがって，所得と利子率が低下することになるのである。したがって，1930年代初期において，大不況の原因は，外生的な支出の低下によって，

第14章 フリードマンの貨幣仮説批判　201

第14-1図

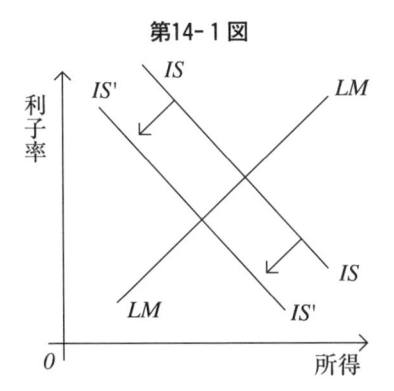

```
利
子      IS
率    IS'         LM
        ↘
          ╲  ╱
           ╳
          ╱  ╲
        ↙      IS
      LM    IS'
    0                    所得
```

説明されるのである。

　つぎに，マンキュー（［14］訳書288ページ以下）は，IS-LM 分析を使って，フリードマンとシュヴァルツの「貨幣仮説」を否定している。「貨幣仮説」には，ふたつの問題点がある。ひとつは，1929年から1931年までは，実質貨幣残高が，若干，上昇していたので，LM 曲線が，左に，シフトしないということである。つまり，名目貨幣供給と物価水準は，どちらも，下落したが，物価水準の下落の方が，名目貨幣供給の下落よりも，上回り，実質貨幣残高は，若干，上昇したというのである。この場合，LM 曲線は，左に，シフトしないのである。もうひとつは，利子率の動きである。1931年から1933年の期間は，実質貨幣残高が低下していた。これを第14-2図で説明してみよう。

　実質貨幣残高の低下は，LM 曲線が，左に，シフトすることになり，LM 曲線から LM' 曲線になる。そうだとすると，利子率は上昇しなければならなくなる。しかし，1929年から1933年までは，利子率が低下していたのである。したがって，この2点において，フリードマンとシュヴァルツの「貨幣仮説」は否定される。

　したがって，マンキューによると，1929年から1931年までは，実質貨幣残高が，若干，上昇していたので，金融政策に責任を負わせるべきでなく，1931年から1933年までは，実質貨幣残高が低下していたので，金融政策に責任がある，

第14-2図

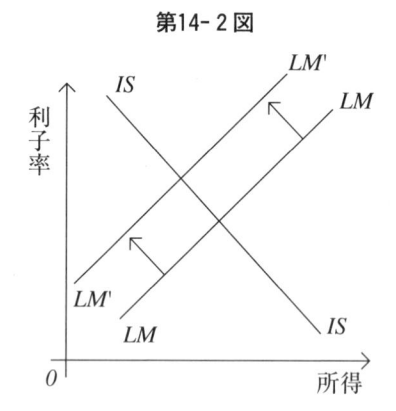

利子率 / 所得

IS, LM', LM

ということになる。また，別の言い方をすると，IS-LM分析において，1929年から1931年の期間は，LM曲線が，左にシフトする権利がない。1931年から1933年の期間は，LM曲線が，左に，シフトする権利はあるが，利子率に難点がある。利子率が低下しているかぎり，LM曲線のシフトは認められない。したがって，マンキューは，IS-LM分析において，フリードマンとシュヴァルツの「貨幣仮説」を否定し，外生的な支出の低下である「支出仮説」を採用しているのである。しかし，マンキューは，「貨幣仮説」を否定した後に，ちょっと，矛盾しているようなことを述べている。マンキュー（[14]訳書289ページ）は，否定した「貨幣仮説」を生き返らせている。復活させているのである。新しい生命を与えているのである。マンキューは，ある意味で，フリードマンとシュヴァルツの「貨幣仮説」を容認している。マンキューは，一方において，「貨幣仮説」を否定して，他方において，認めている。マンキューは，どこか，一貫性がないようである。以上が，マンキュー（[14]訳書285ページ以下）の要約である。

3．フリードマンと IS-LM 分析

　上述したが，マンキューは，IS-LM 分析を用いて，フリードマンとシュヴァルツの「貨幣仮説」を否定していた。これは，まさに，ケインジアン—マネタリスト論争である。ケインジアンは，IS-LM 分析を用いるのを好んでいる。一方，マネタリストは，貨幣数量説を用いるのを好んでいるのである。マネタリストのリーダーである，フリードマンは，IS-LM 分析を，ほとんど，使用しないのである。フリードマンは，IS-LM 分析が嫌いなのである。したがって，フリードマンの著作には，IS-LM 分析は，ほとんど，存在しないのである。例外的に，「欠けた方程式」を補うために，ケインジアンとの議論において，IS-LM 分析を用いたのであった。

　フリードマンが，IS-LM 分析を使ったことに対して，その時のケインジアンのジェームズ・トービンは，かなり，うれしがったようである[1]。IS-LM 分析は，コミュニケーションの手段としては，扱いにくい理論構造であり，貨幣数量説の方が，はるかに，使いやすい，とフリードマンは考えている[2]。また，フリードマンは，IS-LM 分析では，有効な予測をすることができない，と考えているのであろう。前述したが，マンキューが，IS-LM 分析を用いて，「貨幣仮説」を批判したように，LM 曲線が，左に，シフトすると，利子率は，上昇しなければならなくなる。しかし，フリードマンの貨幣数量説では，利子率は，下落するのである。この貨幣数量説は後述する。つまり，貨幣量の減少は，IS-LM 分析では，利子率は，増加し，貨幣数量説では，利子率は，低下するのである。したがって，フリードマンにとっては，IS-LM 分析は扱いにくいのであり，貨幣数量説は，はるかに，扱いやすく，使いやすい，のである。立教大学の西山千明名誉教授も，IS-LM 分析を批判している。IS-LM 分析では，物価が出てこないので，不適切な分析になる，と述べている[3]。いずれにしても，マネタリストの理論と IS-LM 分析は合わないようである。

4．フリードマンの貨幣と利子率

　前述したが，フリードマンは，貨幣が減少すると，利子率は低下する，と考えている。これは，明らかに，IS-LM分析に反するのである。多くのケインジアンは，貨幣と利子率は，反比例する，と考えているようである。それに対して，フリードマンは，貨幣と利子率が，正比例する，と考えているのである。たとえば，貨幣量が増加すると，初期局面において，利子率は低下する。ここまでは，ケインジアンも，マネタリストも，同じ考え方をしている。しかし，ここから先が違ってくる。時間の経過とともに，その低下した利子率は，上昇しだすのである，とフリードマンは考えている。そして，その上昇しだした利子率は，元の水準を超えて，上昇するようになる。つまり，貨幣の増加と高い利子率が存在するようになるのである。また，反対に，貨幣の減少，あるいは，貨幣の増加率の低下は，低い利子率をもたらすのである，とフリードマンは考えている[4)5)]。ケインジアンとマネタリストでは，貨幣と利子率の関係が，まったく，反対になるのである。

　さて，話を，マンキューに戻そう。マンキューは，ケインジアンとして，マネタリストのリーダーである，フリードマンの「貨幣仮説」を批判したわけである。したがって，これは，貨幣と利子率関係における，ケインジアン―マネタリスト論争になったわけである。しかし，相手を批判する前に，相手の考え方を，十分に，理解した上で，批判すべきである。フリードマンの貨幣数量説で，大不況期に，利子率が低下している，ということを，マンキューは，まったく，理解しないで，「貨幣仮説」を批判したわけである。しかも，ケインジアンの分析手法である，IS-LM分析を使ってである。おそらく，マンキューは，IS-LM分析に，絶対的な自信をもっているのであろう。しかし，フリードマンが，IS-LM分析を嫌っているということも，もしかすると，マンキューは，まったく，知らなかったのではないか。また，もしかすると，フ

リードマンの「貨幣仮説」を，貨幣数量説として，十分に，マンキューは，理解していないのではないか，と考えられる。もっとも，相手の考え方を，100％，理解することは難しいことではあるけれども，少なくとも，フリードマンは，大不況期において，利子率が低下していたということを，マンキューは知っていなければならなかったであろう。これらのことを考えると，マンキューの「貨幣仮説」批判は，かなり，程度の低いものであるといえよう。

5．実際の利子率

1929年から1933年までの米国の実際の利子率はどのようになっていたのか，ということを調べてみよう。第14-3図を説明しよう。

第14-3図は，創価大学の加藤寛孝教授[12]の論文からのコピーである。出所は，フリードマン・シュヴァルツ[3] p.304の Chart 29 である。長期利子率の社債利回りは，上昇し，国債利回りは，比較的，安定的であり，商業手形利回りは，だいたい，低下している。「利子率」がどうなったかを言うことは難しくなりそうである。つぎに，第14-4図を説明しよう。

第14-4図も，創価大学の加藤寛孝教授[12]の論文からのコピーである。出所は，U. S. Department of Commerce [17] 1975である。第14-4図においても，社債利回りは，やや，上昇し，国債利回りは，比較的，安定的であり，短期利子率は，ほとんど，低下している。第14-4図でも，「利子率」がどうなったかを言うことは難しくなりそうである。この「利子率」という言葉は，長期利子率なのか，短期利子率なのか，明白ではない。ただ，長期利子率よりも，短期利子率の方が目立つようである。

それでは，フリードマンは，1929年から1933年までの利子率を，どのように考えていたのであろうか。前述したが，フリードマンの貨幣数量説の理論において，利子率は低下するのである。したがって，フリードマンは，利子率として，短期利子率を考えていたのであろう。フリードマンは，利子率が低下して

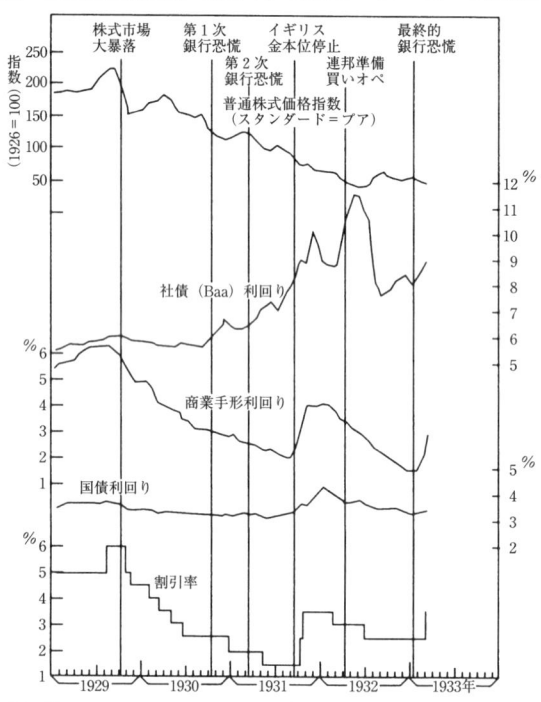

第14-3図　普通株式価格，利回り，およびニューヨーク連銀の割引率

[出所]　Friedman and Schwartz [3] 1963, p.304, Chart 29.
[日本語訳の出所]　加藤[12]41ページより．

いる，と考えている。フリードマンは，以下のように述べている。

「また現在のスイス，1929〜1933年のアメリカのように低水準かつ下降する利子率が通貨量の低い成長と結びついてきたかを説明している」(フリードマン[4]訳書，12ページ)。

したがって，1929年から1933年までの米国の大不況期において，理論的にも，経験的にも，利子率は低下している，とフリードマンは考えているのである[6]。

第14章　フリードマンの貨幣仮説批判　207

第14-4図　アメリカの利子率の水準（年率％）

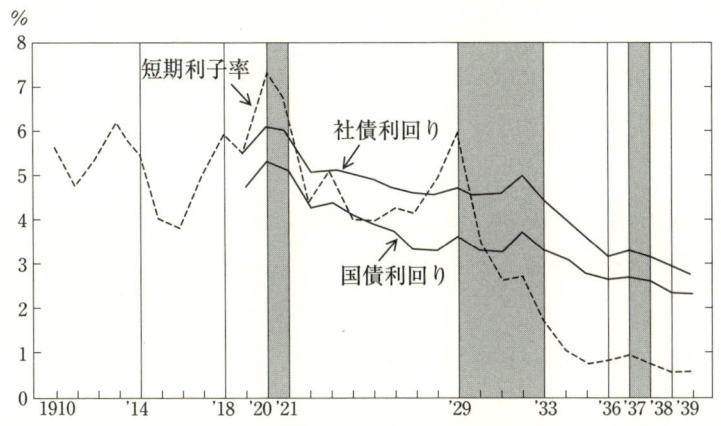

［資料］　U. S. Department of Commerce [17] 1975，短期利子率は p.1001, X445，国債利回りは p.1003, X474，社債利回りは p.1003, X477．
［日本語訳の出所］　加藤[12] 38ページより．

6．1929年から1931年

　もう一度，マンキューの話しをしよう．マンキューは，1929年から1931年において，実質貨幣残高が，若干，上昇したので，LM 曲線が，左に，シフトしないはずである，と主張して，フリードマンとシュヴァルツの「貨幣仮説」を批判している．しかし，この1929年から1931年というのは，物価が下がるデフレ期である．1929年10月の株式市場の大暴落以来，名目貨幣量も，物価水準も，個人所得も，低下しているのである．まさに，デフレ・スパイラルである．1929年8月から1930年10月までに，貨幣量は，2.6％も，減少していたのであるが，この時期の金ストックは増加していたのであった．すなわち，米国の中央銀行は，「金不退化政策」をとっていたのであった．このようなデフレ・スパイラルの時期に，貨幣量よりも，物価の方が，大きく，下落する場合もありうるであろう．この1929年から1931年という時期において，米国経済は，かな

り，不健全な状態であったといえよう。マンキューは，中央銀行に責任がない，と考えているようだが，中央銀行は，非常に大きな責任があったといえよう。そもそも，1929年10月には，株式市場の大暴落があり，1年後の1930年10月から，第一次銀行恐慌が始まっている。株式市場の大暴落から，第一次銀行恐慌までの1年間の間で，中央銀行は，やる気があれば，何か，できたはずであった。中央銀行は，実際には，ほとんど，何もしなかったのである。米国の中央銀行は，大きな責任があったといえよう。

7．ケインズとフリードマン

「ケインズとフリードマン」というタイトルは，あまりにも，範囲が広い。ここでは，1930年代の米国の大不況に関して，ケインズが，どのように，考えていたのか，ということを，フリードマンが，どのように，考えていたかを，述べよう。中央銀行が，拡張的な金融政策をしたにもかかわらず，大不況をくい止められなかったので，大不況に対して，金融政策は無効である，とケインズが考えていた，とフリードマンは考えている[7]。ケインズのそのような考え方は，誤りである，とフリードマンは考えている。1929年から1933年までに，貨幣量が，1/3も，激減していた。もし，中央銀行が，拡張的な金融政策を実施していれば，あの大不況をくい止められたであろう，とフリードマンは考えているのである[8]。また，フリードマンは，ケインズに対して，以下のように述べている。

「……，もしケインズが大不況についての事実を現在のわれわれほどに知っていたならば，彼は，このエピソードを彼がなしたようには解釈できなかったであろう」（フリードマン[6]訳書，207ページ）。

8．大不況に関する論争

　大不況に関する論争というのは，様々な側面がある。第1に，単純に，ケインジアン―マネタリスト論争である。第2に，貨幣に関する論争である。第3に，IS-LM論争である。第4に，貨幣と利子率の関係に関する論争でもある。これらの4つの側面は，相互に，密接に，関係しているであろう。ここでは，大不況に関する，ケインジアン―マネタリスト論争を，簡単に，取り扱う。ただし，大不況に関する，ケイジンアン―マネタリスト論争といっても，かなり，範囲が広いので，もっと，限定する。つまり，ケインジアン―マネタリスト論争の出発点である大不況である。つまり，「ケインズ革命」が成功し，ケインズ経済学が経済学界の主流派になったのであるが，その「ケインズ革命」の出発点は，「大不況」であったと考えられる[9]。また，「マネタリスト反革命」をした，フリードマンの研究の出発点も，大不況であった[10]。ケインズも，フリードマンも，出発点は，大不況の研究であった[11]。

　そこで，前述したが，中央銀行が，拡張的な金融政策をしたにもかかわらず，大不況をくい止められなかった，とケインズが考えていた，とフリードマンが考えていたのであった。しかも，そのケインズの考え方は，誤りである，とフリードマンは主張していたのであった。もし，そうであるならば，以下のようなことになる。ケインズは，大不況に関する歴史的事実を誤認して，ケインズ理論を作って，「ケインズ革命」を行った，ということになる。経済学者が自分の理論を作ることは問題ではない。問題は，大不況の原因についての事実に基づいた論争なしに，「ケインズ革命」が成功したことである[12]。

9．むすびにかえて

　前述したが，マンキューは，IS-LM分析を用いて，フリードマンとシュ

ヴァルツの「貨幣仮説」を，批判した。マンキューの主張は，ケインジアンのIS-LM分析を使っているので，ケインジアンのみの批判と考えられる。フリードマンは，IS-LM分析を好きではないのである。マンキューの主張を，見た時に，いつかは，マンキュー批判をしようと考えていたが，やっと，することができて，満足している。フリードマンがIS-LM分析を好んでいない，ということを，マンキューは知らないだけでなく，フリードマンの貨幣数量説を，十分に，理解していないようである。大不況期において，フリードマンは，利子率が低下していた，と考えているが，マンキューは，そのことを，まったく，わかっていなかったようである。フリードマン（[7]訳書，232ページ以下）は，貨幣数量説を，10個に，要約している。その10番目において，貨幣量と利子率は正比例する，とフリードマンは考えている。貨幣量の低下（あるいは，貨幣量の増加率の低下）は低い利子率をもたらすことになるのである。したがって，マンキューは，フリードマンの貨幣数量説を，十分に，理解しないで，フリードマンとシュヴァルツの「貨幣仮説」を批判したのである。その結果として，マンキューの「貨幣仮説」批判は，かなり，程度の低いものになってしまったといえよう。

　また，「ケインズ革命」と「マネタリスト反革命」の出発点である，大不況の研究は，ケインジアンのサイドからは，十分に，研究されなかったようである。つまり，「中央銀行が，拡張的な金融政策をしたにもかかわらず，大不況をくい止められなかったので，大不況に対して，金融政策は無効である」とケインズが考えていた，とフリードマンが考えていることである。フリードマンは，そのケインズの考え方は誤りである，と述べているのである。しかし，ケインジアンは，その問題について，ほとんど，反応していないのである。ひとつは，そのフリードマンのケインズ批判を知らないのであろう。もうひとつは，ケインズの考えていることを，100％，信頼しているのであろう。ケインズの理論を，信じて，疑わないのであろう。少なくとも，この問題に関して，十分に，議論されているとは言えないであろう[13]。マンキューは，かなり，程度

の低い「貨幣仮説」批判をする前に，この問題の議論をするべきであろう。おそらく，フリードマンとシュヴァルツの「貨幣仮説」を批判して，否定しておけば，この問題の議論をしなくても良い，とマンキューは考えているのであろう。マンキューだけでなく，ケインジアンは，この問題の議論をしなければならないであろう。

【注】
1）トービンは，以下のように述べている。
　「ミルトン・フリードマンが彼の理論的枠組みを提示したことに対して，われわれは感謝しなければならない。たしかに，彼がすすんで，巨視経済学の常套語つまりヒックス流の IS-LM 装置でもって彼の議論を表現したことによって，意見の交換は容易になった」（トービン，ゴートン所収[10]訳書，113ページ）。
2）四国学院大学の土井省悟教授は，フリードマンの文章を，以下のように訳している。「フリードマンによれば，IS-LM 分析は，コミュニケーションの手段としては扱いにくい理論構造であり，数量理論構造の方がはるかに便利であると考えていたけれども，IS-LM 分析の用語で説明したことによって誤解を与えてしまったことを謝罪している（Friedman[8]pp.315-316, 土井[1]74ページ）。
3）立教大学の西山千明名誉教授は，以下のように述べている。
　「さらにもう一つつけ加えると，ケインズ派の分析には LM・IS 曲線分析など，いろいろなものがあるけれども，それらは全部実質単位ではかられていて，どこにも物価のあらわれてくるところがない。それで，みんなどこかでうまくフワッとミスリードされて，まるでインフレ問題は出てこないように思い込んでしまっていた」（西山[15] 8ページ）。
4）フリードマンは，以下のように述べている。「こうした理由で，特に中央銀行関係者および広く金融界は，一般的に貨幣量の増加は利子率を下げる傾向をもっていると信じている。経済学者も異なった理由からであるが，同じ結果を受け入れている。経済学者は，自分の胸中に，負の勾配をもった流動性選好表を思い描いている。いかなる誘因があれば，人はより大きな貨幣量を保有しようとするであろうか。この答は，利子率を下げる以外にない。
　両者ともある点までは正しい。それまで増加し続けていたスピードよりも高い率で，貨幣の増加を早めると，最初のインパクトは，しばらくの間，それがない場合よりも利子率を多少下げることができるであろう。しかし，これはプロセスの初めだけであって，いつまでも続くわけではない。一層急速な率で通貨を増加させると，支出を刺激する。それは一つは低利子率による投資への刺激を通して

であり，もう一つは必要以上に高い現金残高が他の支出や相対価格に影響を与えるからである。しかしある人の支出は他人の所得である。所得の上昇は，流動性選好表と貸付けに対する需要を上昇させる。それは価格を上昇させ，それが貨幣の実質量を減少させるであろう。これらの三つの効果は，かなりすみやかに，1年そこそこで，利子率に対する下方への圧力を逆転させるであろう。その結果，1年とか2年とか多少長い期間をみれば，利子率はこうした手段をとらなかった場合の水準にもどる傾向をもつであろう。事実，経済には行き過ぎる傾向があるので，循環的な調整過程が始まればこれらの効果は一時的に，その水準以上に利子率を高めるきらいが十分ある。

かりに四番目の効果が現れた場合，またはそうなればことはさらに前進し貨幣の拡大率を高めれば高めるほど，利子率は通貨量の拡大を前提としない水準を下回るどころか，ますます上回ることは明白である。

……経験的に，低い利子率は——通貨量が緩慢に上昇したという意味で——金融政策が緊縮的であった証拠であり，高い利子率は——通貨量が急激に増加したという意味で——金融政策が緩和的であった証しである。こうした経験的事実は，金融界ならびに経済学者が一般に認めてきた方向とは，まったく逆の方向であった。

逆説的であるが，通貨当局には低い利子率を保つには一見反対方向とも思えたであろうが，デフレ的な金融政策をとることによって低い利子率を確保できたのである」（フリードマン[4]訳書，10ページ以下。）

「10. マネーサプライ残高伸び率の変更は，それが最初に金利に対して，上，下どちらかの方向へとむけて影響を与えるとすると，あとになってからは，それとちょうど反対の方向へむけて，影響を与える。通貨供給量増加率が大きければ大きいほど，最初は金利を下降させる傾向をもっている。ところが，時間が経過し，それが支出を増大させ物価の上昇を刺激していくにつれて，資金に対する借り入れ需要も増大させることによって，金利も逆に押し上げていく傾向をもつ。その上，その際に発生する物価の上昇は，実質金利と名目金利とのくい違いを発生させる。これこそが，ブラジルとかチリーとか韓国とかイスラエルのように，マネーサプライ残高増加率が最も高く，したがって物価上昇率も高い国において，金利も世界で最も高くなった理由である。

これとはちょうど反対に，マネーサプライ残高増加率が小さければ小さいほど，最初は金利を押し上げるが，それが消費を減少させ物価上昇率を引き下げていくにつれて，あとになるとそれは逆に金利を引き下げる傾向をもっている。これこそが，西独とかスイスのように，マネーサプライ残高伸び率が世界でも最も小さい国において，金利も最も低くなってきた理由である。

このようにマネーサプライ残高と金利との間には，初めとあととでは正反対の方向に働く関係が存在しているので，金融政策を運営するためには，金利はわれ

第14章　フリードマンの貨幣仮説批判　213

われを極めて誤らせがちな指標であると，われわれマネタリストは主張する」(フリードマン[7]訳書，236ページ以下。)
5) 立教大学の西山千明名誉教授も以下のように述べている。
「物価上昇期においてこそ高金利であり，物価下降期においてこそ低金利であるという実証的事実は，低金利こそが景気を刺激し，経済の高度成長をもたらすというケインズ派的思考をもって見れば，確かにパラドクシカルな状態である。ケインズは，こうして，19世紀から20世紀にかけての，英国の金利と物価との高い相関関係を明らかにした A. H. ギブソンの名前をとって，この状況をギブソン・パラドックスと名付けた。
けれども通貨の増発が，名目国民総生産と物価の上昇を必然的に発生させるのは，またその過程にあって，名目国民総生産と実質国民総生産との乖離を必至なものとさせる要素は，先述したように人びとの物価上昇期待効果と，期待適応効果である。この点を考慮にいれれば，上述の状況はパラドックスでも何でもない。それどころか，これらの効果を考慮にいれた時，実は金利と物価との間に高い相関関係が存在するのが，当然であることが理解できるばかりでなく，金融政策運営指標として，金利は全く不適当であることが判明する」(西山[15]122ページ以下。)
6) また，フリードマンは，別のところで，以下のように述べている。
「準備制度が1930年代に，まさに低金利政策にしたがっていると一般に考えられている。実際には割引率は歴史的基準によると絶対的水準からしても低かったけれども，短期資金の利子率をいままでみられなかった広い幅をもって上回っていた」(フリードマン[2]訳書，73ページ)。
「割引率は絶対的に見て低下したけれども，それはおそらく対応関係にある市場利子率，すなわち債務不履行の危険のない短期証券に対する利子率と比べて相対的に上昇したのである。したがって（市中銀行にとって——引用者挿入）割引はより魅力の少ないものになった。これは単に回顧的判断ではない。……1930年代の半葉に H. L. リードは……次のように述べている。『著者（リード）の意見としては，……割引率の低下はあまりにも急激であったというよりも，あまりにも漸進的であまりにも遅れをとっていたと思われるより強力な根拠があった』」(Friedman and Schwartz [3] p.341, 津ノ国訳[16]55ページ)。
7) フリードマンは，以下のように述べている。「ところが，他の学者たちとともにケインズも，『あの大恐慌に際して，金融政策は発動されたけれども成果をあげることができず，英国とりわけ米国において，中央銀行は金融緩和政策を実施したのに，消費を刺戟し増大させることができなかった』と，考えるようになってしまった。こうして，金融政策は馬の手綱のようなものであって，『馬を引っぱることはできても，これで馬を押し出すことはできない』のに似た働きしか，果たすことができないと，広範に信じられるようになった。また，これに似た

『馬を水のところまでつれてはいけても，馬が水をのむようにさせることはできない』といった警句が，学界や一般の人びとの間で，金融政策の役割りに関していわれるようになっていった」(フリードマン[7]訳書, 207ページ)。

「ケインズも当時の大部分の経済学者も，1929年から1933年にかけてのアメリカ大不況は，貨幣当局が強力な拡張政策をすすめたにもかかわらず発生したと信じこんでいた。当然のことながら，貨幣当局は当時不況打開のため全力をつくしている，全力をつくしてはいるが当局の制御しえない諸力のために努力も無効になっていると言明していた。そうして，ヘンリー・サイモンズとケインズもふくめて多くの経済学者は，当局の弁明をすくなくとも大部分受け入れた。わたくしの考えでは，何にもましてこの証拠のために，彼らは大不況が貨幣的に説明できないと信ずるにいたったのである。なぜならケインズ自身が，それ以前にはインフレーションと景気変動における貨幣量の重要な役割を受けいれただけでなく，このような見解を展開普及したのであったから……。ところが不況を貨幣的に説明できないようにみえたので，経済学界はケインズの新しい説をうけ入れることになったのである」(フリードマン[5]訳書, 19ページ)。

8) フリードマンは，以下のように述べている。「われわれが発見したことは，1929年から33年にかけて，米国では通貨供給量が実は3分の1も激減していたという事実であり，しかもこのような減少は，米国の中央銀行が実施したいと思えば，当時すでに容易に実施することができた政策を，実際に発動しさえしていたならば，完全にくい止めることができたのだ，ということであった。こうしてわれわれは，本当に金融緩和政策が実施され，その結果，通貨供給量の減少が防止されさえしていたならば，あの大恐慌が間違いなくはるかに穏やかで，はるかに短期間の不況に終わっていたに違いないという結論に，到達することとなったわけだった」(フリードマン[7]訳書, 207ページ以下)。

9) フリードマンは，以下のように述べている。「そもそもケインズ革命を発生させ，しかもこれを人びとに受け入れるようにさせた主要な原因が，『あの大恐慌は，その発生を金融政策が阻止することができなかったために，発生したのだ』と，広く人びとに信じられたことにあった点は，疑いない」(フリードマン[7]訳書, 206ページ)。

10) 立教大学の西山千明名誉教授も以下のように述べている。

「…フリードマンはそもそも1920年代末のあの大恐慌を，あれはケインズ派的状況ではけっしてなく，通貨供給が通貨当局によって激減されるという金融政策によってこそもたらされた，と主張している点です。これがフリードマンのマネタリズムの出発点です」(西山[9]190ページ)。

11) 創価大学の加藤寛孝教授は，以下のように述べている。

「1929～3年の『大縮小 (The Great Contraction)』と，それに続くニューディール回復過程を含めた1930年代のアメリカの『大不況 (The Great Depres-

sion)』は、現代史の一大転換期としてそれ自体非常に重要な研究対象であるが、現代の経済学にとってもそれは特別に重要な意義を持っている。なぜならば、この大不況についての当時の支配的な解釈こそは『ケインズ革命』の原点であり、これを否定するフリードマン＝シュヴァルツの貨幣主義的解釈は、まさに『貨幣主義反革命』の原点となるものだからである。したがって、この大不況の解釈は『ケインズ派対貨幣主義論争』のいわば基本舞台である」(加藤[13]181ページ)。
12) 創価大学の加藤寛孝教授は、以下のように述べている。
「まったく不思議なことには、『一般理論』の出現の契機となった大不況の原因についての、経験的証拠に基づく論争は全然行なわれなかった。したがって、『一般理論』の提供する『ケインズ・モデル』が大不況の正しい説明を与えているかどうかについての真面目な検討を経ることなしに、ケインズ主義への『大量改宗』が生じたわけである」(加藤[11]18ページ以下)。
　また、同志社大学の津ノ国脩氏も以下のように述べている。
「まず、ケインジアンは、財政政策に経済安定化政策として圧倒的な信頼を置く。しかし彼等にこのような姿勢をとらせる根本的な原因は、ケインズ理論が提出された大不況期に関する歴史的事実の認識の重大な誤りにもとづくものであったと言える」(津ノ国[13]83ページ)。
13) フリードマンは、以下のように述べている。
「実際のところ、ケインズ自身やその教えに従った他の経済学者たちが、大恐慌の過程において発生していた事実の本当の姿を知っていたとしたら、これらのケインズ派経済学者たちの理論的な考え方や、かれらが推奨したいろいろな政策の発展の動向は、実際に発生したものとは異なったものとなっていたに違いないと、私は考えている」(フリードマン[7]訳書、208ページ)。

【参考文献】

[1] 土井省悟「M.フリードマンの貨幣理論と利子理論」四国学院大学『論集』第75号、1990年12月。
[2] Friedman, M., *A Program For Monetary Stabiliry*, New York : Fordham University Press, 1960. 三宅武雄訳『貨幣の安定をめざして』ダイヤモンド社、1963年。
[3] Friedman, M.and Schwartz, A. J., *A Monetary History of the United States, 1867-1960*, Princeton : Princeton University Press, 1963.
[4] Friedman, M., "The Role of Monetary Policy," *American Economic Review*, March 1968. 新飯田宏訳『インフレーションと金融政策』日本経済新聞社、1972年。
[5] Friedman, M., *Dollars and Deficits*, 1968. 新開陽一訳『インフレーションとドル危機』日本経済新聞社、1970年4月。

［6］ Friedman, M., *The Counter-Revolution in Monetary Theory*, The Institute of Economic Affairs, 1970. 保坂直達訳・解説『インフレーションと失業』マグロウヒル好学社，1978年。

［7］ Friedman, M., *Money and Economic Development*, New York : Praeger Publishers, 1973. 西山千明編著『フリードマンの思想』東京新聞出版局，1979年。

［8］ Friedman, M., "Comments on Tobin and Buiter," in Jerome L. Stein ed., *Monetarism*, North-Holland, 1976.

［9］ フリードマン, M.・西山千明・内田忠夫・金森久雄・高坂正堯『フリードマンの日本診断』講談社，1981年。

［10］ Gordon, Robert ed., *Milton Friedman's Monetary Framework : A Debate with His Critics*, 1974. 加藤寛孝訳『フリードマンの貨幣理論──その展開と論争』マグロウヒル好学社，1978年。

［11］ 加藤寛孝「フリードマンの貨幣主義とケインズ批判」『創価経済論集』第11巻第2号，1981年9月。

［12］ 加藤寛孝「大不況再論──フリードマン＝シュヴァルツの貨幣主義的解釈を中心に──」『創価経済論集』第14巻第1号，1984年6月。

［13］ 加藤寛孝『幻想のケインズ主義』日本経済新報社，1986年。

［14］ Mankiw, G., *Macroeconomics*, Worth Publishers, 1992. 足立英之・地主敏樹・中谷武・柳川隆訳『マクロ経済学』Ⅰ・Ⅱ東洋経済新報社，1996年。

［15］ 西山千明『マネタリズム──通貨と日本経済』東洋経済新報社，1976年。

［16］ 津ノ国脩「『財政政策対貨幣政策』に関する小論──『大不況』の解釈をめぐるケインジアン・フリードマン・ケインズの視点の相違──」同志社大学『経済学論叢』第25巻第1・2号，1976年12月。

［17］ U. S. Department of Commerce, Bureau of the Census, *Historical Statistics of the United States, Colonial Times to 1970*, 2 Parts, Washington, D. C. : U. S. Gorvemment Printing Office, 1975.

［謝辞］ 本論文を作成するにあたって，創価大学の加藤寛孝教授より有益なコメントをいただいた。この場をかりて謝意を表したい。

第15章　フリードマンのマーケット・メカニズム

1．はじめに

　1989年のベルリンの壁の崩壊，1991年のソ連の解体，東欧と中国の市場経済化によって，資本主義対社会主義の対立は終わったようである。マネタリストの総帥であるミルトン・フリードマンは，早くから，マーケット・メカニズムを重視している資本主義経済を擁護していた。なぜ，マーケット・メカニズムを利用した資本主義が勝ったのか。当章では，フリードマンの考えているマーケット・メカニズム[1]について研究する。

2．フリードマンのマーケット・メカニズム

　「見えざる手」の資本主義経済か，計画経済の社会主義経済か，どちらが優れているのか。フリードマンは「見えざる手」の資本主義経済の方が優れていると考えている。前述したが，1989年のベルリンの壁の崩壊や1991年のソ連の解体等でわかるように，計画経済の国は繁栄せず，消滅してしまっている。これらの最近の経済的な大事件はフリードマンの理論が正しかったという証明の一部になるであろう。もちろん，フリードマンはこの主張を，つい，数年前から，しているのではない。ずっと，以前から，フリードマンはこの主張をし続けていた。1962年に，フリードマンは，『資本主義と自由』を書いているが，

この本の中で，フリードマンは「見えざる手」のマーケット・メカニズムを主張している。また，もちろん，ベスト・セラーとなったフリードマンの『選択の自由』においても，マーケット・メカニズムの重要性を主張している。

フリードマンは，『選択の自由』（[３]訳書94ページ以下）において，日本とインドを比較している。1867年の明治維新以後の30年間の日本と1947年の独立を達成した後の30年間のインドの比較をしている。80年間の時間のズレがあるが，当時の日本とインドは似た環境下にあった。たとえば，日本も，インドも，「古い文明」をもっていた。また，両国とも，高度に発達した文化をもっていた。また，両国とも，身分制度をもっていた。インドは「カースト制度」であり，日本は「士・農・工・商」であった。そして，日本も，インドも，一大政治変革があった。そして，有能な指導者たちが出現した。当時の日本とインドを比較すると，インドの方が有利であった。たとえば，日本は鎖国をしていて世界から孤立していたし，外の世界に関して無知であり，科学や技術の面で西欧諸国よりもはるかに遅れていた。また，日本人は，中国語とオランダ語を除けば，どんな外国語も読めないし，話せなかった。それに対して，インドは，日本よりも，はるかに，幸運であった。インドは，第一次大戦前に，すでに，大きな経済成長をしていた。イギリスの支配が終わったときに，すでに，高度に訓練された高い技術をもった官僚や近代的な工場や鉄道網がインドに残っていた。インドの指導者たちの多くは，イギリスで教育を受けていた。インドの方が日本よりも，はるかに有利であった。

しかし，インド経済は発展しなかった。日本経済は発展した。なぜか。それは経済制度の相違である。日本はマーケット・メカニズムが働く自由市場に依存したのに対して，インドは中央集権的計画経済に依存してしまった。以上がフリードマンの『選択の自由』（[３]訳書94ページ以下）の要旨である。それでは，なぜ，マーケット・メカニズムが働く自由市場に依存すると，経済が発展するのか。マーケット・メカニズムには３つの機能がある。それらは，①情報伝達，②誘因提供，③所得分配，である。①情報伝達については，価格体

系が存在すると，情報が与えられるということである。価格体系の情報は，素早く，効率的で，安く，与えられる。②誘因提供というのは，価格体系が存在すると，何をどうやって，仕入れて，どのような生産方法を採用すれば，採算が合うから，やれるということを教えてくれるということである。③所得分配については，価格体系が存在すると，いくらの賃金で仕事をするか，あるいは，労働者を雇うか，ということを教えてくれることになる。しかも，この3つの機能は，相互に，密接に関連している。なぜなら，価格体系が存在すると，この3つの機能は，いつも，同時に，機能するからである。

また，フリードマンは，マーケット・メカニズムがないところで，経済が繁栄し，自由が達成されるのを，人類の歴史上，知らないと主張している。「それにしても，自発的な交換が支配的な組織原理ではなかったというのに，経済的な繁栄も人びとの自由も達成するのに成功したという社会を，人類の歴史上でわれわれはひとつも知らない」(フリードマン[3]訳書17ページ)。

3．アダム・スミスの後継者

フリードマンは，アダム・スミスの後継者である。アダム・スミスの自由主義思想は，「レッセ・フェール」とか「自由放任主義」という言葉でいわれている。「自由放任主義」というと，一見，「無政府主義」を意味するように考えられがちであるが，アダム・スミスは政府の仕事を認めている。フリードマンも，政府の仕事を認めている。フリードマンは『選択の自由』([3]訳書46ページ以下)において，アダム・スミスの『国富論』を引用している。フリードマンは政府の仕事として，3つの政府の仕事を引き継いでいる。その3つとは，①国防，②司法・行政，③公共事業，である。アダム・スミスの3つの政府の仕事に加えて，フリードマンは，第4の政府の仕事を追加している。それは，「責任を果たすことができない個人」(たとえば，子供，精神病患者等) の保護である。この4つの政府の仕事は，マーケット・メカニズムではどうにもなら

ない。したがって，政府にやってもらわなければならない，とフリードマンは考えている。したがって，フリードマンは，スミスから，① 国防，② 司法・行政，③ 公共事業，の政府の仕事を学び，④「責任を果たすことができない個人」の保護，を追加している。④ が加わっているが，本質的には，スミスの考え方を受け継いでいるといえよう。政府の仕事は，法と秩序の維持であり，ゲームにおける審判の仕事である，とスミスとフリードマンは考えている。したがって，自由主義思想において，スミスとフリードマンは，ほとんど，同じであるといえよう。

4．自由主義は社会主義に勝ったのか

　自由主義は，社会主義に勝ったといえよう。長い間，自由主義と社会主義は対立してきた。お互いに，経済がより発展すると思っていたのであった。1989年のベルリンの壁の崩壊や1991年のソ連の解体によって，ほぼ，勝負がついたといえよう[2]。リーダーのソ連だけでなく，東欧の諸国も社会主義を見限り，市場経済化を目指しているのである。龍谷大学の藤永安雄教授は以下のように述べている。

　「1989年の東欧の大変動と91年のソ連の解体によって社会主義体制は政治的にも経済的にも完全に敗北したといわざるをえない。では一体どうしてこういう事態を招いたのか，現在多くのマルクス主義者は沈黙ないし茫然自失の状態である。いろいろさまざま議論はあるにしてもいまだに出口を見出せない状態である」(藤永[6]162ページ)。

　藤永教授によると，社会主義体制は政治的にも経済的にも完全に敗北したのである。また，マルクス経済学者は沈黙しているか，あるいは，茫然自失の状態であるらしいし，出口を見出せない状態であるらしい。したがって，現時点(1995年)において，自由主義は社会主義に勝ったといえよう。また，今後，社会主義を目指す国は，おそらく，ないであろう。

5．不平等

　たとえ，自由主義が社会主義に勝ったとしても，マーケット・メカニズムでは，貧富の差が，ますます，開き，不平等が，ますます，助長される，とマーケット・メカニズムはよく批判されている。したがって，マーケット・メカニズムは人間的な暖かさがなく，非人格性がある，とよく批判されている。ある人は事業に大成功して，大金持ちになり，ある人は事業に失敗して，1円もなくなってしまう人もいる。マーケット・メカニズムは貧富の差をつくり出すだけであるという批判である。また，資本主義経済は富裕な者が貧困者を搾取する体制である，ともいわれている。これに対して，フリードマンは，ソ連，中国，インドのような計画経済の国にも「貧富の差」が存在していて，しかも，計画経済の国の「貧富の差」の方が，資本主義の「貧富の差」よりも大きい，と主張している。そして，資本主義の発展が「貧富の差」を縮小してきた，とフリードマンは考えている[3]。たしか，7～8年位前のアンケートで，日本人は「中流意識」を持っている人が大部分であったようである。経済が発達した国の方が，「貧富の差」は，少ないといえよう。

　そもそも，計画経済の社会主義諸国は「平等」をひとつの目標にしていたのであるが，結果として，経済は発展せず，貧富の差は，ますます，拡大し，ますます，不平等な国になってしまった。これは偶然ではない。そもそも，「平等」という言葉には，ふたつの意味がある。ひとつは「結果の平等」であり，もうひとつは「機会の平等」である。社会主義の目指した平等は「結果の平等」である。「結果の平等」は自由とも両立しない。

　フリードマンは以下のように述べている。「いまやすべての人びとが，生活や所得で同一水準にならなければならないとか，競争の決勝点において同一線上に並ぶようにしなければならない，というのだ。このような『結果の平等』は，明らかに自由と衝突する。この『結果の平等』を推進しようとする人びと

の努力こそが，政府をいっそう巨大化させたり，政府による自由への制限を生み出す主要な源泉となったりしてきたのだ」(フリードマン[3]訳書206ページ)。

競争の決勝点で同じところにいるというのは「結果の平等」であり，実際，もっと，能力がある人は「なんらかの命令」によって全力を出しきる自由を奪われていることになる。「結果の平等」と自由は，明らかに，矛盾することになる。フリードマンの主張している平等は「機会の平等」である。フリードマンは以下のように述べている。「平等とは，『機会の平等』を意味するようになってきた。すなわち，すべての人は，目的を追求していくにあたって，自分自身の能力を使用するのに，どんな恣意的な障害によっても妨げられることがあってはならない，という意味での『機会の平等』だ。今日でもこの意味での平等が，アメリカの大半の市民たちにとって，平等が何を意味するかに対する支配的な考えだ」(フリードマン[3]訳書205ページ以下)。

そもそも，人間の能力は1人1人が，皆，違っている。したがって，競争をしたときに，様々な結果になるのが当然のことである。それを同じ結果にするためには，命令とか規制が必要になり，自由が制限されることになってしまう。したがって，「平等」という場合，「結果の平等」でなくて，「機会の平等」を考えなくてはならない。下の者が上に追いつく自由もあれば，上の者が下の者に追いつかれる自由もあるのが，「機会の平等」である。このように，マーケット・メカニズムには社会的な移動性があるのである。日本の江戸時代のように，「士・農・工・商」という身分制度があった時代では，いかに，能力があっても，その能力を発揮する自由がなかったわけである。このように，マーケット・メカニズムは多様性と自由を含んでいる。

6．差　別

「5．不平等」で貧富の差はマーケット・メカニズムで，縮小させていると述べたが，「差別」については，どうであろうか。「差別」についても，資本主

義の発展は差別の程度を弱めている，とフリードマンは考えている。たとえば，八百屋に行って，トマトを買う場合，誰がトマトを育てたかは問題でなくなる。日本人なのか，中国人なのか，黒人なのか，白人なのか，クリスチャンなのか，ユダヤ教信者なのか，仏教徒なのか，共産党員なのか，民主党員なのか，ということが問題でなくなる。マーケット・メカニズムのすばらしいことは，お互いに，名前も知らない人々が協力しあうことである，とフリードマンは考えている[4]。また，ある商品が，特定の宗教とか，特定の人種によってつくられたのがわかった場合，マーケット・メカニズムを無視して拒否する自由もあるが，もし，そうすると，確実に，その人が損をすることにもなるのである。フリードマンは以下のように述べている。

「特定の宗教的・人種的・社会的集団の経済活動の上での特殊なハンディキャップ，すなわち，いわゆる不当な差別が，資本主義の発展とともに大幅に縮小してきたことは一つの目ざましい歴史的事実である。身分制度を契約制度に取り換えたことが，中世の農奴を解放する第一歩であった。中世を通じてユダヤ人たちが生き残ることができたのは，公式の迫害にもかかわらず，彼らが活動し自活することを可能にさせた市場部門が存在したからである」(フリードマン[２]訳書123ページ)。

7．大恐慌

「見えざる手」のマーケット・メカニズムを利用する資本主義経済は内部矛盾があり，大恐慌となり，結局，自滅するしかない，とよくいわれている。この考え方はマルクス経済学者がよく考えている理論であるが，しばしば，ケインジアンの立場に立つ経済学者もこの考え方をしている。ケインジアンの立場に立つ経済学者は，大恐慌にならないために，政府の財政政策を強く主張している。資本主義経済の内部矛盾のために大恐慌になり，結局，資本主義経済が自滅する，とフリードマンは考えていない。そもそも，内部矛盾のために自滅

したのは計画経済の諸国であった。もちろん，これは単なる結果論である。そこで，最もよく知られている1929年から始まった大恐慌について，フリードマンの考え方を述べよう。1929年から始まった大恐慌は米国の中央銀行である連邦準備銀行の金融政策の失敗であった，とフリードマンは考えている。貨幣量が減少して，1929年10月24日（暗黒の木曜日）に株式が大暴落したわけであるが，1929年10月に，大規模で拡張的な金融政策は行われなかった。大規模で拡張的な金融政策が行われたのは1932年4月のことであった。1929年から1932年4月までの間，連邦準備銀行は，ほとんど，無能な中央銀行であった。貨幣量が減少して，経済が不況になっているデフレ状態と考えられた1931年10月に，ニューヨーク連邦準備銀行は公定歩合を1.5%から，3.5%へと引き上げるという誤った金融政策を行っていた。このような中央銀行の金融政策の失敗で，大恐慌になってしまったわけである。いつの時代でも，貨幣量を減らす政策を採用して，貨幣量が減少すれば，不況になるのは当然の話であって，フリードマンの貨幣数量説の否定ではなくて，悲劇的な貨幣数量説の証明であった。したがって，貨幣量の減少を放置していた中央銀行の金融政策の失敗が大恐慌の原因である，とフリードマンは考えている。したがって，1929年からの大恐慌は資本主義経済の内部矛盾でなく，「市場の失敗」でもない。前述したが，マルクス経済学者は「みえざる手」のマーケット・メカニズムの資本主義経済は，かならず，自滅すると信じているようである。たとえば，立命館大学の甲賀光秀教授は以下のように述べている。

「第一次大戦後の革命的情勢をきりぬけた独占資本主義諸国は，『相対的安定期』をむかえたが，1929年にはふたたび世界資本主義をまきこむ世界大恐慌を勃発させた。……独占資本が支配するもとでは，資本主義的な市場のメカニズムにのみゆだねていたのでは，資本制社会の維持・再生産は不可能となった」（甲賀［9］211ページ以下）。

また，関西学院大学の小西唯雄先生も以下のように述べている。

「一方，市場経済は，競争による重複・ムダを生じるし，また『無政府的生

産』によって恐慌・失業をくり返し、ついには破滅せざるをえないということになる。いま、これらについて詳説する余裕はないが、このような筋書は、まことに明快かつ『論理的』であって、多くの人々が『社会主義の勝利』を確信したのも、十分に首肯できるところがある」(小西[8]2ページ以下)。

1929年から始まる大恐慌の解釈は、経済学の流派によって相違があるが、あの大恐慌が資本主義経済の内部矛盾と解釈するのは正しくないであろう。

8．批　　判

フリードマンのマーケット・メカニズム擁護の理論には様々な批判がある。たとえば、立命館大学の山口正之教授は以下のように述べている。「消費者の欲求は、企業の宣伝広告によって操作されつくりだされるものだというガルブレイスの『依存効果』の主張などは頭から黙殺する」(山口[14]119ページ)。消費者は企業の宣伝広告によって大きく影響されるはずなのに、フリードマンは、ガルブレイスの依存効果を全く無視していると批判されている。フリードマンはガルブレイスの依存効果について以下のように述べている。「したがって、広告などの自由競争が行なわれている世界では、広告はそれによって欲望をつくるというよりも、人々の欲しているものを見いだす過程のものだと思います。……

なんらかの変化もない完全に静的な世界においては、広告はムダであることは確かでしょうが、新製品、新たな供給者などの登場する動態的変化の摩擦を伴う現実の世界においては、広告が情報の拡散のために必要なのです」(フリードマン[4]74ページ以下)。フリードマンは、宣伝の効果がある場合もあるし、ない場合もあると考えている。宣伝はひとつの過程であり、良い商品ならば、売れるであろうし、悪い商品ならば、売れないと考えていて、全く無視しているというわけではない。

また、よく、マーケット・メカニズムは、非人格的で、人間味がない、と批

判されている[5]。「6．差別」の注4）で，フリードマンを引用したが，人でなくて，価格の方が差別が少なくなるし，かえって，価格の方が人間味が出るのである。また，マーケット・メカニズムを利用している資本主義経済は経済が発展し，貧富の差の程度が縮小し，福祉も充実してくるので，人間味も増加しているといえよう[6]。

9．日本の場合

　日本は，明治時代以後，資本主義国であるので，マーケット・メカニズムを利用して，経済的には発展してきた。しかし，最近，よくいわれている「行政改革」・「規制緩和」・「小さな政府」等を考えてみると，政府が大きくなり過ぎていると考えられる。裏返していうと，民間部門が，それだけ，小さくなっていることになる。本来，マーケット・メカニズムが働いている市場においては，価格は需要と供給によって決定されるのであるが，政府や都道府県の命令によって決定されているものが多い。この点を考えてみると，将来の日本経済がどうなるか心配でもある。一応，日本は資本主義の国となっているのではあるが，かつての国鉄のように，国によって経営されていたものは効率が悪かった[7]。日本のコメは国によって管理されてきたので，旧ソ連の計画経済と同じように，効率が悪くなってきている。したがって，すぐに，とはいわないが，理想的には，10年位で，自由化すべきであるが，なかなか，そのようになりそうもない。

　現在（1995年）の日本経済は，バブル経済の反動で，平成不況になり，やや，回復に向かっているようであるが，これは貨幣の問題である。バブル期には，貨幣量は10％以上で増加していたし，平成不況期には，貨幣量は0％近くまで，増加率は低下してしまっていた。貨幣量の変化が激しいときは，マーケット・メカニズムが機能しにくくなるので，中央銀行である日銀は貨幣の変化を少なくし，フリードマンの主張しているX％ルールを行うべきであろう。

10. マーケット・メカニズムと貨幣数量説

　フリードマンの経済学には，2本柱がある。ひとつは「見えざる手」のマーケット・メカニズムの自由主義思想であり，もうひとつは貨幣数量説である。マーケット・メカニズムが働いている資本主義経済は繁栄するはずであるが，貨幣面における安定性がないと，マーケット・メカニズムが働きにくくなってしまう。この2本柱は根っこでつながっている。したがって，フリードマンは貨幣を安定的に供給するX%ルールを主張しているのである[8]。

11. むすびにかえて

　1989年のベルリンの壁の崩壊や1991年のソ連の解体や東欧の市場経済化は歴史的な大事件であるが，フリードマンはこれらの社会主義諸国の末路を知っていたようである。自由主義経済に対抗している計画経済では，自由も少なくなるし，経済も発展しない，とフリードマンは主張し続けてきた。1962年の『資本主義と自由』や1979年の『選択の自由』を読めば，社会主義諸国の崩壊を予測しているようであるのがわかる。「7. 大恐慌」で述べたが，フリードマンは大恐慌の分析もしている。大恐慌の原因は，「市場の失敗」ではなくて，「政策の失敗」である，としている。大恐慌も歴史的な大事件であるが，フリードマンは大恐慌の原因を分析し，かつ，資本主義経済と計画経済を分析し，資本主義経済の方が発展しやすいという結論を出していた。計画経済では，経済がよくないので，福祉も十分でなく，貧富の差も縮小しない。計画経済の社会主義体制は「平等」と「効率」の名の下に，多くの人々を引き付けてきたが，「平等」と「効率」は幻想でしかなかった。

　反対に，マーケット・メカニズムを利用する資本主義諸国は経済が発展し，貧富の差が縮小し，差別も少なくなっている。もっとも，差別は，現在もある

が，今後も，なくならないであろうが，程度は，より少なくなっていくであろう。フリードマンは，マーケット・メカニズムを利用して，底辺の人々に焦点を合わせ，底辺の人々の生活を豊かにしようとしている，庶民（消費者）の味方なのである。そもそも，プライス・メカニズムで，生産者でなくて，消費者に決定権を与えているのである。

　フリードマンのマーケット・メカニズムの分析は範囲が広く，とても，すべてをカバーできない。マーケット・メカニズムと「自由」との関係は切っても切れない関係であるが，当章では「機会の平等」と「結果の平等」という点で，ちょっと，触れたに過ぎない。また，マーケット・メカニズムにおいて，「負の所得税」や「最低賃金法への反対」や「授業料クーポン制」や「変動相場制」や「小さな政府」の主張がある。また，医者や弁護士の免許制度の廃止の主張もある。一見，過激発言のように思えるが，よく考えると，納得させられてしまう。フリードマンの思想には，常に，個人の自由を大事にする考え方が流れている。今後，日本経済は，「行政改革」，「規制緩和」，「小さな政府」ということが重要視されるであろう。フリードマンのマーケット・メカニズムを利用した自由主義思想は日本経済に役立つことは疑いがないであろう。

【注】
1) マーケット・メカニズムと関連している用語，あるいは，同義語は，非常に，たくさんある。たとえば，価格機構，プライス・メカニズム，市場機構，市場制度，市場システム，市場経済システム，市場メカニズム，自由競争原理，自由主義経済，市場経済，競争原理，自由な経済活動，競争市場，自由経済，資本主義経済，自由市場機構，市場経済機構，市場原理，新保守主義，新自由主義，である。

2) 早稲田大学の東條隆進教授も以下のように述べている。「1991年の社会主義国ソ連邦の解体は資本主義体制を超克する目的で建設された社会主義の実験が挫折したことを意味した。
　　それでは，このことが新古典派経済学の勝利を意味するであろうか。たしかに市場の価格機構なしには経済は合理的に運営され得ないと主張した点でアダム・スミス以来の古典派経済学・新古典派経済学の伝統の勝利であったと言えよう」（東條[13]73ページ）。

また，滋賀大学の福田敏浩先生も以下のように述べている。
「西ドイツによる東ドイツの吸収合併によって，たしかに思想的には，エアハルト著の『万人のための福祉』が『マルクス・エンゲルス全集』に勝った，と言えるかもしれない」(福田[7]278ページ)。
また，東京大学教養学部の杉浦克己教授も以下のように述べている。
「社会主義の実験は失敗した。ソ連という近代国家も崩壊し，共産党は権力の座を追われた。この基本的原因は，公的所有制度に基づく計画経済体制が，アメリカとの冷戦を遂行しつつ，国民の経済的要求を満たすのに失敗したことを示している。これまでにもソ連経済には，共産党を中心とする権力的な抑圧の体制があり，労働組合も労働者大衆から遊離して，大衆が無権力，無権利状態に陥っているため，労働意欲が低下してしまうと問題にされてきた。そのうえ，計画経済自体に起因して無駄な在庫が増大するなど，経済体制も非効率なものとなった。経済政治制度自体が権力の座に安住した共産党を堕落させ，抑圧され支配された人民の恨みを蓄積した。制度は決定的に硬直化してしまっているのに，日々改善され共産主義の理想社会が実現されつつあるとの虚偽がまかり通って，人民はその幻想を幻想と知りつつ従わざるをえなかったのである。だから権力は実にもろく瓦解した。
ソ連の社会主義は決してすべての社会主義実験を試みたものではないし，むしろ偽の社会主義の試みであったといってよい。しかしその失敗はプロレタリア独裁そのもの，さらに全面的な国有化と計画経済そのものの不可能なことを示している。いわゆるブルジョア的な自由と民主主義そして市場は不可避であることを確かにした。これまでのところ，ソ連の崩壊と東欧革命は，事実上資本主義への革命をもたらしたといえよう。中国は社会主義市場経済を唱えているが，金銭崇拝が蔓延してしまって，まさに最もどぎつい資本主義化への道を進んでいる」(杉浦[12]224ページ以下)。

3) フリードマンは，以下のように述べている。
「資本主義がこれに代わる組織体制よりも不平等を少なくし，資本主義の発展は不平等の程度を大いに縮小してきたということである。場所と時間のどちらを通じて比較してみても，この見解はひとしく確認される。スカンジナビア諸国，フランス，英国および米国のような西洋の資本主義社会では，インドのような身分社会とかエジプトのような後進国においてよりも，不平等が格段に小さいことは確かである。ロシアのような共産主義諸国との比較は，証拠資料が少なくて信頼性も低いのでいっそう困難である。しかし，特権階級とその他の階級との生活水準の格差によって不平等を測定するならば，このような不平等は資本主義諸国のほうが共産主義諸国においてよりも決定的に小さいということは十分にありうる」(フリードマン[2]訳書190ページ)。
「過去一世紀において，自由市場資本主義は，このような不平等を増大させ，

富裕な者が貧困者を搾取する体制だとする神話が広がってきた。

これほど真理から遠い考え方はない。自由市場の運営を許されているところや,『機会の平等』へと近づいていくことが許されているところではどこでも,通常の人々がかつては夢みることさえできなかったような生活水準を,次から次へと達成することができてきている。自由市場の運営を許されていない社会はどの社会でも,富裕な人と貧困な人との格差が増大していき,富裕な人はよりいっそう富裕となり,貧困な人はより貧困となってきている。このことは,相続した社会的身分が社会的立場を決定していく中世紀のヨーロッパや独立以前のインド,現代の南アメリカにおける諸国家のように,封建社会において真実だ。政府にとり入ることができるかどうかが社会的立場を決定する今日のソ連,中国,インドのような,中央集権的に計画されてきた社会においても,まさにこのことが発生している。これらの三国のように,平等の名において中央集権的計画が導入された国では,このような状態が必ず起きている」(フリードマン[3]訳書234ページ)。

4) フリードマンは,以下のように述べている。

「競争的資本主義と差別の問題ですが,こんなことを考えましょう。かりに,カリフォルニア州の農場が国有化され,社会主義体制のもと,政府によって運営されているとします。その経営をだれにやらせ,だれを雇うかは,当然に政府の役人が決めます。そこにはまず間違いなく差別の要素が入ってきます。それは日系人を締め出す差別かもしれませんし,逆に日系人を進んで雇おうということかもしれませんが,いずれにしてもなんらかの主観的な決定がされることは避けられません。

ところが,自由市場組織で運営されている場合は全く違います。私が八百屋へ行ってトマトを買う。そのトマトを育てたのは,日系人か中国系人か黒人か,クリスチャンかユダヤ教信者か仏教徒か,共産党員か民主党員か共和党か……などということは,これっぽっちも意識しません。

自由市場機構がすばらしいのは,おたがいに顔も名前も知らない人びとが,おのずから協同する,という状態をつくり出す点にあります。トマトを育てた人は,私が買うとは知らずに,私に協力してくれているのですからね」(フリードマン[10]30ページ)。

5) 広島経済大学の吉澤昌恭先生は,以下のように述べている。「市場機構には尚人々の不満の種となる特質が存在する。即ち,それは人間性を欠いた,全くの非人格的な機構なのである (吉澤[15]73ページ)。

6) バトラーは,以下のように述べている。

「フリードマンは,市場制度が,何よりも早く物理的財の価値を引き上げ同時に選択をも促進し,多様性に拍車をかけ,社会的に恵まれない人々の福祉を充実しまた同時に我々が,物質的繁栄と同様に重要だとみなしている他の非経済的な物の価値をも引き上げるすばらしい能力を有すると説いたが,これはフリードマ

ンにとって単なる理論上の推測ではなく，経験に基づいた事実であった」(バトラー［1］訳書252ページ)．
7) J.R.になる20年以上も前に，フリードマンは，日本の国鉄について，以下のように述べていた．
　「日本の経済については，十分に知りませんが，しかし，私は何故政府によってなされるのかその理由の分らない一つの大きな公共的事業を知っています．私は，現在公共の基金から補助を受けている鉄道のことについて言及しているのです」(フリードマン［5］72ページ)．
8) 立教大学の西山千明教授は，以下のように述べている．
　「マネタリズムが主張する通貨供給率の適正化は，マーケット・メカニズムが順調に働くために不可欠な条件の一つである．たとえば，昭和48年以降の『大インフレ』の過程において，マーケット・メカニズムがどんなに歪んでしまったかは，詳しく説くまでもないことと思う．通貨供給増加率がその適正値から大きく逸脱した結果，狂乱物価が発生し，その結果明らかに所得の分配面において不公正が発生し，資源の最適配分は失われ，労働と資源はインフレ利潤のある部分へと流れていき，マーケット・メカニズムの効率も大きく減退した．賃金を含めて相対価格体系が，大きく歪んでしまったことはいうまでもない」(西山［11］59ページ)．

【参考文献】

［1］ Butler, E., *Milton Friedman: A Guide to his economic thought*, Gower publishing Company Limited, 1985. 宮川重義訳『フリードマンの経済学と思想』多賀出版，1989年10月．
［2］ Friedman, M., *Capitalism and Freedom*, The University of Chicago Press, 1962. 熊谷尚夫・西山千明・白井孝昌訳『資本主義と自由』マグロウヒル好学社，1975年11月．
［3］ Friedman, M. and Friedman, R., *Free to choose──A Personal Statement*, 1979. 西山千明訳『選択の自由──自立社会への挑戦』日本経済新聞社，1980年5月．
［4］ ミルトン・フリードマン・安井琢磨・館龍一郎・藤野正三郎・藤田晴「金融・財政の効果と限界」『週刊 東洋経済』臨時増刊第3308号，1966年9月27日．
［5］ ミルトン・フリードマン・大来佐武郎「日本経済はインフレへの道」『経済往来』第15巻第8号，1963年8月1日．
［6］ 藤永安雄「資本主義は勝利したか，マルクス主義は不毛か──走り書き的覚え書き──」龍谷大学『経済学論集』第33巻第1号，1993年6月．
［7］ 福田敏浩「新自由主義と社会的市場経済」滋賀大学『彦根論叢』第285・286号，1993年11月．

［8］　小西唯雄「市場経済体制と競争政策」関西学院大学『経済学論究』第47巻第4号，1994年1月。
［9］　甲賀光秀「新自由主義思想の時代錯誤性と反動性」『経済』第217号，1982年5月1日発行。
［10］　西山千明編『フリードマンの思想』東京新聞出版局，1979年6月。
［11］　西山千明『マネタリズム――通貨と日本経済』東洋経済新報社，1976年8月。
［121］　杉浦克己「市場と国家」山口重克編『市場経済――歴史・思想・現状』名古屋大学出版会，1994年4月20日。
［13］　東條隆進「市場経済と秩序政策㈠」早稲田大学『早稲田社会科学研究』第46号・『早稲田人文自然科学研究』第43号合併号，1993年3月。
［14］　山口正之「フリードマンの『選択の自由』と独占資本主義」『経済』第196号，1980年8月号。
［15］　吉津昌恭「新自由主義(2)」広島経済大学『経済研究論集』第5巻第3号，1982年8月。

第16章　フリードマンの小さな政府

1．はじめに

　「小さな政府」対「大きな政府」は，かって，ケインジアンとマネタリストの古典的な論争点のひとつであった。時代は流れ，現在は，各国が「小さな政府」を目指しているようである。日本でも，「小さな政府」，「規制緩和」，「行政改革」，「財政改革」という言葉を，よく，耳にするようになった。これらはマーケット・メカニズムと密接に関係している。フリードマンはマーケット・メカニズムを信奉し，「小さな政府」を主張している。前回の『徳山大学論叢』第43号[15]で，「フリードマンのマーケット・メカニズムについて」というタイトルで，簡単に，フリードマンの政府観を述べたが，当章では，なぜ，政府が小さい方がよいのかを，もっと詳細に研究する。

2．フリードマンの小さな政府

　前述したが，前回の『徳山大学論叢』第43号[15]46ページで，フリードマンの政府観を簡単に述べた。フリードマンは，アダム・スミスの後継者であり，アダム・スミスと同様に，小さな政府を主張している。政府の仕事は，国防，行政，司法，公共事業，責任を果たすことができない個人の保護，である，とフリードマンは考えている。政府の仕事は，法と秩序の維持であり，ゲームに

おける審判者である。政府は審判者を超えて競技者になってはいけない, とフリードマンは考えている。政府の仕事以外は市場経済に任せた方がよい, とフリードマンは考えている。アダム・スミスの「見えざる手」のマーケット・メカニズムは, 市場経済において, 効率的に働く, とフリードマンは考えている。したがって, 政府は小さい方がよいのである。1846年の「穀物法」廃止後の英国と19世紀の米国は政府が小さかったので, マーケット・メカニズムが働き, 自由が拡大し, 経済が繁栄した, とフリードマンは考えている[1]。政府の仕事が多くなり, 政府が大きくなると, 政府の介入が多くなり, 自由が少なくなり, 高率の税になり, 経済が悪化する, とフリードマンは考えている。したがって, フリードマンの政府観では, 絶対に,「小さな政府」でなければならないのである[2]。

3. 無政府主義ではない

前回の『徳山大学論叢』[15]46ページでも述べたのであるが, フリードマンはアダム・スミスの後継者である。アダム・スミスの自由主義思想は「レッセ・フェール」とか「自由放任主義」といわれているので, よく, 無政府主義と間違えられる。フリードマンの「小さな政府」は, けっして, 無政府主義ではない。また, アダム・スミスも, けっして, 無政府主義ではない。フリードマンも, アダム・スミスも, しなければいけない政府の仕事を認めている。ただ, そのしなければいけない政府の仕事は, 大きくない方がよい, とフリードマンとスミスは考えているのである。無政府主義は魅力的ではあるが, 実現不可能である, とフリードマンは考えている[3]。

4. 不必要な大きな政府

政府が大きくなると, マーケット・メカニズムが働きにくくなり, 経済が停

滞し，税金が高くなり，自由が少なくなる。政府の活動は，ひとたび，始められると，廃止されるのが，なかなか，難しいものである。既得権益を維持しようとする勢力が出てくると，その既得権益の被害者は反対するのか。そうではない。その既得権益の被害者は広範に散らばっていて，団結力が弱いのである[4]。既得権益者にとって，何千万円の問題でも，既得権益の被害者は，たったの10円位の問題であるのが普通であり，なかなか，まとまりにくいのである。このようにして，政府は，ますます，大きくなり，官僚の支配力が強化され，自由は，ますます，制限されるようになる。既得権益を維持しようとする人は善意であり，けっして，誤っているとは思っていない。自分たちの利益は国の利益と考え，「保護」とか，「雇用の維持」とか，「公衆の利益」という美名の下に，政府の統制を要求する。結果として，政府は関税や輸入割り当て制度やその他の多数の規制を設けることになり，官僚支配が強くなり，政府は大きくなり，自由は，ますます，限定されるのである。大きな政府は経済発展にとって大きな障害である，とフリードマンは考えている。

5．福祉国家の末路

英国とスウェーデンは福祉国家として成功したといわれているが，高率の税金のために国民は不満を抱いている。福祉国家は，大きな政府以外の何ものでもないのである。労働生産性と実質所得の伸び率が停滞し，高率のインフレと重税感に国民は不満をつのっている。財政赤字と高率の税金と労働意欲の減退と経済の停滞というのが福祉国家の実状である[5]。大きな政府の福祉国家とマーケット・メカニズムは，両立しないのである。

6．消費者保護

特殊な利益団体と官僚支配によって，消費者は大きな損失を被っているので

あるが，それでは，誰が消費者を守ってくれるのか。もっとも有効な保護は国内における自由競争と世界における自由貿易である，とフリードマンは考えている[6]。独占は自由競争と自由貿易によって消滅する，とフリードマンは考えている。政府の監督・管理よりも，自由な市場の方が消費者には役に立つ，とフリードマンは考えている。市場には，貧弱な商品とか，見かけ倒しの商品がある。これらの貧弱な商品とか，見かけ倒しの商品を見張るのは，政府の役人でなくて，市場の方がよい，「市場に任せよ」とフリードマンは考えている。質が悪くて，高い価格の貧弱な商品や見かけ倒しの商品を小売商人が提供すれば，お客は，だんだん，買わなくなる。その小売商人はへたな商売のやり方をしていることになる。ひいきにしてくれたり，いつも買ってくれたりする顧客を獲得できる方法ではなく，いずれは，その小売商人は倒産してしまうであろう，とフリードマンは考えている。

「市場に任せよ」といわれても，消費者は十分な知識がなく，判断できないのではないか，という質問があるが，市場に任せておけば，消費者は，いろいろな方法を利用できる，とフリードマンは考えている。たとえば，デパートを利用することである。デパートは消費者に代わって，商品の品質を検査してくれていることになる。また，商品の「ブランド」とか，「のれん」は消費者にとって，品質の十分な価値判断の基準になる，とフリードマンは考えている。独占は経済によい影響を与えないが，政府による独占禁止法の強化や公正取引委員会の予算の増加よりも，前述したが，国内の自由競争と世界を通じる自由貿易の方が独占を消滅させるのであり，独占を退治するのに，大きな政府はいらない，とフリードマンは考えている。

7．流れは変わるか

大きな政府が小さな政府に，どうすればなれるのか。別の言い方をすれば，政府はどうしたら制限できるのか。世界各国の大きな政府は小さな政府に向か

い始めているのか。フリードマンは『選択の自由』[4]の第10章で「流れは変わり始めた」というタイトルで述べている。大きな政府に反対する流れが生じていて，世界の流れは変わり始めている。英国では，1979年の選挙で，マーガレット・サッチャーが大勝利を収め，保守党政権を樹立した。スウェーデンでは，1972年に，40年間，政権を担当した社会民主党が敗北した。フランスでは，物価と賃金への政府の統制を排除し，政府の介入を少なくする政策が実行された。米国では，反税運動という反乱が引き起こされ，カルフォルニア州では，「提案13号」が可決された。スウェーデンや英国やフランスや米国の小さな政府を求めての動きは，大きな政府に反対する動きであるといえよう。しかし，これらの動きだけで，完全に流れが変わったともいえないであろう[7]。大きな政府から，小さな政府にするのは非常に困難なことであろう。州レベルと連邦レベルでの支出の制限を憲法修正条項に入れることを，フリードマンは提案している[8]。しかし，流れを変えることは，なかなか，難しいことであろう。

1988年のモンペルラン・ソサイエティの世界大会のフリードマンの基調講演では，流れが良い方向に向かっているものと，悪い方向に向かっているものを，フリードマンは，指摘している。良い方向に向かっているのは，民営化へ向かっての世界的な運動やモンペルラン・ソサイエティの世界大会に約300人もの人々が出席したことであった。悪い方向に向かっているのは，世界に保護貿易主義が台頭していることや，当時の西独の政府支出が国民所得の50％近くになっていることや，間接税の問題であった。間接税を導入した国は大きな政府になってしまっている，とフリードマンは考えている[9]。

8．減　税

「7．流れは変わるか」で，フリードマンは政府支出の制限を提案しているが，さらに，もうひとつのことを追加している。それは減税である。これは，1994年6月のわたくしの論文[14]15ページで，すでに，述べているが，重要で

あり，追加したいこともあるので，もう一度，説明する。要するに，財源がなければ，政府支出を拡大することができなくなるので，減税が小さな政府に向かう最良の方法である，とフリードマンは考えている[10]。もちろん，重要な目的の政府支出があるので，「増税をしよう」などということがなければ，小さな政府に向かうはずである。小さな政府に向かうということは，同じことであるが，「行政改革」や「財政改革」にもなるのである。フリードマンが主張しているように，政府に，本気で，「行政改革」や「財政改革」をしてもらうためには，減税が最良の方法なのである。しかし，日本の場合は，間接税である3％の消費税を導入し，1997年には，5％にし，その後も，消費税の税率は上昇していくであろう。残念なことに，日本の場合は，増税をしてしまっているので，今後は，大きな政府にならざるをえないであろう。したがって，日本は消費税を導入すべきではなかったし，早い時期に，廃止した方がよいといえよう。

　非常に，奇妙であり，信じられないことであるが，慶應義塾大学の加藤寛教授は，1982年当時は，「小さな政府」，「行政改革」，「財政改革」，「増税なき財政再建」論者であり，消費税には大反対の立場であった。1982年当時の加藤寛教授は新自由主義のフリードマンに，かなり，近い立場であり，ほとんど同じような考え方をしていたといえよう。1982年の加藤教授は以下のように述べている。

　「ところが，大蔵省財政当局は，すでに83年以降については，増税が必要であるという考え方に立って，『増税なき財政再建』を否定しようとする考え方がある。これは明らかに誤りであって，もし真剣に行政改革をやろうと思うならば，『増税なき財政再建』ということで退路を断っておかなければならない。もし逃げ道があることがわかったならば，真剣になって行政改革をやる気がしなくなるだろう。

　そのことから考えて，私は，増税ということを，いまここでは少しも考えてはならないと思う。むしろ減税ができるような工夫を積極的にすべきであって，

増税をするなどということはもってのほかである。その意味で，増税をわれわれは認めるわけにはいかない。これは臨調の行政改革をむしろ惑わすものである。財政当局も，このような観点に立って，82年以降の財政についても『増税なき』を念頭において努力してもらわなければならない。

しかし，81年度の経済が必ずしも好調に回復することができなかったということから，税収が次第に減少する傾向を示している。そのために，約1兆円の収入が82年度については足りないという見通しが次第に明らかになっている。そこで，この分については増税をしたいというのが財政当局の考えであるが，大型増税ではないので，われわれとしてもそれは認めてもよいと思っている。

つまり，退路を断つ，増税をしないという考え方は，大型消費税を採用するというような新しい税を認めてはいけないということである。そのような大型税を認めれば，政府は，財政が足りなくなればいつでも税率を上げることによってそれを補うことができると，簡単に考えがちだからである。したがって，その意味では，大型税の採用ではない増税ならば，ある程度認めることができる」(加藤[10]76ページ)。

「『増税なき財政再建』ということで退路を断っておかなければならない」，「行政改革」，「減税」，「増税をわれわれは認めるわけにはいかない」，「『増税なき』を念頭において努力してもらわなければならない」，「大型消費税を採用するというような新しい税を認めてはいけない」と加藤教授は，1982年に，述べていたのである。このように，1982年の加藤教授は「増税なき財政再建」論者であり，「行政改革」論者であり，「小さな政府」論者であり，消費税に大反対の主張をしていたわけである。1982年当時の加藤教授と，わたくしは考え方が，ほとんど，同じなのである。しかし，現在は，加藤寛慶應義塾大学名誉教授は，消費税導入の最高責任者と考えられる政府税制調査会の会長になっている。なぜか？　時代が変わったからなのか？　何なのかは，わたくしには，全く，わからない。

9. 日本の場合

　1989年に消費税が導入され，1997年には，税率が現行の3%から，5%にアップするように，すでに，決定されているので，日本経済は，ますます，大きな政府に向かっているといえよう。しかも，この税率は，3%，5%，7%，10%，15%とアップすれば，ますます，大きな政府になるであろう。そうなれば，行・財政改革は，単なる，掛け声倒れに終わってしまうであろう。そうなると，日本経済の発展は，あまり，望めなくなってしまうであろう。この消費税があるかぎり，行・財政改革は，ほとんど，ダメであり，小さな政府は，ほとんど，無理であり，日本経済の将来は悲観的にならざるをえない。現在の日本の平成不況についても，消費税の影響が，かなり，あるのではないか，とも考えている。とくに，消費税のために，消費需要が低迷している大きな要因になっているのではないだろうか。

　ところで，フリードマンは日本が大きな政府になるのを，ほとんど，予測していたみたいである。フリードマンは以下のように述べている。「日本も同様な失敗をおかすことになるかもしれない。しかし日本の傑出した諸特徴のひとつは，外国から輸入された技術や社会的諸制度を自分なりの利用の仕方へと適応させる能力だ。したがって，おそらく日本はわれわれがおかした失敗を回避できるのではないだろうか」(フリードマン[4]訳書 iii ページ)。ここで，フリードマンは矛盾したようなことを述べている。ひとつは，「日本も同様な失敗をおかすことになるのかもしれない」であり，もうひとつは，「おそらく日本はわれわれがおかした失敗を回避できるのではないだろうか」である。つまり，一方で，「失敗をおかすことになるのかもしれない」であり，もう一方で，失敗を回避できるのではないだろうか」と述べている。しかし，これは矛盾ではないであろう。「失敗をおかすことになるのかもしれない」が本音であり，「失敗を回避できるのではないだろうか」が建前であり，お世辞と考えれば，矛盾

ではなくなる。誰でも、未来のことは、100％予測はできない。しかし、ある程度、フリードマンは、日本の「大きな政府」については予測していたのであろう。

1982年当時の加藤寛慶應義塾大学教授も、日本が「大きな政府」である、と考えていた。加藤教授は以下のように述べていた。

「このようなわけで、現在の日本は、小さな政府のように見えるけれども、その政府自体が民間の足かせになっているというところに問題があるのであって、ほかの国と比べてみて公務員数が少ないとか多いとか、あるいは一般政府支出が大きいとか小さいとかいうことは余り意味のないことである。それよりもそれぞれの国にとって大切なことは、行政が民間経済の活力をいかに損なわないようにしているかということであって、たとえ公務員の数が少なくても、あるいは財政規模は小さくても、それが民間経済の活力を失わせているならば、それは大きな政府と同じ意味だということを私たちは理解しておかなければならない」(加藤[10]74ページ)。

「8．減税」のところで、前述したが、1982年当時の加藤教授は、フリードマンの新自由主義の考え方に近い考え方をしていたようであった[11]が、消費税導入の最高責任者である政府税制調査会の会長になってからは、考え方が180度変わってしまった。なぜならば、1982年の加藤教授は消費税反対論者であったが、政府税制調査会会長になってからは、消費税賛成論者になってしまっている。なぜ、変わったのかは、本人に尋ねてみなければわからないことであるので、これ以上の推測は止めておいた方がよさそうである。

10．むすびにかえて

「1．はじめに」で述べたが、「小さな政府」対「大きな政府」の論争は、ケインジアンとマネタリストの論争のひとつであった。しかし、最近は、この「小さな政府」対「大きな政府」の論争を、あまり、しなくなったようである。

なぜか？　おそらく，世界中の資本主義諸国が大きな政府になり過ぎたためであろう。日本も，ますます，大きな政府へと向かっている。そして，「財政赤字」や「行政改革」や「規制緩和」の問題が生じている。また，1997年に，消費税が3％から5％にアップするときに，また，様々な議論が生じるのではないかと考えられる。フリードマンは新自由主義の立場で，『資本主義と自由』や『選択の自由』を書いたのであるが，このふたつの本は，現在の日本経済に応用できることが非常に多い。『選択の自由』が出版されたのは，1980年であり，『資本主義と自由』が出版されたのは，驚くことに，1962年である。33年前に，出版された経済学の本が，現在でも，生きていて，役に立つということは，驚くべきことであろう。これは，フリードマンの洞察力がすばらしかったということであろう。

　最後に，しつこいようだが，もう一度，言いますが，消費税があるかぎり，「小さな政府」は望めそうにない。「行政改革」や「規制程和」も望めそうにない。消費税があるかぎり，ますます，マーケット・メカニズムが働きにくくなり，自由が少なくなり，経済発展が望めなくなる。したがって，消費税は廃止しなければならない。この考え方は，1982年当時の慶應義塾大学の加藤寛教授と，ほとんど，同じ考え方なのである。それでは，財源問題はどうするのか，という質問が出るであろうが，それは，国民の合意の下での「負の所得税」がベストであろう[12]。

【注】
1) フリードマンは，以下のように述べている。
　「他にもふたつの例があり，それはイギリスとアメリカだ。……
　その結果，イギリスはどうなったか。経済成長は急速だった。通常の市民たちの生活水準は，劇的に改善されていった。まさにこのためにこそ，逆に，ディケンズやその他の当時の小説家たちによって感動的に描き出された，あの取り残された貧困や悲惨さが，いっそう目につくようになった。生活水準の向上につれて，人口も増大していった。イギリスは世界に対する支配力や影響力を増大させていった。しかも，これらのいっさいのことは，イギリス政府支出の国民所得に対

する割合が減少していった間においてこそ，発生したのだ。イギリス政府の支出は，十九世紀の初期には国民所得の約25％だったが，イギリスがその国力と栄光の絶頂に達した1897年，つまりヴィクトリア女王を祝った祭典の年には，国民所得の約10％にまで，その割合が下降していた。

……ニューヨーク市の道路は，けっして金では舗装されていなかった。しかし，一所懸命に働き，倹約をし，進取の気性に富んでいれば，移民たちが捨ててきた旧世界では，想像することさえ不可能だったような報酬がもたらされた。新しい移民たちは，アメリカの東部から西部へと広がっていった。それにつれて，いろいろな市が次から次へと樹立され，ますます広い国土が耕作されるようになっていった。アメリカはいっそう繁栄し，ますます生産的になっていき，移民たちはその繁栄をわかちあった。
　……
　政府支出の規模は，政府がどんな役割を果たしているかを計測できるひとつの目盛だ。大戦争が発生した年を別にすれば，1800年から1929年まで，アメリカの政府支出は国民所得の約12％を超えなかった。しかもその三分の二は，州政府その他の地方政府によって，主として公立学校や道路のために支出されていた。1928年においてさえも，アメリカの連邦政府による支出は，国民所得のただの約3％でしかなかった」(フリードマン[4]訳書57ページ以下)。

2) フリードマンは「小さな政府」を主張しているが，もちろん，程度問題もあるであろう。したがって，小さければ，小さいほどよいということではない。フリードマンは以下のように述べている。「私は，国民所得に占める政府の吸収割合が，できるだけ少ないほうがよいとはいっておりません。大きくないほうがよいといったのであって，この二つの意味はまったく別ものです。私が報告に書きましたことは，政府が国民所得の大きな役割を吸収することは，経済成長に反するということです。これは，その割合が小さいほどよいということと同じではない。

政府が何らかの重要な役割を持っていることについては，私も皆さんに同意します。そうした役割のために，政府がある程度の吸収を行なうことは必要だが，その役割は正しいものでなくてはならないし，吸収の割合はあまり大きくてはいけない。実際に，この割合が大きくなると，政府が行なうには不適切なものまで政府が行なうようになる」(フリードマン[6]69ページ)。

極端にいうと，治安維持もできない警察ではダメであろう。この意味では，政府が小さ過ぎるのであろう。しかし，今日のように，世界各国の政府が大きくなり過ぎている現状では，「小さければ，小さいほど，よい」と，一般論では，いってもよいであろう。

3) フリードマンは，以下のように述べている。
　「これらの点において政府が必要とされるのは，絶対的な自由が不可能だから

である。無政府が哲学としてはいかに魅力的であろうとも，不完全な人間の世界ではそれは実現不可能である。人びとの自由は相互に衝突することもありうるし，そのような場合には，ある人の自由は他の人の自由を守るために制限されなければならない——かつて最高裁判事が述べたように，『自分の握りこぶしを振るわたしの自由は，あなたの下あごが近くにあることによって制限されなければならない』」(フリードマン[3]訳書29ページ)。

また，立教大学の西山千明名誉教授も以下のように述べている。

「はじめにまずことわっておかなければならないのは，実にこっけいなことに，たいへん多くの人びとが，マネタリズムの発祥の根源であるシカゴ学派を目して，シカゴ学派はなんでもかんでもマーケット・メカニズムを至上原理として振りかざし，レッセ・フェール(自由放任)を主張して，政府なんかなくてもいい，それでうまくいくという主張をしている，などといっていることである。これほど，シカゴ学派の主張の真の中身を知らない無責任な放言はない」(西山[13]24ページ)。

4) フリードマンは，以下のように述べている。

「どの国でも，民主主義体制の初期には，物事はうまく行きます。けれども，そのうちに，あるグループが自分たちのための特別な利益を，多数決原理の下でかちとります。すると他のグループが続いて同様なことをします。こうして，際限のない連鎖反応が発生してきます。

しかも，そのような特別の権利がいったん立法化されると，それを排除するのは至難なことになります。いったん立法化されて行政に組み込まれてしまうと，その既得権益を維持し，守ってゆこうとする新しい勢力が生まれるからです。その特殊権益の被害者が当然いるのですが，そういう人びとはたいてい広範に散らばっています。団結して，一部の人のための特殊権益を排除する運動に立ち上がる——というのは難しいのです」(フリードマン[12]20ページ以下)。

5) 立教大学の西山千明名誉教授は，以下のように述べている。

「けれども，われわれが『福祉社会』を主張するに当って知らなければならないことは，いまや『福祉国家』の時代は去ったという事実である。1920年代の末期を一つの転機として，世界の各国において試みられた『福祉国家』——それは『官僚国家』のまたの名前であった。物価の統制を説くのはやさしい。社会福祉の国家負担を叫ぶのはやさしい。けれども，教育費の財政負担であれ，医療費の社会化であれ，それらはすべて例外なしに官僚機構の巨大化と公的部門による権力の強大化につながるものであることを，われわれは決して忘れてはならない」(西山[11]72ページ)。

フリードマンも，以下のように述べている。

「スウェーデンの福祉国家はいまやジレンマに陥っている。そのイデオロギーはいっそうの財政支出を求めている。……ところがスウェーデンの市民たちはも

はや納税の飽和点に到達しており，これ以上の増税は人びとによる抵抗の対象としかならない。……そのスウェーデン人たちがいっそう高率となる税金に対抗する方法は，同国の経済にとって弊害をもたらすやり方においてこれを行うという方法以外には，もはやなくなってしまっているのだ。増大していく公共支出は，そもそも福祉経済がその上に立っている経済的基礎そのものを浸蝕しているのだ」(フリードマン[4]訳書453ページ)。

ハーバード大学のダニエル・ベル名誉教授も以下のように述べている。
「高福祉が招く財政赤字と勤労意欲・生産意欲の低下
まず，最も驚くべき問題は社会福祉である。40年ほど前，マルクス主義では『資本主義国家は戦争にはカネを払っても福祉には払わない』と主張していた。だが，今日の資本主義国家を苦しめているのは，まさにその福祉なのである」(ダニエル・ベル[1]97ページ)。

6) フリードマンは，以下のように述べている。
「民間の独占であろうが政府による独占であろうが，独占は消費者に対する大きな危険だ。これに対する消費者のためのもっとも有効な保護は，国内における自由競争であり世界を通じる自由貿易だ。消費者は自分たちが購入することができ，また自分たちに販売しようと一所懸命になっている他の販売者が併存しているということによって，特定の販売者から搾取されることがないように保護されている。供給源がいくつかあり，これに対する選択の自由をもっているということが，世界中の『ラルフ・ネーダー』を全部集めたよりももっと有効に消費者を守ってくれる」(フリードマン[4]訳書359ページ)。

「では，どうやったら消費者を保護することができるのでしょうか。いやそれより，いま，消費者はどうやって保護されているのでしょうか。答えは明らかでしょう。これこそ否定しようのない正解だと思うのですが，消費者保護に最も効果的な手段は，自由競争なのです。国内における自由競争と世界における自由貿易——民間の自由市場で自由な競争が行なわれることこそ，最高の消費者保護だと言えるでしょう。消費者に対する最大の危険がどこからくるかといえば，それは独占です。民間の独占，公共の独占を問いません。一つがだめなら，いつでも別の供給源があることが，消費者保護の原点でもあり，目的でもあります。　Aさんが消費者をだましたり，不当に高い料金を請求したりするなら，いつでもBさんのところへ行けること。それこそが大切なのです」　　(フリードマン[2]訳書174ページ)。

7) フリードマンも，以下のように述べている。
「このような反動は結局のところ短命に終わり，しばらくの時間を置いて，あらためていっそう巨大な政府へ向けての反動傾向が再び発生することになるかもしれない。現在のところ，政府による税金やその他の規制を減少させようとする人びとの情熱は広範にあるが，自分以外の人に利益をもたらしている諸政策は別

にして，政府の諸政策それ自体までを廃止させようという情熱とはなっていない。巨大な政府に対する反動は，激しいインフレによって触発されてきた。このようなインフレを克服することが政治的に有利なことがわかれば，各国政府はこれを克服することができる。もしも各国政府が実際にこうしてインフレを克服すれば，このような反動は弱められ，さらには消え去っていくことになるかもしれない」（フリードマン［4］訳書441ページ以下）。

8）フリードマンは，以下のように述べている。

「われわれが提案している憲法修正条項は，州レベルであろうが連邦レベルであろうが，立法者たちが予算割り当てをすることができる金額に制限を設けることによって，彼らの立法活動が行える条件を変更する。この憲法修正条項は政府に対して制限された予算しか与えず，その使い道は前もって特定化されており，立法者たちだけでなく選挙民たちも，それぞれ制限ある予算内においてしか，活動できないようにさせる」（フリードマン［4］訳書473ページ）。

9）フリードマンは，以下のように述べている．

「その第1は付加価値税といった間接税の問題です。この税制度は，経済的にはこれを弁護して言うべきことが，数多くありますが，困ったことに政治的には，いったん，この制度が樹立されてしまうと，有権者達の眼には見えなくなってしまう制度です。そうであればこそ，これが導入されてしまえば，その税率を引き上げられたり，課税の対象を操作されたりするのを避けることができず，私が知っている限り，この税制度を導入した国は例外なしに，先進諸国のなかでこれを導入しなかったどの国よりも，国民所得において政府支出が占める比率が，高い水準となってしまっているのです」（フリードマン［5］75ページ）。

10）フリードマンは，以下のように述べている。

「われわれは，政府支出の爆発的増大を食い止めなければならず，それには減税以外に効果的な方法がないように思う。個人のレベルで考えれば，節約のための最も効果的な方法は収入を減らすことである。政府は税収を超えて多額の支出を行うことができるといっても，無限に多くではない。個人ほど収入に制約されるわけではないが，それでも制約は存在する。そして制約が存在する以上，税収を減らすことが政府に節約を促す効果的な（私が思うには唯一の）手段となる。われわれはあらゆる機会を捕え，あらゆる口実を見つけ，あらゆる方法で減税を行なわなければならない」（フリードマン［2］訳書299ページ）。

フリードマン夫人も，以下のように述べている。

「当時同州では，州税の額を，前年度の個人所得の一定割合以下に抑えるという内容の州憲法改正案が持ち上がっていましたが，ミルトンは，この改正案を支持するために，同州にでかけていたのです。ミルトンはここ数年来，こうした税率の制限こそ，政府の役割を削減してゆく唯一の方法であるとの信念を固めてきています。使える資金が少なくなれば，いやでも支出の優先順位を考えざるをえ

ないだろうというわけです。そうなれば，政府機関や特殊権益団体は，大衆の財布から勝手にお金を引き出すことができなくなり，資金需要の正当性を，他との比較において証明しなければならなくなるでしょう。ミシガン州の改憲運動は実りませんでしたが，ミルトンと考えを同じくする人々や団体は今後も政府の水ぶくれを防ぐための運動を続けてゆくでしょう」（ローズ・フリードマン[8]鶴岡訳223ページ以下）。

11) 加藤寛教授は，フリードマンの『奇跡の選択』[7]の監訳者になっていて，「監訳者のことば」として以下のようにも述べている。

「こうしたわけで，現在の日本は，小さな政府のように見えるけれども，その政府自体が民間の足かせになっているところに問題があるわけで，ほかの国と比べて公務員数が少ないとか多いとか，あるいは一般政府支出が大きいとか小さいとかいうことはあまり意味がない。

それよりも，それぞれの国にとって大切なのは，行政が民間経済の活力をいかに損なわないようにしているかということである。たとえ公務員の数が少なくても，あるいは財政規模は小さくても，それが民間経済の活力を失わせているならば，それは大きな政府と同じ意味なのだ」（加藤[7]21ページ）。

また，この本の表紙において，加藤教授は以下のように述べている。

「フリードマンは本書で社会経済のあるべき姿を具体的かつあざやかに論じているが，それは驚くほどそのまま日本にも当てはまる。本書ほど今日の日本にとって，それも行革により景気回復をめざすわれわれにとって大きな教訓を与えてくれるものはない。広く読まれることを期待したい」（加藤[7]の表紙の宣伝文）。

また，加藤教授は，別のところで，1981年に，「行政改革」と「増税」と「小さな政府」について以下のように述べている。

「だから小さな政府を目指しているのではなくて，小さくしないと効率もあがらないし，その効率をあげることによって，これからますますふえてくるものを何とか少なくしようということ，それが大きな目的だと思うのです。

……その差をどうやってバランスをとるかということになれば，増えるものをおさえることが先なんですから，増税ということをやる前にやはり政府がここで効率的な，あるいは何とか削減をするという形でがんばってみなければいけないのではないかということが，いま言われている行政改革の基本だと思うわけです」（加藤[9]6ページ）。

12)「負の所得税」について，詳しくは，吉野[14]をみていただきたい。

【参考文献】

[1] ダニエル・ベル「破産寸前!! 高福祉追求の社会民主主義モデル」『週刊ダイヤモンド』第82巻第16号，1994年4月16日．

［2］　Friedman, M., *Bright Promises, Dismal Performance──An Economist's Protest*, 1983. 西山千明監修・土屋政雄訳『政府からの自由』中央公論社，1984年2月。
［3］　Friedman, M., *Capitarism and Freedom*, The University of Chicago Press, 1962. 熊谷尚夫・西山千明・白井孝昌訳『資本主義と自由』マグロウヒル好学社，1975年11月。
［4］　Friedman, M. and Friedman, R., *Free to choose──A Personal Statement*, 1979. 西山千明訳『選択の自由──自立社会への挑戦』日本経済新聞社，1980年5月。
［5］　ミルトン・フリードマン・西山千明・嘉治佐代共訳「自閉する自由社会への警告──モンペルラン・ソサイエティ　1988年世界大会基調報告──」『中央公論』1989年2月号。
［6］　ミルトン・フリードマン・安井琢磨・館龍一郎・藤野正三郎・藤田晴「金融・財政の効果と限界」『週刊 東洋経済』臨時増刊，第3308号，1966年9月27日。
［7］　Friedman, M. and Friedman, R., *Tyranny of the Status Quo*, 1984. 加藤寛監訳，林直嗣・大岩雄次郎訳『奇跡の選択──自由経済をはばむものは何か』三笠書房，1984年。
［8］　Friedman, R., "Milton Friedman : Husband and Colleague──(1)～(12)," *The Oriental Economist*, Vol. 44 No. 787, May 1976 ～ Vol. 45 No. 802, Aug. 1977. ローズ・フリードマン「夫・ミルトン・フリードマンの人と思想」『週刊 東洋経済』臨時増刊号　No. 30(1974年10月)・No. 41(1977年7月)。鶴岡厚生訳『ミルトン・フリードマン──わが友，わが夫』東洋経済新報社，1981年7月。
［9］　加藤寛・大熊一郎・橋本龍太郎・根岸毅・小山敬次郎「大きい政府か小さい政府か──行政改革の背景と焦点──」『三田評論』1981年7月号。
［10］　加藤寛「減税を可能にする行革の焦点」『経済往来』第34巻第1号，1982年1月。
［11］　西山千明『自由経済──その政策と原理』中公新書 373，1974年9月。
［12］　西山千明編『フリードマンの思想』東京新聞出版局，1979年6月。
［13］　西山千明『マネタリズム──通貨と日本経済』東洋経済新報社，1976年8月。
［14］　吉野正和「フリードマンの負の所得税について」『徳山大学論叢』第41号，1994年6月。
［15］　吉野正和「フリードマンのマーケット・メカニズムについて」『徳山大学論叢』第43号，1995年6月。

第17章　フリードマンの行政改革

1．はじめに

　「行政改革」という言葉は,「小さな政府」とか,「規制緩和」とか,「プライス・メカニズム」という言葉と密接な関係がある。かつて, 筆者は「フリードマンの小さな政府について」[11]と「フリードマンのマーケット・メカニズムについて」[12]というタイトルで,『徳山大学論叢』に, 論文を書いたが,「行政改革」としては, まだ, 書いていなかった。もちろん, 密接な関係があるので, オーバーラップするかもしれないが, 当章では, フリードマンの行政改革を研究する。そして, 橋本首相の行政改革を考えてみることにする。

2．潮流の変化

　フリードマンは, 1980年の『選択の自由』[4]の第10章で,「流れは変わり始めた」というタイトルで書いている。世界の流れが「大きな政府」から「小さな政府」になっている, と述べている。英国では, マーガレット・サッチャーが大勝利を収め, 保守党が政権を取った。スウェーデンでは, 1972年に, 40年間にわたって政権を担当してきた社会民主党が敗北した。フランスでは, 物価と賃金の統制を排除するようになった。米国では, 反税運動が引き起こされ, とくに, カリフォルニア州において,「提案13号」が可決された。また, 世界

の先進資本主義諸国の財政赤字が大きくなり，ますます，「大きな政府」から「小さな政府」への流れを加速させた。財政赤字が大きくなったため，「行政改革」が望まれるようになった。「大きな政府」の経済がうまくいかないことに失望して，国民は，「小さな政府」と「行政改革」と「規制緩和」を望むようになってきた。

3．選　挙

　「行政改革」は政府の支出を少なくすることであり，政府の権力を少なくすることである。ひとたび，政府が支出を行えば，時代が変って，不必要になったとしても，なかなか，政府の支出は減らないし，減らないばかりか，増えていってしまう傾向がある。そこには，特殊利益団体と族議員と官僚の強力なトライアングルがある。この強力なトライアングルを崩すことが「行政改革」なのである。また，この「行政改革」が実行されれば，「小さな政府」が実現されるのである。フリードマンは，この「行政改革」のひとつの方法として「選挙」を挙げているが，「選挙」だけでは成功しないと考えている。つまり，政府の権力や政府の支配力や政府の諸政策を廃止したり，改善することを主張している政治家を「選挙」する方法であるが，この「選挙」の方法は，間違いなく，失敗する，とフリードマンは考えている[1]。

4．証明書

　どんな政府による介入政策も，利益と費用が調べられなければならない。また，その政府による介入政策を主張する人は，自分の責任において，費用よりも，利益の方が大きいということの証明書を提出しなければならない，とフリードマンは考えている。なぜ，このような証明書を提出しなければならないのかという理由は，政府の介入が正当化されないということではなくて，政府

の介入の費用の査定が難しいのと，政府の活動は，ひとたび，始まると，廃止されるのは，ごく，まれであるからである[2]。もちろん，この利益と費用の証明書の提出だけで，「行政改革」が成功するとは，フリードマンも考えていないであろう。この証明書だけで，「行政改革」がうまくいくのであれば，先進資本主義国の政府は，とっくに，「小さな政府」となっているであろう。

5．減　税

　フリードマンは，「行政改革」の方法として「減税」を挙げている。財源がなければ，政府支出を拡大しにくくなり，「行政改革」をするしか方法がないのである[3]。フリードマンの「減税」と同じようなことを主張している人がいる。「増税なき財政再建」と「行政改革」と「小さな政府」を実行しようとした人がいる。その人は，1982年当時の慶應義塾大学の加藤寛教授である。加藤寛教授は以下のように述べている。
　「ところが，大蔵省財政当局は，すでに83年以降については，増税が必要であるという考え方に立って，『増税なき財政再建』を否定しようとする考え方がある。これは明らかに誤りであって，もし真剣に行政改革をやろうと思うならば，『増税なき財政再建』ということで退路を断っておかなければならない。もし逃げ道があることがわかったならば，真剣になって行政改革をやる気がしなくなるだろう。
　そのことから考えて，私は，増税ということを，いまここでは少しも考えてはならないと思う。むしろ減税ができるような工夫を積極的にすべきであって，増税をするなどということはもってのほかである。その意味で，増税をわれわれは認めるわけにはいかない。これは臨調の行政改革をむしろ惑わすものである。財政当局も，このような観点に立って，82年以降の財政についても『増税なき』を念頭において努力してもらわなければならない。
　しかし，81年度の経済が必ずしも好調に回復することができなかったという

ことから，税収が次第に減少する傾向を示している。そのために，約1兆円の収入が82年度については足りないという見通しが次第に明らかになっている。そこで，この分については増税をしたいというのが財政当局の考えであるが，大型増税ではないので，われわれとしてもそれは認めてもよいと思っている。

つまり，退路を断つ，増税をしないという考え方は，大型消費税を採用するというような新しい税を認めてはいけないということである。そのような大型税を認めれば，政府は，財政が足りなくなればいつでも税率を上げることによってそれを補うことができると，簡単に考えがちだからである。したがって，その意味では，大型税の採用ではない増税ならば，ある程度認めることができる」(加藤[7]76ページ)。

「真剣に行政改革」とか，「『増税なき財政再建』ということで退路を断っておかなければならない」とか，「むしろ減税ができるような工夫を積極的にすべきであって，増税をするなどということはもってのほかである」とか，「つまり，退路を断つ，増税をしないという考え方は，大型消費税を採用するというような新しい税を認めてはいけないということである。そのような大型税を認めれば，政府は，財政が足りなくなればいつでも税率を上げることによってそれを補うことができると，簡単に考えがちだからである」と加藤寛教授は述べていて，フリードマンの「減税」と，ほとんど，同じ内容であった。しかし，あくまでも，それは，1982年当時であった。現在の加藤寛慶應大学名誉教授は政府税制調査会の会長である。平成元年の消費税導入時には，政府税調の会長として，増税論者になっていて，平成９年４月の３％→５％のアップの時にも，増税論者であり，大増税の最高責任者になっている。加藤寛名誉教授の考え方が，180度，変った理由は，まったく，わからない。

「行政改革」のための「減税」は，有効な方法であろう。ただし，確実に，「減税」ができれば，という条件がつく。財政赤字の国は，「減税」よりも，「増税」をしてしまう傾向があり，なかなか，「減税」は困難である。したがって，「行政改革」もうまくいかない。

6．憲法修正条項

　政府が，ますます，大きくなる傾向を阻止したり，逆転させることに刺激を与える方法は「憲法修正条項」である，とフリードマンは考えている[4]。この「憲法修正条項」というのは，憲法を修正して予算を制限することである。予算の制約があれば，不必要な政府支出が制限され，したがって，「行政改革」にもなる，とフリードマンは考えている。この「憲法修正条項」だけでは，不十分であるが，政府が巨大化する傾向を阻止したり，逆転させる刺激を与えている，とフリードマンは考えている。この「憲法修正条項」のメリットが，5つ，ある，とフリードマン（[4]訳書469ページ以下）は考えている。
　第1に，「憲法修正条項」の制定していく過程での世論の変化があることである。世論の変化は政府の政策の変化になるのである。
　第2に，もし世論の変化があれば，「憲法修正条項」を立法化する方法は，現行の立法手続きよりも，直接的であり，有効な方法になる。
　第3に，この「憲法修正条項」の立法化が政治的な権力を弱めることができるのである。連邦議会は，3分の2の州議会の決議があれば，特別会議を開催しなければならないのであり，政治的な権力や官僚機構の権力も弱められるのである。
　第4に，政府の政策の立法者たちは，様々な目的の政府の政策に反対するのに，弱い立場に立たされている。予算がなく，増税するしか，ある政策を採用できないということで，その政策を採用しないと，その政策の提案者たちから，立法者は，血も涙もない立法者といわれるかもしれない。しかし，この「憲法修正条項」があると，立法者は次のように言える，とフリードマンは述べている。「おっしゃる通り，あなたがご提案になっている政策は気高い目的を達成してくれるでしょう。しかしわれわれは，限りある予算の中でしか行動できないのです。あなたのよいお考えを実現するために，もっと財政支出をすること

になれば，その他の政策のための財政支出を減らさなくてはならないことになります。したがって，他のどの政策の予算割り当てを削減すればよいのか，お教えください」(フリードマン[4]訳書474ページ)。

第5に，特殊利益団体が他の特殊利益団体と協力できなくなり，競争しなければならなくなる。粋がある予算であるので，他の特殊利益団体はライバルになってしまうのである。

7．指導者

首相であれ，大統領であれ，本気で，「行政改革」なり，「小さな政府」の改革を望むのであれば，指導者たるものは，選挙の後になって，政策綱領を作っていては遅いのである。選挙より，ずっと以前に，政策綱領を用意していなければならないのである。フリードマンは，以下のように述べている。「1国の指導者の座を狙う候補者は，本気で改革を望むなら，当選さえすれば事足れりなどと思ってはならない。候補者は，すでに選挙以前から綿密な政策綱領を用意していなければならない。当選後にあわてて一般的政策理念を具体的プログラムに書き直したとしても，それはとうてい議会での採択には間に合わない」(フリードマン[6]訳書28ページ)。

8．フリードマンの行政改革

ここで，フリードマンが主張している「行政改革」をまとめてみよう。フリードマンは，理想的には，「選挙」で政治家を通じて，「行政改革」をすべきであると考えているが，しかし，フリードマンは，この「選挙」という方法は失敗するであろう，と考えている。したがって，「選挙」という方法での「行政改革」は，あまり，重要視していない。また，費用よりも利益の方が大きいという証明書の提出も，あまり，「行政改革」には期待できない。そうなると，

「行政改革」に対して，有効な方法は「減税」と「憲法修正条項」と「指導者」になるであろう。この3つが達成できると，「行政改革」や「小さな政府」が実現できる，とフリードマンは考えているのであろう。

9．ケインジアンの大きな政府

かつて，マネタリストは「小さな政府」を主張し，ケインジアンは「大きな政府」を主張していた。現在でも，マネタリストは「小さな政府」を主張しているが，ケインジアンは「大きな政府」を主張しているのかどうかはわからない。かつて，「小さな政府」対「大きな政府」は，ケインジアン―マネタリストの論争点であったが，現在では，世界中の資本主義諸国が「大きな政府」になってしまっていて，「大きな政府」の欠点が目立ち，「小さな政府」対「大きな政府」の論争は，ほとんど，なくなってしまっているようである。現在，ケインジアンの人たちは「大きな政府」に対してどのように評価しているのか，まったく，わからない。「ケインジアンは大きな政府など主張していない」などといってトボけるのか。「大きな政府はいいのであるが，これほどまで大きくなった政府はいらない」といっているのか。「行政改革はいいが，小さな政府はいらない」といっているのか。ケインジアンの人たちは，どのように考えているのかわからない。また，ケインジアンの人たちのあいだで，統一見解もないのかもしれない。「小さな政府」対「大きな政府」の論争は，完全に，冷えきってしまっているようである。ケインジアンの敗北宣言もなければ，マネタリストの勝利宣言もないのである。レイヨンフーヴッドは以下のように述べている。「マクロ経済学は，ケインジアンとマネタリストとの論争に，およそ30年ばかり巻き込まれてきた。論争がまだ終わったわけではない。最終的に決着をみた部分は，驚くほど少ない。だが，告白せねばならないのは，過去10年かあるいはそれ以上の間，『ケインジアン・チーム』のやり方がひどく拙劣だったので，ファンはもう観戦する気にもならなくなったことである」（レイヨ

ンフーヴッド[9]120ページ)。

よく,「フリードマンの見解は極端すぎる」などと,ケインジアンからいわれている。しかし,10年,20年と時間がたつと,受け入れられることがある。この「小さな政府」の主張もそうであろう。この「小さな政府」の主張は,少数派から多数派になった典型であるといえよう[5]。

10. 日本の場合

日本の財政赤字は,危機的な状況である。1996年度で,国と地方を合わせて,34兆円が赤字となっていて,長期の債務残高は442兆円もある。これは,国民1人あたり,約352万円に相当することになるらしい。もっと,問題なのは,この長期債務残高が増加し続けていることである。1980年代から,「行政改革」とか,「小さな政府」とか,「財政改革」とか,「規制緩和」という言葉が,よく,使われているが,1997年になっても,財政赤字は増え続けていて,この「行政改革」とか,「小さな政府」とか,「財政改革」とか,「規制緩和」は掛け声倒れに終わっている。「行政改革」の首相として,橋本龍太郎首相に期待するしかないのであるが,日本の場合,「行政改革」は,まだ,先が長いであろう。すんなりと,「行政改革」はできないであろう。

1997年9月4日の『日本経済新聞』に「1府12省庁へ再編」という行政改革会議(会長・橋本龍太郎首相)の中間報告が決定したと書かれているが,まだ,中間報告であり,最終決定ではないようである。要するに,まだ,審議中ということであろう。しかも,省庁は半分にしたとしても,役人をどうするのかは,わからない。「7.指導者」で述べたが,首相であれ,大統領であれ,本気で,「行政改革」なり,「小さな政府」の改革を望むのであれば,指導者は,選挙の後になって,政策綱領を作っていては遅いのである。橋本首相は,現在,審議中なのであり,これから,政策綱領を決定するのであろう。

つぎに,米国の「憲法修正条項」のような予算の制限について述べてみよう。

この予算の制限は，橋本首相と国民の合意がないと十分とはいえないであろう。たとえば，各省庁の予算を，10％ずつ，カットするような枠をもうけて，国民にも賛成してもらうことである。ところが，省庁を半分にすることが，現在，審議中なのである。つまり，予算の制限まで，話は行っていないで，省庁をどうするか，なのである。したがって，日本の「行政改革」は，まだ，先が長いといえよう。

つぎに，「減税」について考えてみよう。現在の日本において「減税」は望めそうにない。巨額の財政赤字があり，「減税」をする雰囲気になっていない。むしろ，「増税」をすることしか考えていないようである。また，悪いことに，5％の消費税が存在している。日本の財政赤字を考えた時に，この5％の消費税が，そのまま，5％のままになっていないであろう。今後，7％，10％というように増加していきそうである。これは「増税」である[6]。したがって，「行政改革」や「小さな政府」は実現しにくいであろう。

また，「5．減税」で前述したが，1982年当時の慶應義塾大学の加藤寛教授は消費税反対論者であった。しつこいようだが，この点に関しては，何回でも述べたい。1981年において，加藤寛教授は以下のように，同様なことを述べている。

「だから小さな政府を目指しているのではなくて，小さくしないと効率もあがらないし，その効率をあげることによって，これからますますふえてくるものを何とか少なくしようということ，それが大きな目的だと思うのです。
……その差をどうやってバランスをとるかということになれば，増えるものをおさえることが先なんですから，増税ということをやる前にやはり政府がここで効率的な，あるいは何とか削減をするという形でがんばってみなければいけないのではないかということが，いま言われている行政改革の基本だと思うわけです」（加藤［8］6ページ）。

「増税ということをやる前に」とか，「削減をする」とか，「行政改革の基本」，と加藤寛教授は述べていて，増税よりも政府の支出を少なくして，「小さな政府」と「行政改革」を目指そうとしていたのが，1981年や1982年であった。また，1984年に，加藤教授は，フリードマンの『奇跡の選択』[6]を訳しているが，この本の表紙において，以下のように述べている。

「フリードマンは本書で社会経済のあるべき姿を具体的かつあざやかに論じているが，それは驚くほどそのまま日本にも当てはまる。本書ほど今日の日本にとって，それも行革により景気回復をめざすわれわれにとって大きな教訓を与えてくれるものはない。広く読まれることを期待したい」（加藤，フリードマン[6]の表紙）。

加藤寛教授は「フリードマンの行政改革」に賛成のようであり，1984年当時でも，おそらく，消費税のような増税には反対であったのだろう。ところが，平成元年の3％の消費税の導入の時と今年の4月からの3％から5％への税率アップの時は，政府税制調査会の会長として，増税賛成論者になっていた。180度の考え方の方向転換である。理由は，まったく，わからない。また，その平成元年の3％の消費税の導入時の大蔵大臣であり，1997年4月の3％から5％への税率アップの首相が橋本龍太郎大蔵大臣であり，橋本龍太郎首相であった。

最後に，日本の「行政改革」の可能性について，「フリードマンの行政改革」に基づいて考えてみよう。フリードマンの行政改革の「減税」と「憲法修正条項」と「指導者」の3つとも達成できていないのであるから，日本の「行政改革」は，かなり，困難であり，先が長いといえよう。したがって，現在の日本の「行政改革」の可能性は，ほとんど，ゼロ，に近いようである。

11. むすびにかえて

「1．はじめに」で述べたが，「行政改革」という言葉は，「小さな政府」とか，「規制緩和」とか，「プライス・メカニズム」という言葉と密接な関係がある。ところが，「行政改革」の文献は少ないようである。「規制緩和」の文献の方が「行政改革」の文献よりも多いようである。これは時代の違いであろう。「規制緩和」の内閣として，細川首相が誕生したのである。そして，「行政改革」の内閣として，橋本首相が誕生したのである。細川首相の方が橋本首相よりも先に誕生したためであろう。今後は，「行政改革」の文献も多くなるであろう。

「9．ケインジアンの大きな政府」で述べたが，かつて，マネタリストは「小さな政府」を主張し，ケインジアンは「大きな政府」を主張していた。時間が経過し，世界の先進諸国が「小さな政府」や「行政改革」を目指すようになってきた。ケインジアンの人たちは「小さな政府」に対して，どのように評価しているのかわからない。けれども，最近では，マネタリストの「小さな政府」や「行政改革」の主張を，ケインジアンの人たちは，ある程度，受け入れているのであろう。なぜならば，世界の先進諸国が「小さな政府」や「行政改革」を目指しているが，現在では，世界の中でも，日本こそが「小さな政府」や「行政改革」を目指していて，橋本首相が「火ダルマになっても」やり遂げようとしているからである。おそらく，ケインジアンの人たちも，マネタリストの「小さな政府」や「行政改革」を，ある程度，評価しているのであろう。ケインジアンの人たちは，マネタリストの「小さな政府」や「行政改革」の主張を，認めたくはないが，認めているのであろう。それでも，認めないで，批判をするケインジアンの人たちもいるであろう。どのように，批判をするのか，わからないが，是非，教えていただきたい[7]。

最後に，フリードマンの著作について述べよう。経済学者の著作は，時間が

たつと，役に立たなくなる著作があるが，フリードマンの著作は，時間がたっても，有益である。たとえば，『選択の自由』［4］や『政府からの自由』［1］や『奇跡の選択』［6］である。これらの著作は「小さな政府」や「行政改革」が重要視されていて，現在においても，有益である。それは，フリードマンの「小さな政府」と「行政改革」の分析がすばらしかったということであろう[8]。

【注】
1）フリードマンは，以下のように述べている。
　「いうまでもなく，このような最近の傾向を阻止し，これを逆転しようと欲するものは，政府の権力を増大させたり政府の支配力が及ぶ範囲を拡大させたりするような，これ以上の特別な政策に対しては反対すべきであり，既存の諸政策を廃止し改善することを主張すべきであり，われわれと同じ考えをもつ立法者たちや行政者たちを選挙するように努力しなければならない。しかし，これらのことは，政府の巨大化を逆転させるためには有効な方法ではない。それどころか，このような方法は間違いなく失敗する。人びとは自分の特殊な特権を擁護しようとし，他人の犠牲においてだけ政府を制限しようと試みるだけだ。われわれは多くの頭をもったヘビと戦っているのであり，このヘビはわれわれがその頭を切り捨てるよりももっと早く，新しい頭をはやしてくるのだ」（フリードマン［4］訳書467ページ）。
2）フリードマンは，以下のように述べている。
　「そこからわれわれが学びとらなくてはならない教訓は，『どんな政府による介入も，決して正当化されない』ということではなくて，『どうして政府による特定の介入政策を必要とするかの証明が，その特定の介入政策を主張する人びとの責任において，提出されなければならない』ということだ。どんな政府による介入が提案されるにしても，それがどんな利益と費用をもたらすことになるかを，つねに調べてみる習慣をこしらえあげ，政府による政策が採用されるのに先立って，それが発生させる費用や悪い影響よりは，はっきりと利益のほうが大きくなるということを明らかにするようにしなければならない。ここで，このような一連の手続きを確立しなければならないと提案している理由は，政府による介入が発生させる隠れた悪影響を査定するのが困難だからというだけでなく，他にも考慮に入れなければならない事情があるからだ。すなわち過去の経験にしたがえば，どんな活動でも，政府がいったんこれをはじめてしまえば，廃止されるのはごくまれであるという事情だ。政府による活動は，それが達成してくれるに違いないと期待したような成果をあげてくれない場合がある。ところが，だからといって，

これが削減されたり廃止されたりすることにはならず，逆にいっそう拡大されたり，そのための予算の増大が許されたりしてしまう結末になってしまうことがほとんどだった」(フリードマン[4]訳書53ページ以下)。

3) フリードマンは，以下のように述べている。

「われわれは，政府支出の爆発的増大を食い止めなければならず，それには減税以外に効果的な方法がないように思う。個人のレベルで考えれば，節約のための最も効果的な方法は収入を減らすことである。政府は税収を超えて多額の支出を行うことができるといっても，無限に多くではない。個人ほど収入に制約されるわけではないが，それでも制約は存在する。そして制約が存在する以上，税収を減らすことが政府に節約を促す効果的な（私が思うには唯一の）手段となる。われわれはあらゆる機会を捕え，あらゆる口実を見つけ，あらゆる方法で減税を行わなければならない」(フリードマン[1]訳書299ページ)。

「政治的には，『均衡予算』が魅力的なかけ声になっているが，現実には非生産的な結果に終わることが多い。予算に大幅赤字をもたらす政府事業が大支出主義者のごり押しで可決されれば，その戦いに敗れた財政保守主義者は，赤字幅を少しでも埋めようとして増税に賛成する。そして増税を口にした勇気があだとなって役職を追われたり，落選したりする。大支出主義者は，その無責任さのおかげで再選され，再び政府予算のばらまきをはじめる。こうして，支出の増加——赤字幅の拡大——増税——のサイクルが繰り返される。

このシナリオに基づく茶番劇が何度となく繰り返されるのを見て，私はほぼどんな状況のもとでも減税が望ましいと考えるようになった。減税にはこのサイクルを逆転させる力がある。減税のために赤字幅が大きくなるようなら，均衡予算のかけ声は，増税より政府支出の削減に向かわざるをえない。そしてそれが，均衡予算を実現するための正しい道なのである」(フリードマン[1]訳書231ページ以下)。

4) フリードマンは，以下のように述べている。

「それは，いわば，『一括取引』をすることだ。われわれは，われわれが政治的な径路を経て追求することが許される目的を制限する『自己否定的』な法律を制定すべきだ。われわれはいろいろな規制や法律や政策を，それぞれの長所に即して考慮すべきでなく，政府が行うことを広範に制限する規則を樹立しなければならない。……

州憲法と連邦憲法とに対する修正条項の背後にある基本的な考えは，民主的に選出された議員たちが，選挙民たちの多数派が望ましいと思っているよりも過剰な政府支出を決定してしまうような，現行体制における欠陥を是正することだ。……

われわれが提案している憲法修正条項は，州レベルであろうが連邦レベルであろうが，立法者たちが予算割り当てをすることができる金額に制限を設けること

によって，彼らの立法活動が行える条件を変更する。この憲法修正条項は政府に対して制限された予算しか与えず，その使い道は前もって特定化されており，立法者たちだけでなく選挙民たちも，それぞれ制限ある予算内においてしか，活動できないようにさせる」(フリードマン[4]訳書467ページ以下)。
5）一橋大学の野口悠紀雄助教授（1981年当時）も，以下のように述べている。
「以上のようなフリードマンの見解は，しばしば極端なものとみなされる。1960年代においては，こうした見解は，確かに少数派であった。実際，共和党の大統領候補となった超保守派のゴールドウォーター上院議員でさえ，『フリードマン教授の意見は卓見だが，極端すぎる』と語ったといわれる。わが国では，ここ数年フリードマンの見解が注目されるようになったとはいえ，依然，経済学者の間では，反感を示す人々が多いようである。しかし，経済学のそもそもの発想からすると，フリードマンの考えを決して異端的なものということはできない。したがって，経済学者の間でこうした考えが支配的になるのは，十分ありうることである。そして，事実，事態はそうした方向に動いていると思われる。前に述べた現実の政策の潮流変化の裏には，このような経済思潮の変化がある」(野口[10]103ページ)。
6）フリードマンは，以下のように述べている。
「その第1は付加価値税といった間接税の問題です。この税制度は，経済的にはこれを弁護して言うべきことが，数多くありますが，困ったことに政治的には，いったん，この制度が樹立されてしまうと，有権者達の眼には見えなくなってしまう制度です。そうであればこそ，これが導入されてしまえば，その税率を引き上げられたり，課税の対象を操作されたりするのを避けることができず，私が知っている限り，この税制度を導入した国は例外なしに，先進諸国のなかでこれを導入しなかったどの国よりも，国民所得において政府支出が占める比率が，高い水準となってしまっているのです」(フリードマン[5]75ページ)。
7）かつて，ケインジアンとマネタリストは貨幣の問題で論争をしたが，フリードマンは以下のように述べている。
「この問題についてのみならず他の領域においても，私ははじめは少数派であったが，徐々にいっそう広範な支持を受けるにつれて繰り広げられていくシナリオを見る機会をもったことがある。それが標準的なパターンをなしている。だれかが伝統的立場を脅かすとき，最初の反応はそのおせっかいやきを無視することである。彼奴についてはあまり口に上らせないほどヨリ良いのである。しかし，彼が人々の耳をかき立てはじめ悩ませはじめると，第2の反応として，彼をあざ笑い，彼を極端論者であるとからかい，そのようなばかげた考えにうつつを抜かす愚か者であると嘲笑するようになる。このような段階を経たあとで，次のそして最も重要な段階は，彼の衣服を身にまとうことである。人々は自分自身のために彼の見解を採用し，その上でその見解の風刺画を描き彼のせいにしていうので

第17章　フリードマンの行政改革　263

ある。『彼は極端論者であり，貨幣だけが問題であるという輩の1人である。だれでもがそのようなことは知っている。もちろん，貨幣は問題になる。だがしかし……』と」(フリードマン[3]訳書214ページ以下)。

8) フリードマンの『資本主義と自由』[2]を訳された関西大学の熊谷尚夫教授も，「訳者あとがき」で，以下のように述べている。

「原著が出版されてからすでに13年を経る今日にいたるまで，ことさら翻訳の盛んなわが国において，この名著が日本語で読めるようにされていなかったのはむしろ奇異なことであるが，いまからでも決して遅くはないことを確信して，私はこの仕事をあえて引き受けることにした。

人間の社会において自由の信条が消滅しないかぎり，原著は不朽の生命をもつクラシックとみなされてもよいものである。単に一般的にそう言えるだけでなく，本書にとりあげられて具体的な内容を形成している政策問題の一つ一つが，今日ただいまの日本の社会と経済にとって直接的な関連性をもつことは，まったく予想外ともいえるほどである。1962年当時においては，すくなくともわが国の経済がそのころ直面していた問題状況を考えるとき，この本の政策論がもっている深い意味はおそらく十分には理解されず，正当に評価されることもむずかしかったのではないかと思う。まさしく1975年現在の時点において，われわれは10余年前にこの本を書いたフリードマン教授の卓越した先見性と洞察力とに，あらためて驚嘆と敬意を感じないではいられないのである」(熊谷，フリードマン[2]229ページ以下)。

【参考文献】

[1] Friedman, M., *Bright Promises, Dismal Performance——An Economist's Protest*, 1983. 西山千明監修・土屋政雄訳『政府からの自由』中央公論社，1984年2月。

[2] Friedman, M., *Capitarism and Freedom*, The University of Chicago Press, 1962. 熊谷尚夫・西山千明・白井孝昌訳『資本主義と自由』マグロウヒル好学社，1975年11月。

[3] Friedman, M., *The Counter-Revolution in Monetary Theory*, 1970 (Occasional Paper No.33). 保坂直達訳『インフレーションと失業』マグロウヒル好学社，1978年。

[4] Friedman, M. and Friedman, R., *Free to choose——A Personal Statement*, 1979. 西山千明訳『選択の自由——自立社会への挑戦』日本経済新聞社，1980年5月。

[5] ミルトン・フリードマン，西山千明・嘉治佐代共訳「自閉する自由社会への警告——モンペルラン・ソサイエティ　1988年世界大会基調報告——」『中央公論』1989年2月号。

［6］ Friedman, M. and Friedman, R., *Tyranny of the Status Quo*, 1984. 加藤寛監訳，林直嗣・大岩雄次郎訳『奇跡の選択——自由経済をはばむものは何か』三笠書房，1984年。
［7］ 加藤寛「減税を可能にする行革の焦点」『経済往来』第34巻第1号，1982年1月。
［8］ 加藤寛・大熊一郎・橋本龍太郎・根岸毅・小山敬次郎「大きい政府か小さい政府か——行政改革の背景と焦点——」『三田評論』1981年7月号。
［9］ レイヨンフーヴッド，A., 中山靖夫訳「Keynesian Economics? 一体何が起きたのか？」『週刊 東洋経済』臨時増刊 No.4726 近代経済学シリーズ76, 1987年5月22日。
［10］ 野口悠紀雄「政府の役割——大きな政府か小さな政府か」『経済セミナー』第316号，1981年5月号。
［11］ 吉野正和「フリードマンの小さな政府について」『徳山大学論叢』第44号，1995年12月。
［12］ 吉野正和「フリードマンのマーケット・メカニズムについて」『徳山大学論叢』第43号，1995年6月。

第18章　フリードマンの負の所得税

1．はじめに

　ミルトン・フリードマンは，1962年に，『資本主義と自由』において「負の所得税制度」の導入の提案をしている。「負の所得税制度」は，同じ意味であるが，様々な別の名前でも呼ばれている。たとえば，「逆所得税」，「課税による移転」，「社会配当金」，「所得保障」，「保証所得」，「税額控除」，「所得の再配分」である。負の所得税制度とは何か。なぜ，フリードマンは負の所得税制度を主張しているのか。当章は，フリードマンの負の所得税制度を研究する。

2．フリードマンの負の所得税

　経済が発展すると，社会福祉の充実が叫ばれるようになる。社会福祉の費用が大きくなると，様々な問題が発生してくる。たとえば，大きな政府になったために，経済効率が悪化するとか，官僚機構が，ますます，大きくなり，様々な介入・干渉・統制をするとか，同じことであるが，個人の自由が少なくなったりもする。社会福祉費用が大きくなると，増税するしかなく，国民は，常に，重税感を持つことになる。また，社会福祉が充実すると，勤労意欲が少なくなってしまうという問題も生じてくる。このような悪い状況を打開しようとしたのが，フリードマンの負の所得税制度である。本来，所得税は国民が政府に

税金を支払うのであるが，この負の所得税制度では，所得の低い国民は政府から現金をもらえるのである。たとえば，一年間で，ある人が生きていくために必要な金額を300万円と仮定してみよう。この場合，フリードマンは600万円を基準として，そして，税率を50%と考えている。運悪く失業して，所得がゼロの人は600万円の半分の300万円を受け取ることになる。

$$600 \times \frac{1}{2} = 300$$

また，ある人が，ちょうど，600万円の所得を得ている場合は，政府から，1円も受け取らないし，また，支払いもしないことになる。もちろん，600万円を超えた所得のある人は，税率50%で，所得税を支払うことになる。たとえば，700万円の所得の人は，600万円の基準よりも100万円分多いので，100万円の半分の50万円を税金として支払うことになる。

$$(700-600) \times \frac{1}{2} = 50$$

フリードマンの負の所得税制度の提案で興味深いのは，負の所得税制度がすべての他の社会福祉制度の代替をしているのである。他の社会福祉制度は欠陥がある，とフリードマンは考えている[1]。たとえば，「農業プログラム，一般的老齢給付，最低賃金法，労働組合優遇立法，関税，技術職ないし専門職の免許規定等」(フリードマン[1]訳書215ページ)である。フリードマンは，これらの制度が廃止され，負の所得税制度に一本化されるのを望んでいて，また，行政コストが半分以下になることを期待している。行政コストが半分以下になるということば，税金も少なくなり，小さな政府になり，効率的な経済となり，個人の自由が回復される，とフリードマンは考えている。

3．勤労意欲

　フリードマンが負の所得税の税率を100％としないで，50％としたのは，勤労意欲が失われるのを防ぐためである。たとえば，70歳の老人で，アルバイトで，1年で，100万円の所得がある場合，どうなるであろうか。基準の600万円から，100万円を引き，50％の税率を掛けると，250万円となる。

$$(600-100) \times \frac{1}{2} = 250$$

つまり，政府から受け取る負の所得は250万円で，自分の所得は100万円なので，合計で，350万円となる。全く働かないと，300万円であったが，100万円のアルバイトをすることによって，総所得が350万円となり，アルバイトをした方が総所得が多くなり，勤労意欲が，完全に，失われるということがなくなる[2]。

　悪い福祉制度では，社会福祉司にアルバイトを止められたり，社会福祉司の指図を受けたりしたが，この負の所得税制度では，働く自由が，完全には，失われることがないし，社会福祉司の指示を受けることもなくなる[3]。

4．現　　金

　負の所得税制度において，フリードマンは現金の援助を主張している。食糧のような現物給付も考えられるが，プライス・メカニズムを重視する自由主義者であるフリードマンは選択の自由を確保するために現金での援助を主張している。現金給付については，誰でも，同意できることであろう。例外的に，一人だけ，反対の理論的可能性を示している人を紹介しよう。大阪府立大学経済学部の大野吉輝助教授（昭和47年当時）は以下のように述べている。「現金給付の形をとることもひとつのメリットに数えられる。現物給付に比べると受給者の選択の自由が大きいからである。ただし，受給者の消費支出パターンがアブ

ノーマルな場合には,貧困対策としては現物給付のほうがまさっているかもしれない」(大野[9]24ページ)。「現金給付の形をとることもひとつのメリットに数えられる」と述べているので,現物給付よりも,現金給付の方がメリットが大きいことを認めているが,アブノーマルな場合は違うと主張している。しかし,この理論的可能性は「アブノーマルな」ことであり,一般的ではない。そもそも,「アブノーマル」という言葉は「異常な」という意味であり,「異常な」ことの理論的可能性は,極めて,少ないであろう。もちろん,この問題の結論は「その異常な人達」にアンケートをして調べてみなければわからないが,どんな人でも,「現金」を好むと考えるのが自然であろう。

5. 社会的恥辱感

国からの援助を受けることは,ある意味において,社会的恥辱感・貧乏人の汚名を受けることであるが,米国の場合,さらに,適格かどうかを認定する厳しいミーンズ・テスト(資産調査)があり,社会福祉司がプライベートの部分に入り込んでくるという一層の社会的恥辱感を味わうことになる。しかし,この負の所得税制度では,本人の申請だけで,機械的に援助を受けることができるようになる。それでも,ミーンズ・テストは行われる。しかし,そのミーンズ・テストは単純明快なミーンズ・テストであり,社会福祉司からの様々な介入・干渉・命令等によってのプライバシーの侵害は少なくなるであろう。フリードマンは以下のように述べている。「負の所得税は資産調査を省略するので,市民と政府の関係に新しい原則を持ち込むことになる。これは単純な誤解である。負の所得税のもとでも資産調査は行なわれる。ただし,それは単純明快な所得調査であって,現在のように複雑で,調査される側を傷つけるようなやり方ではない」(フリードマン[2]訳書352ページ以下)。したがって,負の所得税制度の方が,はるかに,社会的恥辱感は少なくなるであろう。

6．単　位

　フリードマンの負の所得税を研究していて，ひとつの疑問が生じた。それは，負の所得税を受け取る単位が，個人なのか，家族なのか，ということである。もしかしたら，これは，取るに足らない些細な問題なのかもしれない。どちらでもよいのかもしれない。フリードマンは『資本主義と自由』[1]において，「消費者単位（単身者および家族）」(訳書217ページ) とか，「ある個人が」(訳書215ページ) とか，「彼は」(訳書216ページ) とか，「1人当り」(訳書216ページ) とか，「消費者単位当たり」(訳書217ページ) と述べている。この言葉では，個人なのか，家族なのかは明白ではない。ただ，フリードマンは『政府からの自由』[2]において，「家族」(訳書350ページ) と述べている。この問題は重要でないのかもしれない。どちらでも，負の所得税の本質が変わらないからである。でも，それを承知で，細かいことを言うと，たとえば，結婚している夫婦が，別れた方が収入が多くなるために，故意に，偽装離婚をするといったケースが出てくるであろうが，現時点では，このことは，些細な問題であろう。もっと，重要なことは，結婚をしていない独身者はどうなるのかということである。しかし，よく考えてみると，この問題も些細なことであろう。なぜなら，現時点において，まだ，はるかに，結婚をしている人達の方が多いからである。しかも，将来において，この区別をするときがくるかもしれないが，負の所得税制度の本質的な矛盾というものではなくて，ちょっと，修正すれば，十分に調整できることのようである。

7．支払い時期

　負の所得税を受ける単位は，年単位なのか，それとも，月単位なのか，それとも，週単位なのか，という問題がある。給付金の支払い時期が年単位ならよ

いが，月単位では，正・負の所得税のバランスが保てないため，技術的に困難である，と大阪経済大学の樋口悦男氏は主張している[4]。しかし，フリードマンはこの批判に反論している。フリードマンは，負の所得税は前払いでも行われる，と主張している。所得のない人は，まえもって，年間所得の予想額を申告し，年に一度，調整をすれば，月単位の支払いも可能である，とフリードマンは主張している[5]。月単位の支払いができるかどうかは，実施してみなければわからないが，理論的には，できそうである。

8. 財　源

　負の所得税制度において，財源をフリードマンが述べていない，という批判がある。たとえば，樋口悦男氏は以下のように述べている。「むしろこの負の所得税の財源の調達のほうが問題であると思われるのに，フリードマンはこれについて特に提案していない」（樋口[3]16ページ），また，大阪府立大学の大野吉輝助教授（昭和47年当時）も以下のように述べている。「負の所得税の財源調達については，フリードマンはこれといった特別な方式は提案していない。現行の社会保障制度のかわりに負の所得税を採用するならば，必要な経費は軽減されるであろうというのがフリードマンの考え方である」（大野[9]6ページ）。現行の所得制度から，負の所得税制度に代替できれば，大幅なコストの削減が可能である，とフリードマンは主張している。しかし，その他にも，別のことが考えられる。負の所得税制度を採用するということは，所得の高い人は，正の所得税を払うことになる。フリードマンは，暗黙のうちに，正の所得税を財源として，負の所得税の支払いをするということを考えているのであろう。

9. 批　判

　負の所得税制度の第1の批判は，基準となる所得をどのようにして把握する

のか，低所得の人々を把握することになり，「5．社会的恥辱感」でも述べたが，ミーンズ・テストではないが，プライバシーの侵害になったり，低所得者の所得を調査するコストが上昇するのではないかということである。倉林義正氏は以下のように述べている[6]。「所得税以上に所得認定の合理的基準が求めにくい。現行税制のもとでは，課税最低限以下の層に対しては，所得の把握がされていないが，給付がなされる場合にはこれらの階層の所得を改めて調べる必要がある。また，所得の範囲も，移転所得，資産所得の扱いや，自営業主所得者，非賃金所得者をどうするかが問題となる」（倉林[5]154ページ以下）。これに対して，立教大学の西山千明教授は以下のように述べている[7]。「負の所得税制度を実施するためには，一億国民を背番号式にして，その所得の実態を把握しなければならなくなり，それは国民の生活におけるプライヴァシー侵害という問題を発生させるとともに，この制度はこの制度なりに，巨大な行政管理費を発生させることになるという反論が，わが国では強い。しかし，このような反論は，こっけいに近い。なるほど，先に見たような，現行の累進所得制度の大幅な逆累進化を考えれば，富裕な人びとの所得の実態を本当に把握するためには，それらの人びとに対する背番号制度の導入も必要かもしれないし，そのための行政管理費も巨額なものとなることだろう。けれども，負の所得税制実施のために必要なのは，その対象となる人びとの『貧困度』の実態の把握である。これらの人びとは，もともとそれほどの資産も所得もなければ，これらを隠匿する方法も知れたものであり，そのために税理士や弁護士を雇う資金もない」（西山[8]142ページ）。西山千明教授が主張しているように，低所得者の調査のコストが発生するかもしれないが，それでも，高所得者の調査のコストよりも低くなるであろうし，また，プライバシーの侵害の問題も，現在の源泉所得税制度の今日の徹底ぶりを考えれば，それほどのことはないであろう。そして，また，所得の把握の問題であるが，たしかに，問題があるが，それは，現行の所得税制度でも，同じことであろう。

　負の所得税制度の第2の批判は，フローとしての所得が基準となっており，

ストックとしての資産はどうなるのか，という批判である。近畿大学の今西芳治氏は以下のように述べている。「相当の資産保有者であり，かつ世帯の所得が一定水準以下である場合が生じ得る。そこで『負の所得税』制度下で，世帯の保有資産をどのように取扱うのか」(今西[4]27ページ)。この問題に対して，フリードマンは，直接的には，何も述べていないようであるが，おそらく，フローのみの所得を基準にし，ストックの資産に対しては，何らの基準にすべきではない，と考えているのであろう。なぜならば，過去の努力で得た財産を再分配することは，ある意味で，自由主義思想と両立しないからである。また，フリードマンは，自由主義者として，相続税にも反対している[8]。

10. 問題点

　負の所得税制度は，理論的には，すばらしい制度であるが，いくつかの難しい問題もある。第1に，負の所得税制度は，現行の社会保障制度の代替をしなければならない。現行の社会保障制度を，すぐに，廃止することは，なかなか，できにくいことであろう。多くの経済学者がこの代替の問題を指摘している[9]。現行の社会保障制度を廃止して，負の所得税に一本化するのは，現時点では，実現不可能のようである。

　第2に，負の所得税制度が採用されても，もしも，基準となる所得額が，あまりにも，高ければ，負の所得税制度の採用の意味がなくなる。たとえば，2,000万円を基準とした場合，一年間，働かないでも，1,000万円の負の所得税が支払われれば，多くの人々が働かなくなってしまうであろう。また，年収，5,000万円の人も，働くのがアホらしくなり，その国の経済はガタガタになってしまうであろう。これは最低保障額の基準の設定の問題であるが，その国の政府の役人の質の問題であるともいえよう。

　第3に，第2と関連していて，フリードマンも指摘しているが，負の所得税制度を利用して，大多数の低所得者が少数の大金持ちから，所得の移転を受け

るということである。第2のケースがその例であろう。自由主義経済は選挙で様々なことが決定される。「有権者の自制と善意」がなくなれば，大多数の低所得者が勝つことになり，その国の経済がガタガタになるという危険性がある。この問題に対して，フリードマンは以下のように述べている。「有権者の自制と善意に頼る以外には，この問題に対する解決は見当たらないように思う」（フリードマン[1]訳書218ページ）。この問題は，フリードマンの主張する「有権者の自制と善意」に頼るしかないのであろう。

第4に，医療費が，年間，100万円も必要な心身障害者は特別な制度が必要になる。このような「特別な制度」を，どの人に設けて，どの人に設けないかの境界線が難しいであろう。この問題は選挙で決定すべきであるが，あまりにも，多くの「特別な制度」ができてしまうと，負の所得税制度が，十分に，働かなくなってしまう危険があるであろう。

11. 日本の場合

負の所得税制度を採用することは，他の社会保障制度の廃止をすることだが，日本において，なかなか，実現されないであろう。けれども，可能性はゼロではなく，少しずつ，可能性が増しているのかもしれない。日本の財政は大赤字であり，消費税の問題，国民福祉税，増税の問題が，いつも，話題になっている。武蔵大学の佐藤進教授は以下のように述べている。「かくて，負の所得税の問題は，所得税制だけでなく，他の租税全般，公的扶助を中心とする無償給付一般のあり方の再反省をもとめるものとなりうる。要するに財政改革，税制改革全般の中に問題を位置づけなければならないのである」（佐藤[10]10ページ）。佐藤教授が指摘しているように，負の所得税の問題は，財政改革や税制改革全般の問題なのである。現在の日本の財政は大赤字である以上，他の何かをしようとするときは，かならず，財源問題になってしまう。財源を増やす方法は，国債の発行か，増税か，インフレーションの3つの方法しかない。国債の発行

は，これまでに，過剰発行で，これ以上は，発行しにくい状態である。インフレーションは国民に評判がよくなく，最後に残るのが増税である。増税も，国民に評判がよくないが，背に腹はかえられないということであろう。消費税や財政改革が問題になっている現在の日本では，負の所得税制度の導入の可能性が多いとは言えないが，少しは，あるであろう。

　細川首相は「規制緩和」・「行政改革」を主張しているが，なかなか，実行は難しいようである。ここで，日本の財政状況を考えてみよう。戦後，日本は，米国から，シャウプさんとドッジさんのふたりを招いて，財政の運営方法を学んだ。歳入と歳出が均衡するのがよい，と教えられていた。ところが，昭和40年から，本格的な国債が発行され，現在に至っているのだが，国債というのは，国の借金である。おそらく，ケインズ経済学の総需要政策の影響もあるようであるが，国債は利子を返すのが，精一杯のところまでになってしまっている。歳出が歳入を，大きく，上回る状態が続いてきた訳である。この借金がどうにもならず，平成の時代になり，竹下首相が消費税を導入した訳である。竹下首相の前にも，大平首相とか，中曽根首相も，間接税を導入しようとしたが，失敗していた。日本の財政は大赤字なのであるが，一番良い解決法は歳出を歳入に合わせるように，削減する行政改革を行うことであるが，現時点では，難しいであろう。よく，「増税なき財政再建」などといわれているが，ほとんど，「掛け声」だけのようである。今，歳出削減が難しいと述べたが，その最大の理由は，3％の消費税があるからである。おそらく，今度の細川首相の消費税から国民福祉税案でも，財源がないときは，消費税を上げればよいと，安易に，考えているのであろう。残念な予測であるが，現在の日本の財政状況をみていると，いずれ，消費税が，3％，7％，10％，15％と上がってしまって，重税のために，日本経済が，少しずつ，活力を失っていくようになってしまうであろう。

　そもそも，消費税導入の際に，日本国中で，様々な議論があったが，本質的には，初めからの財政の大赤字の，「最初に借金あり」であったのであるが，

この問題は，ほとんど，話されず，ただ，「将来，子供の数が少なくなり，老人が増えて，福祉に資金が必要である」ということがいわれていたのである。その他にも，「日本は直接税（所得税）重視であり，間接税（消費税）の比重を増し，直・間比率を見直して，欧米並みにする」とかの理由であった。「欧米並み」という言葉はよいが，その欧米の経済状況がどうなっているかという議論でなくて，ただ，欧米の，マネをするというだけである。間接税の比重が高くなるということは，それだけ，商品の価格が高くなり，国民が損をし，政府が得をすることになり，大きな政府になり，プライス・メカニズムが害される。間接税の高い国は，福祉国家といわれているが，国民は重税感を，絶えず，持っている。福祉国家は理想のようにいわれているが，現実は，理想とは，掛け離れている。立教大学の西山千明教授は以下のように述べている。「人びとは社会福祉国家のもとにおいて，次第に働く意欲を失い，重税にあえぎ，自由を失い，みずからの判断と決定によって左右することができるみずからの生活の領域を加速度的にせばめられてゆき，生活の張り合いと目標とを見失い，官僚支配のなかに無目的な生活を送るように飼いならされるようになってきた。このような傾向は，人びとの生活を平均化はしたかもしれないが，人びと全体の生活の上昇と前進の度合を次第に鈍化させ，やがて転落の徴候さえ見せるようになってきた。スエーデンにおける現実の生活がいかに味気ないものであるかは，マイ・シューヴァルとペール・ヴァールーの小説ににじみでており，ニューヨーク市はその過大であまりにも複雑な社会福祉政策のゆえに文字通り破産しようとしている」（西山[6]18ページ）。つまり，間接税を高くして，福祉国家を実現するというのは，理想に過ぎないのであり，市民は，重税感を持つだけになり，その国の経済は，非効率となり，ガタガタになっていくであろう。

　話が変わるが，最近，「平成のコメ騒動」といわれているが，旧ソ連の計画経済の失敗をみればわかるが，国がコメを管理しているところに問題がある。立教大学の西山千明教授は以下のように述べている。「負の所得税制度によって，いろんな既存の社会福祉制度を置き替えれば，たいへんな行政簡素化にな

ることは,いうまでもない。米価維持政策でさえ,こんにちにおける生産者への所得保障だけでなく,余剰米に対する保蔵経費の巨額な累増,休耕田に対する補償,消費者たちにとっての米の高価格,これらに関する膨大な行政管理費,といった二重三重四重の浪費を考えれば,米作農に対する最低所得保障は負の所得税制でおこない,米作それ自体は純粋に農業問題として対処したほうが,はるかに国民の福祉に真に即したやり方ということになるのではないだろうか」(西山[8]142ページ)。たとえば,国の農民への援助にしても,貧しい農民もいると思うが,裕福な農民もいるであろう。こういった場合でも,負の所得税制度は有効なのである。

前述したが,3％の消費税がある限り,規制緩和・行政改革は難しいだろうと述べたが,できれば,3％の消費税は廃止された方がよいと考えている。フリードマンは以下のように述べている。「われわれは,政府支出の爆発的増大を食い止めなければならず,それには減税以外に効率的な方法がないように思う。個人のレベルで考えれば,節約のための最も効果的な方法は収入を減らすことである。政府は税収を超えて多額の支出を行なうことができるといっても,無限に多くではない。個人ほど収入に制約されるわけではないが,それでも制約は存在する。そして制約が存在する以上,税収を減らすことが政府に節約を促す効果的な(私が思うには唯一の)手段となる。われわれはあらゆる機会を捕え,あらゆる口実を見つけ,あらゆる方法で減税を行なわなければならない」(フリードマン[2]訳書299ページ)。フリードマンが主張しているように,政府に,本気で,歳出削減をさせるのは,歳入を制約すること(消費税の廃止をすること)のようであり,消費税が存在している限り,消費税は3％,7％,10％,15％と上昇していき,行財政改革は,掛け声倒れに終わってしまうであろう。

日本での消費税の増税論議において,負の所得税制度の導入の案がなければ,財源問題になると,かならず,消費税の増税以外に方法がないのである。しかし,日本国民は,少しずつ,何かを考え出しており,したがって,負の所得税

制度の導入の可能性が，少しずつ，増えてきていると考えられる。

12. むすびにかえて

　フリードマンは，自由主義思想を持っており，税制度では，負の所得税制度を提案し，他の税制度の廃止をし，負の所得税制度で代替することを主張している。フリードマンが反対しているものは様々である。ちょっと，例をあげてみると，以下のようになる。法人税・相続税・累進所得税・国による年金政策・公営住宅・最低賃金法・農産物価格支持・老齢・遺族保険・労働組合優遇立法・関税・技術職ないし専門職の免許規定等である。これらの制度は多くの欠陥があり，市場のプライス・メカニズムを歪めていて，国民の負担するコストである税金が高くなって，個人の自由が制限されている，とフリードマンは考えている。この個人の自由の制限から解放する税制度が負の所得税制度なのである。今後，フリードマンの負の所得税制度は，ますます，議論されるようになるであろう。なぜならば，日本の消費税の増税論議とも，ぴったりと，当てはまっているからである。

　フリードマンの分析力のすばらしさは，この負の所得税制度だけではないが，この負の所得税制度の提案に関してだけでも深みを感じてしまう。1962年のフリードマンの『資本主義と自由』の訳者のひとりである関西大学の熊谷尚夫教授は以下のように述べている。「原著が出版されてからすでに13年を経る今日にいたるまで，ことさら翻訳の盛んなわが国において，この名著が日本語で読めるようにされていなかったのはむしろ奇異なことであるが，いまからでも決して遅くはないことを確信して，私はこの仕事をあえて引き受けることにした。

　人間の社会において自由の信条が消滅しないかぎり，原著は不朽の生命をもつクラシックとみなされてもよいものである。単に一般的にそう言えるだけでなく，本書にとりあげられて具体的な内容を形成している政策問題の一つ一つが，今日ただいまの日本の社会と経済にとって直接的な関連性をもつことは，

全く意想外ともいえるほどである。1962年当時においては，すくなくともわが国の経済がそのころ直面していた問題状況を考えるとき，この本の政策論がもっている深い意味はおそらく十分には理解されず，正当に評価されることもむずかしかったのではないかと思う。まさしく1975年現在の時点において，われわれは10余年前にこの本を書いたフリードマン教授の卓越した先見性と洞察力とに，あらためて驚嘆と敬意を感じないではいられないのである」(熊谷，フリードマン[1]訳者あとがき，229ページ以下)。この『資本主義と自由』は1962年の本であり，今から，32年前の本であるが，現在においても，非常に，有益である。流れの激しい経済の中で，未だに，生きているということは，ただ，単に，分析力がすばらしかったということであろうし，自由主義思想が正しかったということであろう。

　もちろん，負の所得税制度の採用に関しては，可能性がまったくないという訳ではなく，少しずつ，可能性が増加していると考えられるが，まだ，実現には，多くの障害物があるであろう。日本でも，負の所得税制度を，十分に，議論する段階に来ているといえよう。

【注】
1) フリードマンは，以下のように述べている。「二つのことがはっきりしているように思われる。第一に，もし目標が貧困を軽減することであるなら，われわれは貧困者を援助することに向けられたプログラムをもつべきである。貧困者がたまたま農民であるなら，彼が農民だからではなくて貧しいからということで，彼を援助すべき十分な理由がある。すなわち，特定の職業集団，年齢集団，賃金率集団，労働組織もしくは産業の構成員としてではなく，人びとを人びととして援助するようにプログラムは設計されるべきである。これが農業プログラム，一般的老齢給付，最低賃金法，労働組合優遇立法，関税，技術職ないし専門職の免許規定，等等，みたところ限りなく多くのものの欠陥である」(フリードマン[1]訳書215ページ)。
2) フリードマンは，以下のように述べている。「貧困を軽減するための他のいかなる手段とも同じように，それは援助される人びとの自助の誘因を減殺するけれども，ある一定の最低限度額まで所得を補足する制度のように，この誘因を完全

に排除してしまうことはない。余分の所得を稼ぐことはいつでも，より多くの金額を支出にあてうるようになることを意味する」(フリードマン[1]訳書216ページ)。

3) 立教大学の西山千明教授は，以下のように述べている。「いまここに年老いた婦人がいて，生活扶助を受けていたとしよう。生活扶助は受けているので，飢え死するということはないが，ぽつねんとアパートで一日を過ごしているのもつまらないし，まだ元気なのでアルバイトに，一週間に四日間，一日に六時間のお手伝いさんを，このおばあさんがしたとしよう。おばあさんのことを心配して，社会福祉司が訪ねてくる。その結果，このおばあさんがアルバイトをしていたことが，はしなくも露見してしまった。社会福祉司は，おばあさん，お手伝いさんをやめなければ，生活扶助は差しとめますよという。おばあさんは，仕方がない。泣く泣くアルバイトをやめてしまう。その社会福祉司が，血も涙もない鬼のような人間かというと，とんでもない。ただひたすら善意に燃て，社会福祉に献身している人なのだ。けれども，この社会福祉司がこのおばあさんの場合に目をつむれば，このおばあさんと同じ境遇にあって，アルバイトをしていない他の何万人という人びとに対して，不公平になる。こうして，この社会福祉司は涙をふるって，このおばあさんにお手伝いさんをやめるよう，勧告しなければならないわけだ。これは実際にあった話である」(西山[8]136ページ以下)。

4) 樋口悦男氏は，以下のように述べている。「給付金の支払の時期についてである。現行の所得税の場合は1年を基準として税額が決定される。ただし，その年と翌年の所得に極端なちがいがある場合には，所得を平均して何らかの調整をすることになっている。一方，現行の社会保障制度の下での各種給付金は，週あるいは月単位にその期間内に直接支給されている。ちょうど源泉徴収制度に似ている。故に最も理論的なのは毎月払いであろう。この場合の問題は，低所得あるいは不規則な所得の世帯に対する月払いの給付金の計算が複雑となる。すなわち，年間を通じて適正な給付を受けられるとともに年末に払い戻しを要求されるようなことがないようにしなければならない。つまり，正・負の所得税の完全なバランスを保つという困難な問題である」(樋口[3]18ページ)。

5) フリードマンは，以下のように述べている。「負の所得税は正の所得税と同様，前払いで行なわれる。現在，被用者の支払う税金は給与から天引きされている。これにならい，負の所得税で援助を受ける人は，給与に援助額を上乗せした金額を受け取ることになる。給与所得のない人は，まえもって年間所得の予想額を申告しておき，それに基づく金額を週単位あるいは月単位で受け取る。そして年に一度，確定申告を行ない，不足分あるいはもらい過ぎを調整する」(フリードマン[2]訳書353ページ以下)。

6) 他にも，多くの経済学者が所得の把握について批判している。大阪経済大学の樋口悦男氏は以下のように述べている。「負の所得税を実施するにあたっていく

つかの技術的な問題が生じる。まず第1に，負の所得税の基礎になる所得の決定という問題がある」(樋口[3]17ページ)。

近畿大学の今西芳治氏は以下のように述べている。「『負の所得税』制度下での税法上の所得概念を現行税制下のそれと同一のものとすれば不都合が生ずるゆえ，それをどのように規定するのか」(今西[4] p.27)。

7) 西山千明教授は，別のところで，以下のようにも述べている。

「もちろん，これまででも，現行所得税制下において，所得の実態把握こそ徴税業務の第一の必要条件であった。けれども，在来のそれは富裕な人びとの所得実態を正確につかむことに，主要な精力が傾けられていたのに対して，この制度のもとでは正確な貧困度を把握しなければならなくなる点に，新しい煩雑な行政管理上の問題を発生させる面があることは否定できない。けれども，この点は，源泉所得税制度の今日における徹底ぶりを考えれば，さほど問題ではないだろう」(西山[7]194ページ，西山[6]23ページ)。

8) フリードマンは，以下のように述べている。「実効のある相続税なんて幻想ですよ。必ず回避する手段があるものです。たとえば，子供に現金で十万ドル残せなくても，それを元手にして事業を始め，子供に経営させるとか，それもだめなら，教育に投資して子供を医者や弁護士にするとか，ね。遺産相続をなくそうとしても，実際は相続する遺産の形が変わるだけでして，子供のために何かをしてやりたいという欲求は，政府が何をやったって押さえることはできません。もしできたとしたら，それこそ恐ろしいことです。親が子供によくしてやりたいという願いこそ，われわれの生活をこれまでに引き上げてきたエネルギーの源泉なのですからね。仮に実効ある相続税というようなものが編み出されたとしても，富の継承は妨げません。むしろ，進歩を大きく阻害する方向に働くでしょう。背の高い木のてっぺんを切って，低い木に合わせる。それも平等の一種かも知れませんが，そういうことをして社会に何の益があるのか，私には理解できません。私の望む平等というのは，低いほうの木の丈を伸ばしてやることです」(フリードマン[2]訳書42ページ以下)。

9) 武蔵大学の佐藤進教授は，以下のように述べている。「要するに負の所得税は従来の公的扶助の制度等に真に代りうるものだろうかというのが基本的な疑問である」(佐藤[10]10ページ)。

大阪府立大学の大野吉輝助教授は，以下のように述べている。「児童福祉，心身障害者福祉などから成る社会福祉の主たる目的は，各種のサービスないし現物を給付することによって受給者の所得稼得能力を高めることにある。ところで，稼得能力の引上げは所得保障とは異質のことであるから，負の所得税が社会福祉の完全な代替物たりえないことは明らかである。社会福祉の一種である児童手当についても同様のことがいえよう。これは児童の健全な育成と資質の向上とをおもな目的とするものであって，所得制限があるとはいえ，非貧困世帯にたいして

も給付されるのが普通である。

　要するに，従来の社会保障制度には従前の生活水準を維持すること，稼得能力を高めることなど最低生活の保障以外の目的をもつものが含まれているから，それから負の所得税への完全な代替は不可能である，といえよう」(大野[9]17ページ)。

　大阪経済大学の樋口悌男氏は，以下のように述べている。「最低保障所得1,600ドル，税率50パーセントで負の所得税計画を実施すれば，既存の諸制度の下にある世帯の所得を減少させることはない。諸制度のいくつかは，全く廃止されることはないにしても，規模が縮小されることになろう。既存の諸制度のそれぞれとの比較検討を必要とすることはいうまでもないが，従来の社会保障制度の中には，単に最低所得の保障だけでなくそれ以外の目的 (医療保険や年金制度，失業保険など) を持っているために，完全な代替は不可能であることは言うまでもない」(樋口[3]18ページ)。

【参考文献】

[1]　Friedman, M., *Capitalism and Freedom*, The University of Chicago Press, 1962. 熊谷尚夫・西山千明・白井孝昌訳『資本主義と自由』マグロウヒル好学社，1975年11月。

[2]　Friedman, M., *Bright Promises, Dismal Performance——An Economist's Protest*, 1983. 西山千明監修・土屋政雄訳『政府からの自由』中央公論社，1984年2月。

[3]　樋口悌男「負の所得税をめぐる諸問題」大阪経済大学『大樟論叢』第8号，1976年3月。

[4]　今西芳治「負の所得税制度に関する一考察」近畿大学『商経学叢』No.60，1978年6月。

[5]　倉林義正「負の所得税構想について」『福祉と公正の経済分析』統計研究会，1976年3月。

[6]　西山千明「マイナスの所得税導入の意味」『経済セミナー』No.253，1976年2月号。

[7]　西山千明『マネタリズム——通貨と日本経済』東洋経済新報社，1976年8月。

[8]　西山千明編『フリードマンの思想』東京新聞出版局，1979年6月。

[9]　大野吉輝「社会配当金と負の所得税」大阪府立大学『経済研究』第17巻第3号，1972年9月。

[10]　佐藤進「負の所得税について」『税務弘報』第22巻第13号，1974年12月。

第19章 フリードマンの「変動為替相場」

1. はじめに

「新政権発足当初の数週間は,ドルを自由変動させ,アメリカの経済政策を将来長年にわたって,国際収支問題の足かせから解き放つ,またとない好機である。いずれ事態の進展は,いやおうなく変動相場制を取らせることになろうが,今ならば自ら進んでそれを採択することができる。追い込まれて踏み切る場合の,政治的,社会的コストは多大なものになるだろう」(ミルトン・フリードマン,1968年10月15日,ローズ・フリードマン[6]鶴岡訳171ページより)。1968年に,フリードマンは,ニクソン大統領に変動相場制の採用を提案している。1971年8月15日,ブレトン・ウッズ体制が崩壊し,一時,変動相場制になり,また,1971年12月に,スミソニアン体制となり,1ドルが360円から,308円の固定制度になっていたが,1973年2月に,多くの国々は変動相場制に移行し,現在に至っている。当章の目的は,フリードマンの変動相場擁護論を説明し,変動相場制批判と比較・検討することである。

2. フリードマンの理論

国際収支に不均衡が生じると,以下の4つの調整の方法がある。① 変動相場,② 国内のインフレ・デフレ,③ 外貨準備,④ 貿易に対する政府の統制・

干渉, である。

① 変動相場

　ある国の国際収支が黒字であったと仮定しよう。変動相場制の場合, その国の通貨の価値が上昇し, 輸出は減少し, 輸入が増加する傾向となり, 国際収支は均衡する傾向がある。したがって, フリードマンは, 変動相場の調整がベストである, と考えている。

② 国内のインフレ・デフレ

　ある国の国際収支が黒字である場合, インフレ政策をすれば, 黒字が減少する傾向になる。逆に, 赤字の国の場合, デフレ政策をすれば, 赤字が減少する傾向になる。このインフレ・デフレの調整策は変動相場よりも劣っている。なぜならば, 変動相場は, 毎日, 自動的に, 継続的に, 調整されるが, インフレ・デフレの調整策は, 中央銀行が調整を進んでする場合に限られているからである。

③ 外貨準備

　外貨準備を利用して, 通貨価値を安定させる方法である。小規模で一時的な動きには可能であるが, 小規模で一時的なのか, 大規模で永続的になるのか, 初めからはわからない。この外貨準備の利用は, 長期では, 実行不可能である。

④ 貿易に対する政府の統制・干渉

　貿易に対する政府の統制・干渉は, 国内問題にまで拡大し, 効率的な資源配分ができなくなる。政府の統制・干渉は, 自由社会では効率的ではない, とフリードマンは考えている。関税や輸入割当制度はフリードマンの自由主義思想とは両立しないのである。

したがって，前述したが，フリードマンは，国際収支の赤字と黒字の調整は変動相場がベストであると考えている。また，この変動相場の考え方を，フリードマンは1950年から主張し続けている。

3．投機は変動相場を安定させるか

　変動相場の場合，投機業者は相場を安定させるのか，不安定にするのか，という議論がある。投機は安定化の傾向がある，とフリードマンは考えている。不安定化すると主張する人々は投機業者が損をすると主張することと同じである，とフリードマンは述べている[1]。また，固定相場の場合，投機は相場を不安定にすると，フリードマンは主張している。フリードマンは以下のように述べている。「外国為替投機は安定をそこなうということを例証するものとみなされた資本移動の多くは，政府の措置によって変更を受ける固定相場であったため助長されたので，主として為替相場に伸縮性が欠如していたこと，したがって資本移動を回避させるなんらの誘因もなかったことに帰せられるべきものなのである」（フリードマン［１］佐藤・長谷川訳178ページ）。固定相場と変動相場との比較になるが，投機に対しては変動相場の方が優れているといえよう。固定相場の場合，1971年８月のニクソン・ショックのときのブレトン・ウッズ体制の崩壊や1973年２月のスミソニアン体制の崩壊を見れば，維持できない制度であったといわねばならない。1973年以降，変動相場は，多少の変動があるにしても，維持されているので，投機に対しては，変動相場の方がベターであるといえよう。

　投機に対して，変動相場の方がベターであるということは，投機が変動相場を安定させることとは別問題であろう。投機が変動相場を安定させているかどうかというのは実証研究の問題である。この問題はまだほとんど研究されていないようである。大阪大学の新開陽一教授は以下のように述べている。「だがそもそも乱高下はなぜ生じるのか，そして，それへの対応策はあるか。１つの

見方は付和雷同的な投機のせいであるとするものであるが，理論分析は始まったばかりである。……

過去の為替レートの動きを眺めるとき，乱高下があったらしいとはいえても，現在の時点で乱高下を『正当な』動きから区別するのは困難である。ここに対応策の見い出しにくさがある。ともあれ協調介入，目標相場圏，参照レートなどいくつかの対応策が提唱されているが，実例に乏しく，研究成果もすくないようである」(新開[15]50ページ)。

したがって，投機が安定化作用があるかどうかは，実証的には，結論が出ていないといえよう。なお，フリードマンは以下のように述べていることを付け加えておこう。「浮動相場は不安定化的な投機をひきおこすので，浮動相場のもとでの不確実性は他の制度のもとでより大きいというのである。わたくしがかつてこの問題を論じはじめたときには，不安定化的投機を根拠にする反対論に真面目に対処する必要をみとめた。いまではその必要をみとめない。浮動相場のもとでの投機にかんする丹念な実証研究が数多くあらわれたが，いうに足る規模の不安定化投機の例はどこにも見出されず，投機が安定化に貢献したとの見解を裏づける証拠が圧倒的であった。いまやこのお化けを丁重に葬るときであると思われる。すくなくとも，これがお化けではないという本当の証拠があらわれるまでは」(フリードマン[3]訳書191ページ)。「振り返ってみれば，投機業者が"正し"かったこと，投機活動とは独立に，欧州の大部分の通貨の対ドル価値を減価させる要因が働いていたこと，投機的な動きがこの変化を予想していたこと，したがって，投機活動は"安定をそこなう"というようにいいうるとすれば，少なくともそれと同程度に"安定に貢献する"というようにいいうるだけの理由があることは明らかである」(フリードマン[1]佐藤・長谷川訳177ページ以下)。

また，大阪大学の渡辺太郎教授は次のようなことを主張している。投機が安定的ということは変動が小さいということと同義ではない。安定化的というのは現状維持的ということと同義ではない。当局の目からみると，攪乱的，破壊

的でも，市場の論理からすると，安定的であると，渡辺教授は主張している[2]。最後に，東京大学の小宮隆太郎教授は以下のように述べている。「この問題にかんして，不安定化的投機の確実な事例を証拠として示すことば容易ではないが，それは一つには，もともと政府がほとんど介入しない自由な変動レート制度の事例がこれまでには少なく，しかもそれらの乏しい事例について為替投機がどのように行なわれたかを明らかにすることは，多くの場合容易ではないからである。そうして過去の経験についてのこれまでの分析の結果は，大勢としては，フリードマンはじめ変動レート論者たちの主張を支持していることは否定できない」(小宮[10]62ページ以下)。

4. 国際収支の調整

1973年2月からの変動相場制にもかかわらず，国際収支の赤字と黒字が均衡の方向に進んでおらず，したがって，変動相場制は調整能力がないのではないかという考え方をしている人が多い[3]。国際収支の調整能力がないことを示す用語はJカーブ効果やオーバー・シューティングである。Jカーブ効果は調整のタイム・ラグを説明していて，オーバー・シューティングは調整の行き過ぎのことである。本当に，変動相場制は国際収支の調整能力がないのか。この国際収支の調整は，短期的には，難しいであろう。なぜならば，短期的には，Jカーブ効果やオーバー・シューティングが存在するからである。したがって，国際収支の調整といった場合は，長期的に考えねばならないであろう。この調整を中・長期的に考え，変動相場制は調整能力がある，と大阪大学の原正行助教授は主張している[4]。長期的には，変動相場制の調整能力は存在するといえるであろう。だが，その長期的とは，一体，どのくらいの長さなのであろうか。2，3年という長さではなくて，10年，20年といった長さになるかもしれない。変動相場制において，長期的に，フリードマンは購買力平価説を信じている[5]。東京大学の小宮隆太郎教授も購買力平価説は2，3年では成り立たず，長期的

に妥当すると主張している[6]。購買力平価説が妥当するのにはかなりの時間が必要である。したがって，国際収支の赤字・黒字の調整時間は，もっと，長くなると考えねばならないであろう。調整時間が長くとも，調整能力はあるといえよう[7]。

5．インフレの隔離効果

一国のインフレを他国に波及させないという隔離効果を変動相場制は持っているといわれている。隔離効果があるのか，ないのかというのは実証的な問題である。分析期間や分析方法によって結果が逆になるかもしれない。他国の政府より，拡張政策を求められて，インフレになった場合は，変動相場制のためというよりは，それは，他国からの外圧と考えられ，変動相場制が原因とは考えられないであろう。分析期間や分析方法によって，様々な結果が出ていると考えられるが，現時点（1993年3月）で，世界的な規模でのインフレになっているとは思えないので，隔離効果は，かなり，あると考えられる[8]。むしろ，インフレの隔離効果がないのは固定相場制である。固定相場制の下で世界的な規模でのインフレがあったといえよう。

6．固定相場 対 変動相場

一見，変動相場は，毎日，変動しているので，安定してなく，固定相場は固定されているので，安定しているように考えられてきた。しかし，国際貿易の変化は，絶えず，起こっている。固定相場こそが国際収支の赤字・黒字が累積しがちである。前述したが，変動相場制は，長期的に，国際収支の調整をしている。変動相場制は国際的な取引の条件の変化の防止ではなくて，変化の適応を目指しているのである。固定相場制は国際収支の赤字・黒字が累積しがちであるので，いつまでも，維持するのが難しくなり，ある日，突然，爆発するの

である[9]。ブレトン・ウッズ体制とスミソニアン体制の崩壊が歴史的な証明であるといえよう。

7．管理フロート

現在の変動相場制は当局の介入のある管理フロート制度であり，ダーティー・フロートといわれている。当局の介入がないフロートをクリーン・フロートという。フリードマンが主張しているのはクリーン・フロートである。前述したが，「3．投機は変動相場を安定させるか」や「4．国際収支の調整」は，もしも，クリーン・フロートであったならば，もっとうまくいっているかもしれない。それでも，固定相場制よりも，管理フロート制は，はるかに，ベターである。管理フロートはクリーン・フロートとは違うが，相違点の方が類似点よりも小さい，とフリードマンは述べている[10]。

8．マネタリズム

フリードマンは貨幣を重視し，自由主義思想を持っていて，マネタリストと呼ばれている。政府の統制・規制を好まず，需要と供給によって，価格が決定されるプライス・メカニズムをフリードマンは支持している。変動相場は需要と供給によって価格が決定されるので，正に，フリードマンの考え方と一致している。したがって，フリードマンは，1950年から，変動相場制を主張していた。フリードマンは以下のように述べている。「われわれが欲するのは，価格は自由に変動するけれども，それらの価格を決定する諸力が十分に安定的であって，そのために価格は事実上適度の範囲内で動くようなシステムである。これは変動為替相場制についても等しくあてはまる」(フリードマン[2]訳書77ページ)。1950年代・1960年代のブレトン・ウッズ体制下と1971年～1973年までのスミソニアン体制下では，固定相場制であり，需要と供給のプライス・メ

カニズムは機能していなかった。価格が固定される固定相場制とか，政府の統制・規制をフリードマンは好ましく思っていないのである。

　また，「2．フリードマンの理論」で，前述したが，国際収支の赤字・黒字の調整には4つの方法がある。① 変動相場，② 国内のインフレ・デフレ，③ 外貨準備，④ 貿易に対する政府の統制・干渉，である。この4つの方法の中で，最も望ましくない方法なのであるが，一番，利用されていたのが，政府の統制・干渉であった。たとえば，関税・補助金・輸入割当・自主規制・海外投資の統制等であった。フリードマンは以下のように述べている。「4つのメカニズムのうち，直接統制の使用は，ほとんどいかなる見地からみても明らかに最悪であって，自由社会にとって確かに最も破壊的である」（フリードマン[2]訳書74ページ）。結局，固定相場制は政府の貿易に対する統制・干渉が増加する体制であったのであり，フリードマンのマネタリズムの自由主義思想と両立しない制度であったといえよう。したがって，固定相場制での政府の悪い調整ではなく，プライス・メカニズムを利用した需要と供給による伸縮的な変動相場制を，フリードマンは，強く，主張していたのであった。また，変動相場制で，政府の統制・規制を少なくして，自由貿易体制を目指しているといえよう。したがって，変動相場制とマネタリズムの自由主義思想は，完全に，両立しているといえよう。

9．なぜ，実現が遅れたか

　前述したが，1973年2月から，変動相場制は，本格的に，スタートした。なぜ，それまで，実現が遅れたのか。変動相場制に対する実務家たちの色々な偏見や誤解や因習的先入観を立教大学の西山千明教授は指摘している[11]。同じことであるが，大阪大学の渡辺太郎教授は「疑い」と「不安の目」と述べている[12]。1930年代の激烈な為替切下げ競争とか，前述した，投機による変動相場の不安定性とか，固定相場でないと安定しないというような偏見・誤解・先

入観・疑い・不安であった。また，フリードマンは「アリゾナ効果」という説明をしている[13]。アリゾナ州の結核死亡率が一番高いため，アリゾナ州は最悪の場所となっている。深刻な金融困難に陥ったとき，最後の手段として，変動相場制に頼らなければならなかった。変動相場制が金融的・経済的不安定と結び付けられ，最悪の制度とみなされた，とフリードマンは考えている。変動相場制の実施が遅れた最大の理由は「現状に支配」である，とフリードマンは考えている。実施されていない変動相場制よりも，実際に，実施されている固定相場制ということである。フリードマンは以下のように述べている。「われわれが釘付け相場に固執する最大の理由は，現状に支配されているのである。アメリカ政府の公式の立場は，ドルを守るというのである。大統領も他の政府高官も，ドルの切下げはおこなわれないと幾度も言明してきた。釘付け相場制度は戦後の最大業績の一つであって，アメリカは全力をあげてそれを守ると言明してきた。このような立場を一度公表すると，大危機がおこらないかぎり変更はなされない」(フリードマン[3]訳書193ページ)。「現状に支配」ということば貨幣当局の人々が保守的であるといえよう[14]。

10. むすびにかえて

フリードマンは，1950年から，変動相場制を主張し，変動相場制といえば，かならず，フリードマンの名前が登場してきた。自由主義思想を持っているフリードマンが変動相場制を提案し，自由貿易を拡大し，国際的な協調体制を実現し，世界経済の生活水準を上昇させようとしたのである。この変動相場制度は，フリードマンの自由主義思想と両立し，自由貿易体制の拡大のために，なくてはならない制度である。なぜ，自由主義者のフリードマンがこれほどまでに，強く，主張していたのかは，よく，理解できる。

また，この変動相場制の提案は1950年から始めていたので，フリードマンの変動相場制に対する賛否両論の文献は少なくない。フリードマンの変動相場制

に関する賛否両論の文献を集めるだけでも，かなりの時間が必要である。考えてみると，それだけ，フリードマンの変動相場制の提案は興味深いということがいえるであろう。

【注】
1) フリードマンは，以下のように述べている。「投機は一般的に不安定化をもたらすものであると主張する人びとは，その主張が投機業者は損をするものだという主張とほぼ等しいことをほとんど認識していない」(フリードマン[1]佐藤・長谷川訳176ページ)。
2) 大阪大学の渡辺教授は，以下のように述べている。「ところで，投機が安定化的だというのは，投機による為替相場の変動が小さいということと同義ではない。為替相場の現実値が均衡値から遠くはなれているとき，安定化的な投機は為替相場の変動をおそらく激烈なものにするであろう。1971年あるいは本年，固定相場制へ移行した当座の各国の為替相場の変動の経験をそのよい証拠として示すことができる。また，安定化的だということは，現状維持的だということとも同義ではない。変動相場制へ移行するまえの固定相場制の時期にいやというほど経験したが，為替相場の均衡水準が通貨当局が固持しようとする為替変動幅の外に移ってしまうと，大量の投機的資本が当局の意図と逆行する方向に動いて当局をして奔命に疲らせ，そして最後には当局の意図をつきくずしてしまった。この種の資本移動は，当局の目からみると，確かに攪乱的，破壊的ということになるが，市場の論理からすると，やはり安定化的なのである（渡辺[19]59ページ以下）。
3) たとえば，野村証券顧問の鈴木秀雄氏は，以下のように述べている。「第二の国際収支の均衡回復にフロート制が有効であるかどうかは疑問とされている。
　その理由として，第一に，輸出入の価格弾力性が低いため，貿易収支の不均衡是正の効果が小さい，第二に，資本移動を十分に調整しうるほど伸縮的でない，の二点が挙げられる。……
　対外均衡という目的には為替相場変更という政策を割り当てることで，国内経済政策のオートノミーを維持できるとするフロート論者の説くメリットは実在しないのである」(鈴木[17]28ページ)。
　東京国際大学の篠原三代平教授は以下のように述べている。「フロートによって国際収支の不均衡は調整されるというが，80年代には不均衡は数カ年にわたって拡大し，拡大しない時期でも不均衡は温存されたままになっていた」(篠原[16])。
　東京大学の鬼塚雄丞教授は以下のように述べている。「1970年代と80年代の経験は為替レートが激しく変動するにもかかわらず，経常収支の赤字や黒字はあま

り縮小しないことを教えてくれた。例えば，円高やマルク高にもかかわらず，日本や旧西独の経常収支黒字は中長期的には逆に拡大した」(鬼塚[14] 3月13日)。

下関市立大学の木下税二学長は以下のように述べている。「その変動は国際収支の自動的均衡化論を葬り去ったばかりでなく，もはや調整の時間的遅れを説くJカーヴ効果でも説明できない事態をもたらし，そうした過度の変動はオーバーシューティング（調整の行き過ぎ）だとか，バブル現象だとかいった表現で日常的に語られるようになっている」(木下[8]151ページ)。

大阪大学の新開陽一教授は以下のように述べている。「最後に経常収支のバランスに一言触れておくと，為替レートの変化がそれを実現するとはかならずしもいえない」(新開[15]51ページ)。

4) 原正行助教授は，以下のように述べている。「したがって，理論的観点からも，短期的には経常収支が均衡するように為替レートは調整されない。さらに，輸出・輸入の価格弾力性は短期的には非常に小さいという，いわゆるJカーブ効果の存在によって調整には時間がかかるという側面もある。そうすると，為替レートの変動が経常収支を調整する能力があるかどうかを判断する場合には，中・長期的な観点から判断する必要がある。

この点を考慮して，現実に目を向けると，先進工業諸国の間では，経常収支については短期的には不均衡が見られるものの中期的にはほぼバランスし，累積的な経常収支の赤字・黒字がみられないといってもよい。したがって，固定レート制の時と比較すれば，変動レート制移行後の経常収支は，為替レートの変動によって中・長期的には調整されてきたものと判断することができよう。そのいちばんよい例は，変動レート制移行後の2回の石油ショックである。もし，この時固定レート制がとられていたとすれば，世界経済がこれを国際通貨制度上の危機を伴わないで乗りきることができたかどうかはおおいに疑問である」(原[7]38ページ)。

5) フリードマンは，以下のように述べている。「アメリカのドルは日本の円に対しても西ドイツのマルクに対してもスイスのフランに対しても，ここのところずっと弱い。その理由は主としてアメリカのインフレ率がこれらの国ぐにのインフレ率よりもずっと高くなってきたからだ。アメリカのインフレはドルの国内における購買力が減少していくことを意味する」(フリードマン夫妻[4]訳書80ページ)。

「ポンドの対ドル価値が現在どの程度であるにせよ，英国の物価上昇率がアメリカの物価上昇率を上回れば，ポンドがドルに対して安くなる。ここ数年の物価上昇率は，アメリカより英国のほうがずっと高い。たとえば1974年2月から1976年2月までの2年間では，英国の物価上昇率が年率22%だったのに対しアメリカは9%だったし，次の6か月間は，英国が年率13%で，アメリカが6%だった。ドルに対して英国ポンドが下落をつづけているのは当然と言えよう」(フリードマ

ン［5］訳書378ページ）。

6）小宮教授は，以下のように述べている。「購買力平価（purchasing power parity, PPP）説は長期的な傾向としては依然としてある程度の妥当性をもっているようにみえるが，2〜3年以内のレート変動については成り立たないことが明らかとなった」(小宮［11］2ページ）。

7）よく似ていることであるが，カルテル価格は下落すると予測したが，その予測がはずれ，非難されたが，理論的な方向は誤りでなかったが，調整時間を間違った，とフリードマンは述べている。ミクロ経済学のカルテル価格の下落の理論と国際収支の調整の理論はよく似ているといえそうである。フリードマンは以下のように述べている。「私はかつて同じ『ニューズウィーク』のこの欄で，OPECは原油価格を4倍に引き上げたものの，それを長くは維持できないだろう，これまでに結成された無数のカルテルの例にならい，いずれは崩壊の道をたどるだろうと述べた。幸か不幸か私の予測ははずれ，私は各方面から非難を浴びた。『国際問題におけるユーモア振興協会』は，私にブービー賞までくれた。だが，私は間違ったことは確かだが，その間違いは方向の誤りではなく，タイミングの誤りである。その上，イラン革命が起ころうなどとは夢にも思わなかった。この点で私の水晶玉は確かに曇っていたと言わざるをえない」（フリードマン［5］訳書166ページ）。

8）フリードマンは変動相場制のインフレの隔離効果を考えていて，以下のように述べている。「世界的な規模のインフレーション問題は存在しません。現在あるのは，各国の個別のインフレーションが，世界的に拡がっているという問題です。それは，ちょうど貧困問題が多くの国々で問題とされても，世界的な規模の貧困問題が存在しないのと同じことです。それはたいへん大きな違いです。

　たしかに，固定為替相場制のもとでは，世界的な規模のインフレーション問題が存在しました。しかし，現在の変動相場制のもとでは，もはや，世界的な規模のインフレーション問題はないのです。あるのは，ただ，各国の個別の国民的インフレーション問題だけです。たとえば，各国のインフレ率は，スイスではゼロですし，西ドイツでは4％ないし5％，アメリカでは6％から7％，日本では8％，イギリスでは15％，イタリアで20％，イスラエルが35％，そしてアルゼンチンでは100％以上というように，それぞれ違います。こういうときに，世界的規模のインフレーションと呼べるでしょうか」（フリードマン，小松［9］112ページ）。

　また，大阪大学の新開陽一教授も隔離効果を認めているようである。「私はフロートの隔離効果はかなり大きいと判断している。もっともこの判断は多数説とはいえないかもしれない。……

　インフレーションはかなり隔離される。固定相場ならインフレは容易に伝播するが，フロート下では大幅なインフレ国際格差が存在してきた。インフレ率は一定でないから，オーバーシュート問題はつねに介在する。しかしだからといって，

フロートの隔離効果が作用しないわけではない。いわゆる悪循環がフロートの欠点として指摘されること自体，隔離効果を証明している」(新開[15]51ページ)。
9) 立教大学の西山千明教授は，以下のように述べている。「現行の固定為替相場制においてはこれらの不安定要因が潜在して累積され或る日突然爆発的に顕在化するかもしれない」(西山[13] 5 ページ)。

「けれどもまた，対米債権の総額と米国の金準備総額との均衡が失われる時，現行体制は，一朝にして急変するかも知れない人々の思惑や，感情的判断の対象となるものであることは，国際的経験としては1930年代における英国の金本位制の停止や，国内的経験としては同年代における銀行取り付け騒動という思い出に既に明らかなことです」(西山[12]55ページ)。
10) フリードマンは，以下のように述べている。「もちろん，現在の変動相場制は純粋の変動相場制とは異なる。しかし，以前の固定相場制にくらべて，はるかに純粋の変動相場制に近づいていることも事実です。この制度の運営上の困難は，一部の諸国が市場の諸要因による為替相場の調整の実現を妨げていることから生じている。たとえば日本は，円相場の上昇を望まず，その調整をこばんでいることは御承知の通りです。

そのように，この管理された変動相場制は，たしかにクリーン・フロートとは異なっている。しかし，両者の相違点は，類似点よりも小さい」(フリードマン，小松[9]112ページ)。

また，東京大学の鬼塚雄丞教授も以下のように述べている。「為替レートの基本的な動向が市場の需給の実勢によって決まる限り，変動相場制と言ってよい。この意味で，現在の管理フロート制は本質的にフロート制である」(鬼塚[14] 3 月11日)。
11) 西山[13] 4 ページ以下。
12) 渡辺教授は，以下のように述べている。「変動相場制の支持者が申し立てるその効能書はいいことずくめであるにもかかわらず――あるいは，いいことずくめだからかもしれないが――変動相場制は長いあいだ疑いと不安の目でみられてきた。それが通貨混乱の妙薬であることが実地で確かめられたこんにちでも，事情はそう変ってはいない。通貨当局を含め多くの人々がそれを危機の切抜け策以上のものとはみていない」(渡辺[19]60ページ)。
13) フリードマン[2]訳書77ページ。

また，フリードマンは以下のようにも述べている。「最後の理由としていわゆるアリゾナ効果をあげる。ご承知かと思うが，アメリカの各州のなかで，アリゾナの結核死亡率は最高である。とするとアリゾナはもっとも不健康な地域ということになる。同様に，これまでの例では，浮動相場制の採用は，金融危機を前にした国で万策つきたのち最後の手段としておこなわれた。浮動相場が悪評高いのはそのためである（フリードマン[3]訳書194ページ)。

14) 大阪大学の渡辺太郎教授も以下のように述べている。「1950年代にはいってからは，少なくとも学界においては，伸縮相場制度の支持者はしだいにその数をまし，その理論的基礎もしだいに強化されて，それの固定相場制度に対する優勢は疑うべくもない。固定相場制度の陣営は，1人去り，2人去って，たしかに寂寞の感をまぬがれない。ところが，ひるがえって，制度運営の責めにあたる貨幣当局をみると，どの国でも伸縮相場制度に対する態度は意外に冷たく，固定相場制度に対する支持が圧倒的である」(渡辺[18]98ページ)。

【参考文献】

[1]　Friedman, M., *Essays in Positive Economics,* Chicago : University of Chicago Press, 1953. 佐藤隆三・長谷川啓之訳『実証的経済学の方法と展開』富士書房，1977年。鈴木浩次訳「変動為替相場論」鈴木浩次編『国際流動性論集』東洋経済新報社，1964年9月。吉田訳「変動為替相場論」大蔵省『調査月報』第50巻第2号，1961年2月。

[2]　Friedman, M., *Capitalism and Freedom,* University of Chicago Press, 1962. 熊谷尚夫・西山千明・白井孝昌訳『資本主義と自由』マグロウヒル好学社，1975年11月。

[3]　Friedman, M., *Dollars and Deficits,* Prentice-Hall, 1968. 新開陽一訳『インフレーションとドル危機』日本経済新聞社，1970年4月。

[4]　Friedman, M., and Friedman, R., *Free to choose――A Personal Statement,* 1979. 西山千明訳『選択の自由――自立社会への挑戦』日本経済新聞社，1980年5月。

[5]　Friedman, M., *Bright Promises, Dismal Performance――An Economist's Protest,* 1983. 西山千明監修・土屋政雄訳『政府からの自由』中央公論社，1984年2月。

[6]　Friedman, R., "Milton Friedman : Husband and Colleague――(1)～(12)," *The Oriental Economist,* Vol. 44 No. 787, May 1976 ～ Vol. 45 No. 802, Aug. 1977. ローズ・フリードマン「夫・ミルトン・フリードマンの人と思想」『週刊 東洋経済』臨時増刊号 No. 30(1974年10月) ～ No. 41(1977年7月)。鶴岡厚生訳『ミルトン・フリードマン――わが友，わが夫』東洋経済新報社，1981年7月。

[7]　原正行「変動レート制下の国際資金移動」『経済セミナー』第342号，1983年7月。

[8]　木下悦二『外国為替論』有斐閣，1991年2月。

[9]　小松憲治「アメリカ経済学界見聞録 (1)自由主義経済学の巨匠　ミルトン・フリードマン」『経済往来』第30巻第3号，経済往来社，1978年3月。

[10]　小宮隆太郎「変動為替レート制度」東京大学『季刊　経済学論集』第37巻第1号，1971年4月。

［11］小宮隆太郎「フロート制の回顧と為替理論の展望」『季刊　理論経済学』第35巻第1号，1984年4月。

［12］西山千明「自由な世界経済への道——IMF東京総会を顧みて——」『自由』第6巻第11号，1964年11月。

［13］西山千明「自由変動為替相場論のために」『世界経済』第20巻第1号，1965年1月。

［14］鬼塚雄丞「変動相場制の功罪①〜⑥」『日本経済新聞』1993年3月9日〜3月15日。

［15］新開陽一「固定レート制と変動レート制の経済学」『経済セミナー』第342号，1983年7月。

［16］篠原三代平「変動相場制20年の"実験"——理論的期待を裏切る形に」『日本経済新聞』1993年3月6日。

［17］鈴木秀雄「フロート10年と国際通貨改革の方向」『週刊　東洋経済』第4401号，臨時増刊　近経シリーズ第63号，1982年10月7日。

［18］渡辺太郎「固定為替相場と伸縮為替相場」『大阪大学経済学』第13巻第3・4号，1964年3月。

［19］渡辺太郎「為替相場の調整機能と変動相場制」『大阪大学経済学』第23巻第2・3号，1974年3月。

第20章　フリードマンのインデクセーション

1．はじめに

　ミルトン・フリードマンは，1973年頃より，「インデクセーション」を主張している。インデクセーションは，同じ意味であるが，様々な別の名前で呼ばれている。たとえば，「インデクスィング」，「マネタリー・コレクション」，「物価スライド制」，「価値修正」，「物価指数化制度」，「物価指数連結方式」，「逆所得政策」，「インフレ中立化政策」，「指数化」，「インデックス条項」，「指数リンク制」，「エスカレーター条項」，「エスカレーター制」，「物価調整条項」，「物価スライド条項」，「スライド制」，「指数条項」，「自動調整条項」，「物価エスカレイター条項」，「安定価値計算制」，「通貨価値修正制」，「指数化方式による価値修正」である。インデクセーションとは何か。なぜ，フリードマンはインデクセーションを主張したのか。インデクセーションのメリットは何か。デメリットは何か。また，インデクセーションはフリードマンのマネタリズムと両立するのかということを，当章で研究する。

2．意　味

　インデクセーションとは何か。物価が持続的に上昇しているインフレーション下では，一般に，債務者が有利になり，債権者が不利になる。また，一定の

賃金や年金をもらっている人も，インフレーション下では，不利になる。インフレーションはこのような社会的不公正を発生させる。この社会的不公正を是正しようとするのがインデクセーションである。インフレ率に合わせて，賃金や年金を上昇させるのである。また，インデクセーションの範囲を賃金や年金だけでなく，債券や税金や家賃や保険にまで拡大している。

　また，インフレーションを抑制するには，貨幣量の増加率を減少させていかなければならない。しかし，貨幣量の増加率を減少させ，インフレ率が低下し始めると，失業率の増加と景気後退という副作用が生じる。この失業率の増加と景気後退という副作用を，できるだけ，少なくしようとするのがインデクセーションの役割にもなっている。また，インデクセーションによって，直接的にではないが，間接的に，インフレーションを抑制することにもなるのである。後述するが，インフレーションによって，政府は税収が増えるのである。したがって，政府はインフレーションを抑制するのに気が進まなくなるのである。もしも，インフレーションがなくなってしまうと，政府は税収が減ってしまうのである。インデクセーションがあると，インフレーション下でも，政府の税収は，それほどは，増加しなくなる。したがって，インデクセーションがあると，政府は，本気で，インフレーションを抑制することに取り組むことになるのである。

3．歴　　史

　インデクセーションをフリードマンが最初に主張したのではない。フリードマン（[3]，[4]）によると，1886年に，アルフレッド・マーシャルが「指数表基準」というインデクセーションを提案している。また，マーシャル以前の1820年代と1830年代に，少なくとも3人の論者（ジョセフ・ロウ，G.ボウレット・スクロープ，G.R.ポーター）がインデクセーションを主張している。1870年代において，W.スタンレイ・ジェボンズとウォルター・バジョットがイン

デクセーションをめぐって論争している。1892年には，ロバート・ギッフェンもその論争に加わっている。また，1927年には J. M. ケインズが債券のインデクセーションを主張している。また，米国においても，アーヴィング・フィッシャーが「計表本位（tabular standard）」というインデクセーションを主張していた。インデクセーションはフリードマンのオリジナリティーではないが，後述するが，フリードマンのマネタリズムと両立できるようである。

4. 背　景

　インデクセーションが話題になるのはインフレーションが激しくなったときである。フリードマンがインデクセーションを主張しだしたのは1973年頃からである。1973年頃は，世界的なインフレーションの時期であった。また，日本においても，昭和50年（1975年）前後に，インデクセーションに関する文献が非常に多く見受けられる。経済企画庁の石田祐幸氏は以下のように述べている。「このように，わが国において，従来ほとんど議論の対象とならなかったインデクセーション（スライド制）が，にわかに脚光を浴び，白熱の議論の対象となった背景には，所謂，狂乱物価といわれるような異常な物価の高騰が基本にあることはいうまでもない」（石田［6］22ページ）。また，逆に，最近では，インフレーションが収まっているので，インデクセーションの議論も収まっている。したがって，最近では，インデクセーションに関する文献を，ほとんど，見つけることができない。

　太陽神戸銀行（昭和49年当時）の太田和男（［9］24ページ）氏によると，インデクセーションは17ヶ国で実施されているということである。その17ヵ国は英国・イタリア・デンマーク・ベルギー・オランダ・ノルウェー・スウェーデン・ブラジル・チリ・オーストラリア・日本等を含んでいる。日本は，1974年より，年金においてインデクセーションを実施している。

5．インフレーションによる政府の収入

　インフレーションになると，政府は税収が増加する[1]。フリードマンは以下のように述べている。「不換紙幣の発行によって生み出されるインフレーションを現金残高への税とみなすことが一般的になってきた」(Friedman [2] p.846)。しかも，この税は立法によらずに得ることができるのである。インフレーションから政府が得る税は3つの方法があるとフリードマン（[4]訳書115ページ以下）は述べている。第1番目は，政府が不換紙幣を発行することである。一般の人々は手持ちの貨幣量は減少しないが，インフレーションになると，購買力が減少し，その減少部分を政府が得ることになる。第2番目は，インフレーションになると，個人と法人は高い所得層へと押し上げられる。したがって，以前よりも高い税率の対象になる。第3番目は，インフレーションになったために，既存の国債の実質額が減少する。したがって，インフレーションは，ある意味で，政府にとって非常に魅力的である。しかし，インデクセーションが導入されると，第2番目の高い税率への押し上げと第3番目の国債の実質額の減少がなくなってしまうのである。

6．メリット

　インデクセーションのメリットは，以下の点である。
　　① 社会的不公正の是正
　　② インフレ抑制
　　③ 政府収入の減少
　　④ 弱者救済
　まず，①社会的不公正の是正について説明してみよう。インフレーションによって，所得分配や資源配分が歪んでくる。インフレーションは，社会に，

不公正や不平等をもたらす。もしも，インデクセーションが導入されると，インフレーションの悪影響は中和される。インデクセーションによって，社会が公平化・平等化の方向に向かうのである。つぎに，②インフレ抑制について説明してみよう。前述したが，インフレーションが生じると，政府の税収は増加する。しかし，そこに，インデクセーションが導入されると，政府の税収はインデクセーションがないときほどは増加しない。したがって，インフレーションは，政府にとって，魅力が少なくなる。インフレーションを抑制する政治的な障害が除去されることになる。フリードマンは以下のように述べている。「エスカレーター条項を広く用いることは，それだけでは，物価上昇率を増やしも減らしもしないであろう。しかし，それによって政府がインフレーションによって得ている収入が減少するであろう。したがってそれは，政府がインフレーションを促進させる効果を和らげることを意味している」(フリードマン[4]訳書108ページ)。

つぎに，③政府収入の減少であるが，これは，すでに，前述しているので，ここでは説明を省略する。つぎに，④弱者救済について説明してみよう。フリードマンは以下のように述べている。「私は次の二つの根拠から購買力保証債券の発行に強く賛意を表する。(a)それは，低・中の所得層がインフレーションのなす略奪から彼らの資本を護るための一つの手段となるであろう。この所得層は，目下のところ，インフレーションから身を守るための有効な手段をほとんどもち合わせていない。彼らが擁護されることは，公正でかつ社会的に望ましいことであると思われる」(フリードマン[4]訳書133ページ)。低・中の所得層が債券を購入しても，インフレーションが激しくなると，利益がないどころか，損失を被る。したがって，インデクセーションのひとつの形態である購買力保証債券が発行されれば，インフレーションの悪影響から免れることができる。購買力保証債券はインフレーションを考慮している。低・中の所得層は資金が少ないので，土地とか株式を購入することができないので，インフレーションの悪影響を，まともに，受けてしまう。購買力保証債券が発行され

ていれば，インフレーションの悪影響を中和することができる。したがって，インデクセーションのひとつの形態である購買力保証債券の発行は弱者救済になるのである。

インデクセーションのメリットは，上記した4つの外にも以下の点がある。貯蓄の増加・取り引きの円滑化・労使のなれ合いのストライキがなくなることのメリットがインデクセーションの導入によって考えられる。

7．デメリット

インデクセーションのデメリットは，以下の点であるといわれている。
① インフレの助長
② インデクセーションの技術的な問題
③ 国債のインデクセーションは一般納税者の負担になる

インデクセーションは①インフレの助長となるのかについては次の「8．インデクセーションはインフレ的か」で後述する。インデクセーションの技術的な問題について説明しよう。インデクセーションをする場合に，何を指数とするのかという問題である。消費者物価指数が考えられるが，十分に，適切な指数ではないようである。賃金や年金や債券や税金や家賃等が，すべて，消費者物価指数だけで変動するのは無理があるであろう。たとえば，家賃は土地の価格と強い相関関係があるので，消費者物価指数では不十分であろう。何を指数にするのかという技術的な問題に対して，フリードマンも，アルフレッド・マーシャルを引用して，この技術的な問題を認めている。マーシャルは，1886年に，以下のように述べている。「購買力の完全に正確な尺度は，達成不可能であるばかりか考えることさえできない」（フリードマン［4］訳書129ページと157ページ）。しかし，フリードマンはこの技術的な問題を認めているが，この技術的な問題は重要であるが，致命的な事柄ではないと考えている。フリードマンは以下のように述べている。「エスカレーター条項の適用に際していずれの

指数を使用すべきかという問題があるが，これは重要ではあるが致命的な事柄ではない」(フリードマン[4]訳書129ページ)。そして，フリードマン([4]訳書129ページ)は，アメリカ合衆国において，便宜上，労働統計局が作成している生計費指数を用いることを考えている。また，日経ビジネス編集部編『解説 インデクセーション』[8]は以下のように述べている。「確かにインデクセーションを分配の公正という目的のために具体的政策へおろす段階では，指数を何に求めるかは技術的に困難な問題であろう。しかし，むずかしいからといって何もできないとするのは，あまりに非現実的な理由である。年金などについてすでにインデクセーションを導入している実例が存在しているのだ」(日経ビジネス編集部編[8]60ページ)。ここでも，何を指数にするかというむずかしい技術的な問題があるが，むずかしいということは不可能ということではないとしていて，すでに，年金はインデクセーションになっていると述べていて，フリードマンが述べていた「重要であるが致命的ではない」と同じことであるといえよう。つまり，何を指数にするかという技術的なむずかしい問題はあるが，しかし，インデクセーションが実行不可能ということではないのである。

また，インデクセーションのもうひとつの技術的な問題がある。すべての取り引きのインデクセーションが可能かどうかという問題である。フリードマンはすべての取り引きのインデクセーションは不可能であると述べている[2]。むしろ，逆に，不可能であるために，貨幣使用の大きな利点を生かし，経済が良くなるとフリードマンは考えている。また，インフレーションがなくなって，インデクセーションがなくなることが最良であるとフリードマンは主張している。フリードマンは以下のように述べている。「インデックセイションは，万能薬ではない。すべての契約をエスカレイトすることは不可能であり（例えば，貨幣流通量を考えよ），広範なエスカレイションは妨げとなろう。貨幣使用の大きな利点は明らかに取り引きを安く効率的に行う力にあり，普遍的なエスカレイター条項の採用は，この利点を弱める。インフレがなくエスカレイター条項もない方が，遥かに良い。しかし，これに代る方途は，現在取りえない」(フ

リードマン［3］訳書97ページ）。それでは，何をインデクセーションするのかという問題になるが，これは，どこまで，インデクセーションにすべきかという範囲の問題である。フリードマンは連邦政府に対するものはインデクセーションを法律で制定することを提案している。しかし，民間経済に対するものは自主的なものであるべきと主張している。フリードマンは以下のように述べている。「アメリカ合衆国に対して私がなしている特別な提案は，連邦政府に対するものと残余の経済部門に対するものとの二つの部分から成っている。連邦政府に対しては，エスカレーター条項を法律で制定することを提案し，残余の経済部門に対しては，エスカレーター条項の採用は随意的ではあるがその採用に対する法的な障害を除去することを提案している」（フリードマン［4］訳書129ページ）。したがって，すべての取り引きのインデクセーションが不可能という技術的な問題点は本当の意味でのデメリットとはいえないようである。

　つぎに，国債のインデクセーションは一般納税者の負担になることについて説明しよう。国債を購入した人は，インフレーションの進行によって，損失を被る。国債のインデクセーションによって，その損失は埋め合わされる。その損失の埋め合わせは一般納税者の税金から支払われることになる。これが，国債のインデクセーションは一般納税者の負担になるというデメリットと考えられている。しかし，これも本当の意味でのデメリットとは考えられない。前述したが，国債をインデクセーションした購買力保証債券が発行されれば，弱者救済になる。また，購買力保証債券によって，購入者が損失を被るのを防ぐことができれば，米国の財務省は信用を失わないで済むであろうとフリードマンは考えている。インフレーションによって，常に，利益を得るのは政府であるので，政府が国債の購入者に損失を償うのは当然のことであろう。さて，それでは，国債を購入しなかった人は，やはり，損失を被るのではないかという疑問が出てくる。前述したが，インフレーションによって，常に，政府は利益を得ていて，一般大衆は，常に，損失を被っている。したがって，インフレーションの損失を少なくするために，フリードマンはインデクセーションの導入

を主張したのである。国債以外でのインデクセーションの採用はインフレーションの損失を中和する方向にすべての人々を向かわしているといえよう。したがって，国債を購入しなかった人も，インデクセーションから，ある程度，損失の埋め合わせを得ているといえよう。

8．インデクセーションはインフレ的か

インデクセーションは，デメリットとして，インフレ的であるとして，しばしば，批判されてきた。たとえば，インデクセーションは，賃金・物価の悪循環のコスト・プッシュ・インフレーションを加速させる恐れがあるとか，政府がインフレーション抑制策を放棄し，「インフレと共に生きる」という方針の表明をしているとか，インフレーションに対する敗北主義だとか，インフレーションに降伏しているとか，インフレーションを肯定しているとか，インフレーションの一層の高進をもたらしているとか，インフレ・マインドを助長させているとして，しばしば，批判されてきた。それに対して，前述したが，インデクセーションはインフレーションを，間接的に，抑制することができるとフリードマンは主張している。一体，どちらが正しい理論なのであろうか。

ミネソタ大学のウォルター・W・ヘラー教授（1974年当時）は以下のように述べている。『インデックシングは，また，アラブ石油価格の4倍への引き上げといった外部からの衝撃の及ぼすインフレ的影響の，きわめて効率的な「伝導体」なので，伝統的な財政，金融および賃金・物価政策の負担を重くしよう』（ヘラー[5]訳書106ページ）。「しかし，最良の意図と最も完全な適用をもってしても，インデックシングは，中立的であり，自動的であり，著しく公平だと公正に自称することができない。それは，市場の力も政治の力も殺さない。しかし，インフレに対する抑止力の幾つかとインフレを鈍化させる遮断器として役立つ摩擦の幾つかを殺す。

要するに，慎重に狙いをつけた小量の服用量のインデックシングは，インフ

レを悪化させることなく公平を助長できる。しかし，大量の服用量なら，それは，インフレの治療薬であるよりも麻薬であるように思われる」(ヘラー[5]訳書107ページ)。

　アラブ諸国の4倍の引き上げの場合，インデクセーションがあると，すぐに，インフレーションを伝えてしまう欠点があり，そして，また，インデクセーションは，長期的に用いられると，インフレの治療薬でなくて，インフレを助長する麻薬になるとヘラー教授は主張している。これに対して，フリードマンは以下のように述べている。「広範なエスカレーター条項の適用に対する主たる反論は，エスカレーターが経済にインフレ的な刺戟を及ぼすという主張である。この単純な表現に示される叙述は，さきに1970年のジェネラル・モーターズの決着をめぐって述べたように，全くの誤謬である。エスカレーターは，それに先立つ物価の上昇の結果としてのみ有効になるものにすぎない。どうしてそういうことになるのか。エスカレーターは上方にも下方にも動きうるのである」(フリードマン[4]訳書145ページ)。インデクセーションがインフレを助長するのではなくて，それに先立つインフレーションの結果を，インデセーションが示しているだけであり，したがって，インデクセーションはインフレ的ではないと，フリードマンは主張している。アラブ諸国の4倍の引き上げの場合，外生的に，インフレーションになるのである。外生的なインフレーションを無理に抑制するのは，逆に，プライス・メカニズムを害するとフリードマンは考えているのであろう。インデクセーションは，たしかに，インフレーションを，すぐに，伝えるという機能がある。インデクセーションのこの機能は欠点ではなくて，長所であるとフリードマンは考えているのであろう。

　また，前述したが，インデクセーションは，インフレを助長するのではなくて，それに先立つインフレーションの結果を示しているだけであるというフリードマンの主張は正しいと考えられる。フリードマンはこの実例を挙げている。長くなるが，重要であるので，引用する。「1967年にジェネラル・モーターズとアメリカ合衆国自動車産業労働組合は，期間3年の賃金協定を行った。

当時，物価は比較的安定しており，消費者物価はそれに先立つ3年間に平均年率2.5%で上昇していた。賃金協定は，ジェネラル・モーターズも組合側も，おそらく物価が2.5%あるいはそれ以下の率で上昇し続けるであろうと予想して行われた。この予想は実現されなかった。1967年から70年の間に，物価は平均年率5.2%で上昇した。その結果，ジェネラル・モーターズは，いずれの側が予想した水準よりも年々低くなるような実質賃金を支払ったことになる。予想されなかった実質賃金の低下はジェネラル・モーターズに刺戟を与え，疑いもなくさもない場合よりもいっそう高い率で生産を行うようにさせた。当初，予想されなかった実質賃金の低下は，消費者物価の加速的上昇が一時的現象以上のものであることを認知するのに時間がかかったため，労働者にとっては障害とはならなかった。しかし70年までに，労働者は，実質賃金が彼らが以前に協定したものよりは小さくなっていることに気づいた。

その結果1970年の終りにストライキが生じたが，それは，① その出発年における非常に大幅な賃金の引き上げ，② 第2年目には遥かに少ない賃金の上昇，および ③ 生計費エスカレーター条項，を内容とする賃金協定によって決着がつけられたのである。

この契約は，広く，『インフレーション的なもの』として特徴づけられた。しかしそれはそのようなものではなかったのである。第1年目の大幅な賃上げは，単に過去の予想されなかったインフレーションの効果の埋め合わせをしたにすぎなかった。それは，実質賃金を労使双方がそうなるであろうと期待した水準へと回復させたのである。エスカレーター条項は将来の同様なゆがみの発生を阻止するために考案されたものであって，実際そのように働いたのである」(フリードマン[4]訳書125ページ以下)。

フリードマンが主張しているように，このジェネラル・モーターズの場合は，インデクセーションは，インフレ的ではなくて，単に過去に予想されなかったインフレーションの効果の埋め合わせをしたにすぎないのである。理論的に，インデクセーションは，それに先立つインフレーションを考慮に入れて使用さ

れるのであり，何らかの理由で価格が硬直的なものに適用される。したがって，インデクセーションがインフレ的に，表面上，見えるだけである。実際上は，インデクセーションがない場合よりも，素早く，適正な水準になるということだけであり，インデクセーションがなくても，時間が立つと，その適正な水準に向かうものである。したがって，インデクセーションは，それに先立つインフレーションの調整を，素早く，しただけなのであり，インフレ的であるとはいえないであろう。

9．スタグフレーションの改善策

　インデクセーションは，スタグフレーションの改善策である。前述したが，インフレーションを抑制するためには，貨幣量の増加率を減少させる方法しかない。しかし，貨幣量の増加率を減少させ，インフレ率が低下し始めると，失業率の増加と景気後退であるスタグフレーションが生じることになる。インフレーションを抑制するための貨幣量の増加率の減少はスタグフレーションという副作用を生み出す。インデクセーションは，このスタグフレーションの弊害を，できる限り，少なくしようとする改善策である。つまり，インデクセーションは，失業率の増加を，できる限り，少なくし，景気後退を，できる限り，少なくして，スタグフレーションの弊害を削減するものなのである。フリードマンは以下のように述べている。「最も重要なことは，インデクセーションは総支出の成長率の低下が物価上昇率の引き下げにその全効果を発揮するのに要する時間を短縮する，ということである。需要の減速が経済のさまざまな分野に浸透するにつれて，生じた物価への効果は賃金契約，将来配送契約，および既存の長期貸付の利子率へと敏速に伝達されるであろう。したがって，生産者の賃金費用およびその他の費用は，インデクセーションがない場合ほど急速には増加しないであろう。それゆえ，この費用の緩和が，インデクセーションがない場合よりも，雇用者をして雇用簿により多くの人々をとどめおくようにさ

第20章　フリードマンのインデクセーション　309

せ，より多くの財を生産するようにさせるであろう。次いで，この供給の奨励が物価の上昇を防ぐように作用し，賃金とその他の費用へのいっそうの緩和的なフィードバックをもたらすであろう」(フリードマン[4]訳書144ページ)。フリードマンは，インデクセーションによって，総支出の成長率の低下と物価上昇率の引き下げのタイム・ラグを少なくしようとしている。インデクセーションによって，賃金費用と利子費用の上昇を抑制して，失業率の増加を抑制して，財の供給を増加させ，さらに，物価上昇率を抑制して，一層の賃金費用等の削減ができるとフリードマンは考えている。

　亜細亜大学の名取昭弘教授([7]128ページ)は，自然失業率仮説を使って，インデクセーションがスタグフレーションの改善策であるということを説明している。

　第20-1図を説明しよう。縦軸は物価変化率で，横軸は失業率で，Uは自然失業率である。S_1，S_2，S_3は予想物価上昇率が，それぞれ，ゼロ，$\dot{P}_1$，$\dot{P}_2$の短期のフィリップス曲線である。高い物価予想が定着したa点から，話が始まる。引き締め政策がとられると，$a \rightarrow b \rightarrow c$の移動があるが，インデクセーションによって，$b$点がなくなり，$a \rightarrow c$の移動になると名取教授は説明して

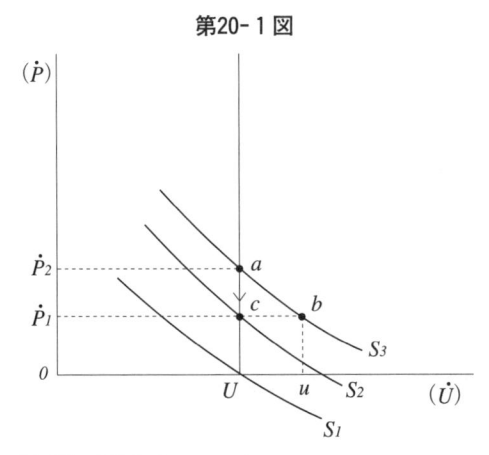

第20-1図

[出所]　名取[7]128ページ

いる。これは自然失業率仮説を使ったスタグフレーションの興味深い説明である。しかし，フリードマンは $a \to c$ の移動ではなくて，自然失業率よりも，若干，大きな失業率を考えているのであろう。もちろん，b 点までの大きな失業率でもない。自然失業率である c 点と b 点との間のどこかをフリードマンは考えているのであろう。フリードマンは以下のように述べている。「まず，インデクセーションは，現在の物価上昇率の引き下げがもたらす困難とゆがみの幾らかを和らげるであろう」(フリードマン[4]訳書143ページ)。「幾らか」であって，「完全に」とか「100％」とフリードマンが主張しているのではない。したがって，名取教授の $a \to c$ の考え方はインデクセーションの理想的な説明であり，若干の勇み足のようであると考えられる。けれども，名取教授の $a \to c$ をフリードマンは目指しているといえよう。

　さて，インデクセーションは，直接的には，インフレーションを抑制するものではない。インデクセーションによって，政府のインフレーションへの魅力を少なくし，政府が，本気になって，インフレーションを抑制するようにさせているのである。前述したが，インフレーションを抑制するには，貨幣量の増加率を減少させる方法しかない。しかし，貨幣量の増加率を減少させると，スタグフレーションに陥る。インデクセーションは，スタグフレーションの被害を，できる限り，少なくしようとしている。つまり，フリードマンのインフレ抑制策は2本柱からなっていて，ひとつは，貨幣量の増加率の減少であり，もうひとつは，インデクセーションである。インフレ抑制策がスタグフレーションの経済政策である。つまり，フリードマンのスタグフレーションの改善策として，貨幣量の増加率の減少とインデクセーションがセットになっているといえよう。

10. インデクセーションとマネタリズム

　フリードマンの経済学は，マネタリズムと呼ばれている。このインデクセー

ションはマネタリズムとは独立しているのか，それとも，マネタリズムの一部になっているのか。答えは簡単である。インデクセーションはマネタリズムの一部になっているのである。すなわち，前述したが，スタグフレーションの改善策は貨幣量の増加率の減少とインデクセーションのセットである。もしも，インデクセーションを用いないで，貨幣量の増加率の減少だけでは，失業率の増加と景気後退という副作用が大きくなる。物価の上昇率が低下し始めた場合，前述したように，インデクセーションによって，賃金費用や利子費用が，素早く，反応するので，生産者は過度の費用を支払わないようになり，失業率の増加を抑制して，財の供給を増加させ，さらに，物価上昇率も抑制し，一層の賃金費用等の削減が可能になる。したがって，インデクセーションがないときよりも，失業率が増加しないで，生産量は増加し，「インフレなき繁栄」に近づくことができるようになる。インデクセーションがない場合，スタグフレーションに陥り，プライス・メカニズムが，かなり，乱される。インデクセーションがある場合，インデクセーションがない場合よりも，インフレ率が低くなり，生産量も増加する。インフレ率が高いほど，プライス・メカニズムが働きにくくなるが，インデクセーションによって，インフレ率が低下すれば，プライス・メカニズムが回復するようになる。プライス・メカニズムを重視するのはマネタリズムのひとつの側面である。したがって，インデクセーションはマネタリズムと両立するといえよう[3]。

11. 問題点

フリードマンは，以下のように述べている。「ほんとうは，インフレーションが存在しないこと，したがってエスカレーター条項が存在しないことが，遥かに良いのである」(フリードマン[4]訳書127ページ)。「エスカレーター条項の民間における適用は，政府が貨幣を責任をもって管理する場合には，恒久的な役割をもたない臨時の処置である。したがって，そのような幸いな事態が到来

したときに自動的に消滅することを勧めるために，民間への適用は随意的にすることを願う」(フリードマン［4］訳書134ページ以下)。「エスカレーター条項が民間契約に拡がるであろうか。それはインフレーションの成り行きにかかっている。何らかの奇跡によってインフレーションが近い将来に消滅するとすれば，このような調整に関するすべての論議もまた消失する」(フリードマン［4］訳書142ページ)。インフレーションが消滅すれば，民間のインデクセーションも消滅することを，フリードマンは考えているようである。しかし，フリードマンは以下のようにも述べている。「インデクセイションに対する主な反対は，エスカレイターが経済にインフレ的影響を与えるという主張である。この形の主張は，全く誤っている。エスカレイターは，それに先立つ物価上昇の結果としてのみ実施される。どうしてそういうことになるのか。エスカレイターは，上昇すると同時に下降もする」(フリードマン［3］訳書102ページ)。「上下に働くエスカレーター条項は，予想されないインフレーションから生じる実際の副次的効果と，予想されないデフレーションがもたらす仮想的な副次的効果の，いずれをも防止するであろう」(フリードマン［4］訳書127ページ)。「広範なエスカレーター条項の適用に対する主たる反論は，エスカレーターが経済にインフレ的な刺戟を及ぼすという主張である。この単純な表現に示される叙述は，さきに1970年のジェネラル・モーターズの決着をめぐって述べたように，全くの誤謬である。エスカレーターは，それに先立つ物価の上昇の結果としてのみ有効になるものにすぎない。どうしてそういうことになるのか。エスカレーターは上方にも下方にも動きうるのである」(フリードマン［4］訳書145ページ)。インデクセーションは上下に動き，デフレーションの場合でも有効に働くとフリードマンは考えているようである。

　あるときは，インフレーションが消滅すれば，インデクセーションも消滅すると考えており，また，あるときは，デフレーションになっても，インデクセーションは有効に働くと考えている。これは矛盾であろう。

　連邦政府のインデクセーションは上下に動き，民間のインデクセーションは

消滅すると好意的に解釈するのか。それとも，インフレーションが消滅すれば，インデクセーションも消滅すると考えているが，デフレーションになっても，インデクセーションは，理論上は，利用可能であるという理論的可能性を示していると好意的に解釈するのか。いずれにせよ，この点に関して，フリードマンが明確に説明していないという批判は免れないであろう。

12. むすびにかえて

インデクセーションは，指数を何にするかという技術的な問題がある。しかし，そもそも，正確な尺度が存在しないのであるから，「ある程度似ているもの」，「だいたい正しいもの」が指数になるのである。なぜ，このように，いい加減なのであろうか。インデクセーションが一時的な措置であると考えられるからであろう。できれば，インフレーションがなくて，インデクセーションがないのがベストであるとフリードマンは考えている。インフレーションに対して，外に対抗する手段がないので，仕様が無いので，インデクセーションを用いているだけである。したがって，そのインデクセーションが完全である必要はないとフリードマンは考えているのであろう。

【注】
1) インフレーションによる政府の税収の増加について，詳しくは，吉野（[12]61ページ）をみていただきたい。
2) 日本でインデクセーションが注目されだした頃のある文献は，すべての取り引きのインデクセーションをフリードマンが主張していると述べているが，これは明らかな誤りであるといえよう。「インフレとともに生きる知恵＝＝インデクセーションとは何か」『週刊 東洋経済』第3819号[11]は以下のように述べている。「このように，海外諸国がすでに実験していることがらであるにもかかわらず，インデクセーションが最近，にわかに関心を集めるようになったのはなぜか。まだ試行錯誤の段階にすぎないインデクセーションを，経済のあらゆる取引に採用すべしと自信をもって主張する一人の強力なモラル・サポーターが登場し，欧米エコノミストの間に論争の渦を巻き起こしたからである。そのモラル・サポー

ターは，新自由主義者として有名なシカゴ学派の重鎮，ミルトン・フリードマン教授だ」（[11]18ページ）。「このように，全面的なインデクセーションの採用に踏み切ろうとするフリードマンのような議論は，日本ではほとんどない」（[11]23ページ）。「全面的なインデクセーションには問題があるが，物価スライドの範囲は徐々に拡大していくと思われる」（[11]23ページ）。

3）関西学院大学の土井省悟氏（現在は，四国学院大学教授）も以下のように述べている。「かくして，インフレ収束に伴う副作用の分析は，フリードマンのマネタリストとしての見解をうけ入れなくても適切であるとしても，彼のインデクセーション論は彼のマネタリストとしての見解を前提的に含んでいるといえる。それゆえ，フリードマンのインデクセーション論は，アド・ホックな議論でなく，彼のマネタリストとしての主張の中に位置づけられるのである」（土井[1]11ページ以下）。

　また，名古屋大学の大和田貢氏も以下のように述べている。「フリードマンがインデクセーションを提唱する場合，インフレーションの抑制という点が最も重視されていたが，インデクセーションは，インフレーション過程での相対価格及び資産価値の問題とかかわっているのである。つまり，インフレーション抑制という立場からみるならば，インデクセーションは巨視的経済メカニズムとのかかわりで検討されるべきであろうが，インフレーション及びインデクセーションは本来価格あるいは価格メカニズムの問題であり，また市場メカニズムとも大きくかかわっている問題なのである」（大和田[10]143ページ）。

【参考文献】

[1]　土井省悟「インフレーションとインデクセーション——M.フリードマンの所論を中心に——」関西学院大学『経済学研究』第8号，1975年12月。

[2]　Friedman, M., "Government Revenue from Inflation," *Journal of Political Economy*, Vol.79, No.4 (July/August 1971).

[3]　Friedman, M., "Using escalators to help fight inflation," *Fortune*, July 1974. 平山靖也訳「インフレ抑制を助けるための自動調整条項の利用」大蔵省『調査月報』第63巻第9号，1974年9月。

[4]　Friedman, M., *Monetary Correction : A Proposal for Escalator Clauses to Reduce the Costs of Ending Inflation*, 1974 (The Institute of Economic Affairs, Occasional Paper 41). 保坂直達訳・解説『インフレーションと失業』マグロウヒル好学社，1978年。

[5]　Heller, W. W., "Has the time come for indexing?" *The Wall Street Journal*, June 20, 1974. 平山靖也訳「インデックシングの時はきたか」大蔵省『調査月報』第63巻第9号，1974年9月。

[6]　石田祐幸「賃金のインデクセーションについて」『ESP』1975年2月号，経

済企画庁．
- [7] 名取昭弘「インデクセーションについて——M.フリードマンの所説をめぐって——」『日本経済政策学会年報』第24巻，1976年5月．
- [8] 日経ビジネス編集部『解説　インデクセーション——"インフレ弱者"は救われるか』日本経済新聞社，1974年12月．
- [9] 太田和男「諸外国におけるインデクセーションについて」太陽神戸銀行『調査月報』No.13，1974年10月号．
- [10] 大和田貢「インフレーションとインデクセーション——フリードマンの"Monetary Correction 論"を中心にして——」名古屋大学『経済科学』第25巻第3号，1978年2月．
- [11] 東洋経済「インフレとともに生きる知恵＝インデクセーションとは何か」『週刊 東洋経済』第3819号，1974年7月27日号．
- [12] 吉野正和「フリードマンのインフレーション理論について」早稲田大学『商経論集』第54号，1988年3月．

第21章 フリードマンの実証的経済学の方法論

1. はじめに

「ハロッド，クープマンス，フリードマン，サムエルソン，ボーモル，ボールディングといった反証主義者の方法論を提唱してきたすべての偉大な近代経済学者のうちで，自らの指針を分析や研究で実行しているのは，ほとんどフリードマンただ1人である」(Blaug [1] p.427, 矢根[16] 69ページ，矢根[18] 94ページ，佐藤[15] 328ページ)。「この論文は『経済学の方法論を検討しようとする教科書のほとんどすべての著者たちによって権威があると見なされている』」(Boland [2] 503ページ，矢根[16] 68ページ，矢根[18] 74ページ)。

「フリードマンの理論が非常に人気を博している理由の一つは，この実証的アプローチにあり，これは，彼の最大の資産でもある。他の経済学者が関心を持つ理論的に詳細な議論も，フリードマンによってはあまり関心を呼ぶものではない。彼の研究が有名になったのは，それが実際の予測に役立つからである」(バトラー[3]訳書，306ページ)。

フリードマンは，1953年に方法論の論文[6]を書いている。最初に，ブラウグの論文を引用したが，フリードマンは反証主義の方法論を実行している唯一の人であるといわれている。また，フリードマンの方法論は権威があるとボー

ランドは述べている。また，フリードマンの理論が人気を博している理由のひとつは実証的アプローチであり，フリードマンの研究が有名になったのは，それが実際の予測に役立つからであるとバトラーは述べている。そこで，当章では，このフリードマンの方法論を研究してみることにする。

2．フリードマンの実証的経済学の方法論

フリードマンの方法論は，実証的経済学の方法論といわれている。では，この実証的経済学の方法論とはどんなものなのか。フリードマンは以下のように述べている。

「実証的経済学の課題は，事態のどんな変化についてもその諸結果について正しい予測をするのに使用できるような一般命題の体系を提供することである。その結果は，その体系の正確さ，範囲，ならびにその体系による予測の経験との適合性によって判断されるべきである。つまり，実証的経済学は，どんな自然科学とも正確に同じ意味で『客観的』科学であるか，もしくはありうるのである」(フリードマン[6]訳書4ページ)。

「実証的科学の究極目標は，いまだ観察されていない現象について妥当で有意味な（すなわち，陳腐でない）予測を生みだすことのできる"理論"もしくは"仮説"を展開することである」(フリードマン[6]訳書7ページ)。

フリードマンの実証的経済学の方法論は，正しい予測や妥当な予測や有意味な予測を生みだすことができる理論や仮説を提供することなのである。理論はふたつの要素が複雑に混じり合ったものであり，そのひとつは"体系的で組織的な推論の方法"を押しすすめるためにつくられた"言語"であり，もうひとつは，複雑な現実の本質的な特徴を抽象することをねらった一団の実質的な仮説である（フリードマン[6]訳書7ページ)。言語は実質的な内容はなく，整理

体系の機能がある。理論のもうひとつの要素である実質的な仮説が重要なのである。仮説の予測が妥当かどうかは経験と比較される。仮説が否定されなければ，その仮説は，大いに信頼されて，暫定的に受け入れられるのである。しかし，仮設が妥当性をもっていても，選択されない場合もある。なぜならば，観察された事実は有限個であり，ありうべき仮説は無限にあるので，ある程度，恣意的に，仮説は選択される。その選択の基準は単純さや有益性であるとフリードマンは述べている。

　また，管理された実験を行うことができないということが社会科学と自然科学の根本的な相違ではないとフリードマンは考えている。自然科学を含めて，どんな実験でも完全に管理することはできない，つまり，部分的に管理されているだけであるとフリードマンは考えている。社会科学と自然科学の区別はせいぜい程度の問題にすぎないのであり，実証的経済学は自然科学と同じように「客観的」科学になりうるとフリードマンは考えている。

　理論には仮定がある。仮定は現実的でなくてもよく，当面の目的にとっては，仮定がじゅうぶんに良好な近似であればよいのである。重要なことは，理論がじゅうぶんに正確な予測を生むかどうかなのであるとフリードマンは述べている（フリードマン[6]訳書15ページ）。

　また，実証的経済学の進歩は既存の仮説をテストしたり，入念に手を入れるだけでなく，新しい仮説の構築も必要である。仮説の構築は霊感，直観・発明のような創造的な事業であり，論理学のカテゴリーで議論されるべきでなくて，心理的なカテゴリーで議論されるべきであるとフリードマンは述べている（フリードマン[6]訳書44ページ）。

3．仮定論争

　前述したが，仮定は現実的でなくてもよく，じゅうぶんに良好な近似であればよい。また，理論がじゅうぶんに正確な予測を生むことが重要であるとフ

リードマンは，主張している．しかし，そんなことはない．仮定は現実的でなくてはならないと主張している学者がたくさんいる．これが「仮定論争」である．関西大学の熊谷尚夫教授はフリードマンの非現実な仮定を批判している．

「たしかに，理論上の仮定が具体的な現実の十全な記述でありえないことは明白である．だが，それは仮定が単純に恣意的であり虚偽であってもよいということではなくて，モデルはいつの場合でも，現実からの一面的抽象によって構成される『理想型』(Idealtypus) に他ならないということであろう．経験的事実そのままではないとしても，すくなくとも特定の問題にとって枢要なかかわりをもつ現実の要素が仮定としてモデルに含まれているのでないかぎり，分析の帰結が経験的事実による反証にたえるということはありそうにない」(熊谷[10] 5ページ)．

横浜市立大学の佐藤隆三教授も，以下のように述べている．

「したがって，Friedman thesis において，すべての科学的体系について，体系の仮定の realism を問うことが体系の妥当性のテストに relevancy をもたないという主張は，誤りと言わねばならない」(佐藤[14]364ページ)．

京都大学の吉田和男教授も，以下のように述べている．

「多くの仮説は現実の観察の表現である必要はないにしても，仮説は現実から発想されていることも事実であろう．より有効な理論を生みだすための仮説は現実の観察から生まれることは否定できない．仮説は現実を記述するものではないし，Friedman の言うように，そういうものは理論としての有効性を持たないのは理解できる．しかし，現実の観察からは多くの直観を生むのである．Friedman (1953) も言うように，仮説の構築は『霊感，直観，発明のような創造的な事業なのである』．そして，多かれ少なかれそれを生むのは現実との緊張感なのである」(吉田[19] 9ページ)．

フリードマンは，以下のように述べている．

「一般にその理論が有意義であればあるほど，(この意味で) 仮定はいっそう非現実的である」(フリードマン[6]訳書14ページ以下)．

有効な理論ほど，仮定は現実的ではないのである。重要な仮説の仮定は記述的に偽でなければならないとフリードマンは考えている。仮定は多くの複雑で詳細な状況を含むことができないのである。したがって，当面の目的にとって，仮定はじゅうぶんに良好な近似であればよいということになる。問題は理論が正確な予測を生むかどうかなのである。フリードマンは以下のように述べている。

「このようにして，独立だと思われた二つのテストが，一つのテストに帰するのである」(フリードマン[6]訳書15ページ)。

理論が正確な予測を生めば，理論と仮定が適切であるとして暫定的に受け入れられるとフリードマンは考えている。

「理論をその仮定によってテストすることが不可能である」とフリードマン([6]訳書18ページ) は述べている。フリードマンは落体の法則を例として挙げている。

$$S = \frac{1}{2}gt^2$$

という公式が与えられる。ここで，S はフィートで測った進行距離であり，t は秒で測った時間であり，g は一定値（地上では 1 秒で32フィート）である。この公式は真空を仮定している。しかし，現実には真空という仮定は正しくない。それでも，この公式は認められている。つまり，現実の大気内で落下する物体は，あたかもそれらが真空において落下しているかのように行動しているとフリードマンは考えている。

前述したが，熊谷教授と佐藤教授と吉田教授はフリードマンの仮定の非現実性を批判している。「仮定が多くの複雑で詳細な状況を含めないのは理解できるが，それならば，記述的に非現実的な仮定でなくて，現実的な仮定だけで理論をつくればよい」とかれらは考えているのであろう。しかし，前述した公式で，真空を仮定しなければ，この公式は使えなくなってしまう。仮定が現実的でないという理由で多くの理論は適切でなくなってしまう。やはり，仮定の現

実性ではなくて，予測の正確さによって，理論はテストされるべきであるといえよう。

4．反証主義

フリードマンは，以下のように述べている。

「事実の証拠がありさえすれば，それが，"正しい"か"誤っている"か，あるいはさらに，試験的に妥当なものとして"受け入れられる"か"しりぞけられる"かを示すことができる。のちにいっそう詳細に論じるように，仮説の妥当性に関する唯一の適切なテストは，その予測を経験と比較することである。その予測が（"頻繁に"あるいは択一的な仮説による予測以上にしばしば）否定されるばあいにはしりぞけられるし，否定されなければ，それは受け入れられる。それがなんども否定されずに残存しつづけるならば，その仮説は大いに信頼されることになる。事実の証拠では仮説を"証明する"ことは決してできない。それはただ仮説の誤りを立証することができないというだけであり，やや不正確ではあるが，われわれが経験によって仮説が"確証された"というばあい，一般に意味するのはこのことなのである」(フリードマン[6]訳書9ページ)。

「科学には確実ということは決してなく，したがって，証拠が仮説の支持または棄却に対してもつ重みを完全に"客観的に"評価することはできない」(フリードマン[6]訳書31ページ)。

「仮説はその仮説の含意もしくは予測と観察可能な現象との一致によってのみテストされることができる」(フリードマン[6]訳書42ページ)。

事実の証拠では仮説「証明する」ことはできないのである。ただ，仮説の誤りを立証することができないというだけなのである。これはフリードマンの反証主義と考えられる。フリードマンの方法論は反証主義なのか検証主義なのか確証主義なのかわからないという批判をする学者がいる。たとえば，東北大学の馬渡尚憲教授は，以下のように述べている。

「彼が『仮説はその仮説の含意もしくは予言と観察可能な現象との一致 conformity によってのみテストされる』という時は，検証主義又は確証主義を指し示す。彼が『事実の証拠では仮説を"証明する"prove ことは決してできない。それは仮説の誤りを立証することができないというだけである』『予言が否定されるばあいにはしりぞけられるし，否定されなければ，それは受け入れられる』という時は，反証主義をさし示した。『仮説を支持する証拠というものは，その仮説がくりかえし否認されなかったということから成りたっている』という時も同様である」(馬渡[11]12ページ)。

「しかし，フリードマンは，反証主義で徹底しているようにもみえません。『仮説を支持する証拠というものは，その仮説が繰り返し否認されなかったということから成りたっている』という反証主義の議論と平行して，検証主義ではないかとみられるような議論もかなり行っています。たとえば，『これこれのことが生起したことがわかれば，その予測は確証されるし，これこれのことが生じていなければ，予測は否定される』とか，『仮説はその仮説の含意もしくは予測と観察可能な現象との一致によってのみテストされることができる』というものです」(馬渡[12]316ページ)。

「仮説はその仮説の含意もしくは予測と観察可能な現象との一致によってのみテストされることができる」というのは，一見，検証主義や確証主義のようであるが，長期的にみると，やはり，これは反証主義である。テストされるといっても，一度だけでなくて，何度も何度もテストされるのである。前述したが，フリードマンは以下のように述べている。

「その予測が（"頻繁に"あるいは択一的な仮説による予測以上にしばしば）否定されるばあいにはしりぞけられるし，否定されなければ，受け入れられる。それがなんども否定されずに残存しつづけるならば，その仮説は大いに信頼されることになる」(フリードマン[6]訳書9ページ)。

予測が否定されずに残存しつづけるならば，その仮説は大いに信頼されるのである。短期で考えれば，検証主義や確証主義のようにみえるが，フリードマ

第21章 フリードマンの実証的経済学の方法論　323

ンは長期的に考えているのである。その証拠に，フリードマンは「それがなんども否定されずに残存しつづけるならば，その仮説は大いに信頼されることになる」と述べている。桃山学院大学の矢根真二助教授も以下のように述べている。

「現実の仮説の選択が『自然淘汰』のように進むという社会的ダーウィニズムに立脚することである。これは，仮説の選択が短期的には主観的な判断を被るとしても，長期的には予測の正確な仮説が生き残るということを意味するのかもしれない」(矢根[16]80ページ)。

「しかし，『予測が（{頻繁に}あるいは択一的な仮説以上にしばしば）否定されるばあいにはしりぞけられるし，否定されなければ，それは受け入れられる。それがなんども否定されずに残存しつづけるならば，その仮説は大いに信頼されることになる。事実についての予測では仮説を{証明}することは決してできない』(Friedman [1953]訳書9ページ) という叙述から，もっともふさわしいラベルとして＜反証主義＞を掲げるのは有用だろう」(矢根[18]94ページ)。

やはり，フリードマンの方法論は反証主義であるといえよう。また，馬渡教授自身も以下のように述べている。

「この点は，フリードマンが首尾一貫していない証拠とみることもできますが，私は，それよりも，確証主義を反証主義的に位置づけていたという解釈がいいと思います。フリードマンは，普遍言明に立つ仮説ないし理論の検証（経験的証拠による証明）はできないけれども，この言明と一致する事例をできるだけたくさんあげるという意味での確証はできるとみていました。しかし確証は，裏側からいえば，反証できないことをのべるものですから，『仮説を反証することができない』ということが正確で，これが『われわれが一般に，やや不正確に，仮説が経験によって"確証"された confirmed ということを意味することである』という考えです」(馬渡[12]316ページ以下)。

馬渡教授も，最近では，フリードマンの方法論を反証主義であると認めているようである。馬渡教授は「確証主義を反証主義的に位置づけていた」と述べ

ている。「反証主義的に位置づけていた」ということは、「一貫した反証主義」とも考えられる。フリードマンの方法論は、「仮説が反証できない」という反証主義である。何度も何度も、仮説が反証できなければ、その仮説は大いに信頼されることになる。反証主義によって、仮説が大いに信頼されるということは、決して、確証主義ではなくて、あくまでも、反証主義を貫いていることになるだけである。

5．道具主義

フリードマンの方法論は、道具主義である。

「道具主義は『すべての科学的な理論や仮説は予測を作成する道具以外の何物でもないとみなす方法論の立場』である」(矢根[16]76ページ)。

理論や仮説は予測のための道具なのである。このフリードマンの道具主義は批判されてきた。たとえば、予測よりも説明の方が重要ではないのかとか、科学の目的は、予測ではなくて、説明ではないのか、である[1]。フリードマンは以下のように述べている。

「理論は、それを実質的な仮説のあつまりとみなすならば、"説明"しようとする現象のあつまりにたいしてどの程度それが予測能力をもつかにしたがって判断されるべきである」(フリードマン[6]訳書8ページ以下)。

フリードマン（[6]8ページ）は、「説明」(explain) という言葉を使っている。予測と同時に「説明」も含まれているといえよう[2]。

また、フリードマンの方法論は、道具主義なのか、反証主義なのか、わからないと、しばしば、批判されている[3]。フリードマンの方法論の立場は道具主義である。フリードマン自身もこれを認めている[4]。ただ、仮説のテストは反証主義で行っているだけである。道具主義と反証主義は対立するものではない。道具としての仮説があり、その仮説のテストをするのが反証主義である。フリードマンの方法論では両立している。テストをする前に、道具としての理論

や仮説をつくるので，まず第一に，道具主義があるといえよう[5]。

6．むすびにかえて

　桃山学院大学の矢根真二助教授によると，フリードマンの実証的経済学の方法論をよく理解していない人が批判しているとボーランドは述べている，ということである[6]。フリードマンの方法論は，道具主義なのだが，道具主義の徹底した批判はなされていないと矢根は述べている[7]。したがって，フリードマンの方法論は，現在（1991年）においても有効なのである。このフリードマンの方法論の論文は1953年に書かれたのであるが，1991年でも，有効であるというのは，フリードマンの方法論の分析がすばらしかったということであろう。フリードマンがケインズ経済学に挑戦し，マネタリスト反革命を行なった支えは方法論的確信であったと創価大学の加藤寛孝教授は述べている[8]が，全くその通りであるといえよう[9]。フリードマンは自分の実証的経済学の方法論を実行し，ケインズ経済学の理論は事実と一致しないという理由で，否定したのであった。

【注】
1)「既にみたように道具主義の魅力の一部は，因果関係の考察を回避しているということである」（フィービー[13]訳書164ページ）。
　「フリードマンは科学的予測を立てるという目的には，どちらが原因でどちらが結果であるかを知る必要はないと主張する」（カンタベリー[5]訳書255ページ）。
　「フリードマンの論文におけるもう一つの曖昧さは，諸仮定の現実性に関する彼の奇妙な見解が，科学の目的は予測であって説明ではないという彼の発言と結び付くときに生じる」（コールドウェル[4]訳書242ページ）。
　「ひとたび説明こそが科学の目的であるという立場が採用されれば，理論や理論名辞についての道具主義的見方は著しく弱められる」（コールドウェル[4]訳書246ページ）。
2) 創価大学の加藤寛孝教授も以下のように述べている。「説明し予測するための有用な道具」（加藤[8]2ページ）。

また，桃山学院大学の矢根真二助教授も以下のように述べている。「なお，『正しい予測をするのに使用できるような一般命題の体系を提供する』ために『説明』が必要だとすれば，フリードマンが『説明』を排除しているとは言えないし，実際にフリードマン自身も『説明』を行っている。すなわち，1つの事実を説明する理論は無限個あるから，その〈客観性〉を主張する場合には『予測』という厳しい条件を課すべきだとも考えることができる」（矢根[18]94ページ）。

「『どちらが原因でどちらが結果であるかを知る必要はない』（Canterbery (1980)邦訳, p.255)という主張もフリードマンの著作には見当らない」（矢根[17]21ページ）。

3）「実証主義と道具主義の区別も自覚されていなかった」（馬渡[11]12ページ）。

「したがって，フリードマンの試論の重要な側面を考えるとき解釈の問題に直面する。ある部分は断固として道具主義の方向を指し，他の部分では反証主義者の方向を向いている。フリードマンは彼の道具主義の特徴づけを『全く正しい』として受け入れることによってこのことを確証したが，彼はまた自分自身をポパーと一線上に並べてもいる」（フィービー[13]訳書153ページ）。

4）「フリードマンがボーランドと取り交わした私信の中で，自らの見解をボーランドが道具主義者と特徴づけたことに対し，『全くそのとおり』と述べているということである」（コールドウェル[4]訳書244ページ）。

5）桃山学園大学の矢根真二助教授は，以下のように述べている。

「しかし Friedman の方法論の特徴を把握するという視点から言えば，道具主義を上位概念として基本的に反証主義を採用すると解する方が説明力が高いと思われる」（矢根[16]78ページ）。

「実証経済学の方法論としての道具主義と反証主義は共生可能なものとして把握される」（矢根[16]85ページ）。

6）「フリードマンの論文のどの批判者も誤っている。批判者すべてが誤っている根本的な理由は，これらの批判がフリードマンの論文の明解で正しいあるいは公平な理解にさえ基づいていないからである」（Bolland [2] p.503，矢根[16]83ページ，矢根[18]92ページ，コールドウェル[4]訳書245ページ）。

7）「道具主義の徹底した批判はなされていないのが現状であった」（矢根[16]92ページ）。

8）「ケインズ革命の滔々たる奔流にもめげず，ひとり敢然としてこれに批判を加えつづけたフリードマンの強靭な努力を支えたものは，どのような理論も経験的証拠によってテストされねばならないという方法論的確信であった。フリードマンとマイゼルマンは，大不況と『一般理論』を契機として，『本質的にはなんの経験的証拠に基づくことなく』経済学界の大部分が伝統的な貨幣数量説からケインズ派の所得―支出説へ移行したことは，『経済学界の軟弱さ (flabbiness) の現われである』と批判している。そしてフリードマンがケインズ理論を棄却するよ

うになったのは『この理論は証拠によって否認されたから，すなわち，その予測が経験によって確証されなかったから』であった」(加藤［9］17ページ以下)。
9) フリードマンの妻のローズも，以下のように述べている。

「『実証的経済学の進歩は，現存する仮説をテストしたり，敷衍するばかりでなく，新しい仮説の構築も必要としてくるだろう。形式についていうことは何もない。仮説の構築は，霊感，直観，創意などによる創造的な行為である。その本質は，ありふれたものの中に何か新しいものを見抜く先見力である。その過程は，論理学ではなく，心理学の領域で論議されなければならず，科学的方法についての論文の中ではなく，自叙伝や伝記の中で研究され，三段論法や定理ではなく，格言や実例によって衆知されなければならない。』

ミルトンはこの言葉で，無意識に自分の人生を語っているように私には思われます。それほどこの言葉はミルトンの人格の特徴をよく表わしております。その人格の特徴によってこそ，彼は経済学に新たな種を播くことができたのですし，彼の教え子たちに強い影響を与えることができたのです」(ローズ・フリードマン［7］鶴岡訳41ページ以下)。

【参考文献】

［1］　Blaug, M., "Kuhn versus Lakatos, or paradigms versus research programmes in the history of economics" *History of political Economy*, Vol. 7, No. 4, Winter 1975.
［2］　Boland, L., "A Critique of Friedman's Critics," *Journal of Economic Literature*, Vol. XVII, No. 2, june 1979.
［3］　Butler, E., *Milton Friedman : A Guide to his economic thought*, Gower Publishing Company Limted, 1985. 宮川重義訳『フリードマンの経済学と思想』多賀出版，1989年。
［4］　Caldwell, B. J., *Beyond Positivism : Economic Methodology in the twentieth Century*, London : George Allen & Unwin, 1984. 堀田一善・渡部直樹監訳『実証主義を超えて――20世紀経済科学方法論――』中央経済社，1989年。
［5］　Canterbery, E. R., *The Making of Economics*, 2nd ed., Wadsworth, 1980. 上原一男訳『経済学――人・時代・思想』日本経済新聞社，1983年。
［6］　Friedman, M., *Essays in Positive Economics*. Chicago : University of Chicago Press, 1953. 佐藤隆三・長谷川啓之訳『実証的経済学の方法と展開』富士書房，1977年。
［7］　Friedman, R., "Milton Friedman : Husband and Colleague――(1)～(12) ," *The Oriental Economist*, Vol. 44 No. 787, May 1976 ～ Vol. 45 No. 802, Aug. 1977. ローズ・フリードマン「夫・ミルトン・フリードマンの人と思想」『週刊 東洋経済』臨時増刊号　No. 30，1974年10月～ No. 41，1977年7月。鶴岡厚生訳

　　　　　『ミルトン・フリードマン――わが友，わが夫』東洋経済新報社，1981年。
[8]　加藤寛孝「フリードマンの貨幣主義とケインズ批判――1930年代の『大不況』の再解釈」『創価経済論集』第11巻第2号，1981年9月。
[9]　加藤寛孝「マクロ経済学の基本動向」『創価経済論集』第11巻第4号，1982年3月。
[10]　熊谷尚夫「経済学の範囲と方法」『季刊理論経済学』第24巻第1号，1973年4月。
[11]　馬渡尚憲「科学論と経済学の方法」東北大学『経済学』第156号，1985年2月。
[12]　馬渡尚憲『経済学のメソドロジー――スミスからフリードマンまで』日本評論社，1990年4月。
[13]　Pheby, J., *Methodology and Economics, A Critical Introduction*, The Macmillan Press Ltd., 1988. 浦上博逵・小島照男訳『経済学方法論の新展開――方法論と経済学――』文化書房博文社，1991年。
[14]　佐藤隆三「実証的経済学の方法論に関する若干の覚書」一橋大学『経済研究』第15巻第4号，1964年10月。
[15]　佐藤隆三「訳者あとがき」佐藤隆三・長谷川啓之訳『実証的経済学の方法と展開』富士書房，1977年。
[16]　矢根真二「フリードマンの実証経済学の方法論」桃山学院大学『経済経営論集』第30巻第2号，1988年9月。
[17]　矢根真二「ヴィジョンなき時代(1)」桃山学院大学『経済経営論集』第32巻第2号，1990年7月。
[18]　矢根真二「新古典派の方法論(1)：フリードマン」角村正博編『経済学の方法論と基礎概念』日本経済評論社，1990年10月。
[19]　吉田和男「カール・ポパーと経済学方法論について」京都大学『経済論叢』第145巻第3号，1990年3月。

初出掲載誌一覧

本書の原論文は，以下の通りである。

第1章　『徳山大学論叢』第58号（2002年12月）
第2章　早稲田大学『商学研究科紀要』第23号（1986年12月）
第3章　早稲田大学『商経論集』第52号（1987年3月）
第4章　早稲田大学『商経論集』第54号（1988年3月）
第5章　『徳山大学論叢』第55・56号（2001年12月）
第6章　早稲田大学『商学研究科紀要』第25号（1987年12月）
第7章　『徳山大学論叢』第52号（1999年12月）
第8章　『徳山大学論叢』第54号（2000年12月）
第9章　『徳山大学論叢』第30号（1988年12月）
第10章　『徳山大学論叢』第32号（1989年12月）
第11章　『徳山大学論叢』第46号（1996年12月）
第12章　『徳山大学論叢』第50号（1998年12月）
第13章　早稲田大学『商経論集』第50号（1986年3月）
第14章　『徳山大学論叢』第60・61号（2004年6月）
第15章　『徳山大学論叢』第43号（1995年6月）
第16章　『徳山大学論叢』第44号（1995年12月）
第17章　『徳山大学論叢』第48号（1997年12月）
第18章　『徳山大学論叢』第41号（1994年6月）
第19章　『徳山大学論叢』第39号（1993年6月）
第20章　『徳山大学総合経済研究所紀要』第13号（1991年3月）
第21章　『カオスの中の貨幣理論―堀家文吉郎先生古稀記念論集』雄松堂出版（1992年）

最初の論文と最後の論文では，20年のタイム・ラグがある。本文中の先生方の所属と役職は，原則として，執筆した当時になっている。

索　引

ア行

アダム・スミスの後継者　219, 233
安定価値計算制　297
アリゾナ効果　290
依存効果　225
一般納税者の負担　304
岩田・翁論争　166
インデクシング　297
インデクセーション　297
　——とマネタリズム　310
　——の技術的な問題　302
　——はインフレ的か　305
インデックス条項　297
インフレーション　46
　——による政府の収入　52
　——の隔離効果　287
　——の克服　51
　——の助長　302
インフレ中立化政策　297
インフレ抑制　300
英国の金本位制停止と第3次銀行恐慌　186
X％ルール　79、106
エスカレーター条項　297
エスカレーター制　297
大きな政府（ケインジアンの）　255

カ行

外圧　159
外貨準備　283
課税による移転→負の所得税
仮定論争　318
加藤・翁論争　166
加藤寛　238, 251
株式市場の崩壊　182

貨幣供給（フリードマンの）　33
貨幣需要関数（フリードマンの）　19
貨幣と金利の関係　170
貨幣需要の安定性　50
貨幣数量説（フィシャーの）　1
貨幣数量説（フリードマンの）　3
ガルブレイスの批判　195
管理フロート　288
機会の平等　221
ギッフェン, R.　299
逆所得政策　297
逆所得税→負の所得税
客観的科学　317
行政改革（フリードマンの）　254
勤労意欲　267
キンドルバーガーの批判　191
ケインズ, J. M.　299
　——とフリードマン　208
　——の大不況の説明　193
結果の平等　221
現金　267
現状に支配　290
減税　237, 251
現代の通貨論争　166
憲法修正条項　253
恒常所得仮説　132
　——と貨幣需要関数　137
国債のインデクセーションは　302
国際収支の調整　286
国内のインフレ・デフレ　283
固定相場対変動相場　287

サ行

財源　270
最終的銀行恐慌　189
差別　223

作用経路　69
作用メカニズム→トランスミッション・メカニズム
ジェボンズ, W. S.　218
市場に任せよ　236
指数化　297
指数化方式による価値修正　297
指数条項　297
指数リンク制　297
自然失業率仮説　116
実証的経済学の方法論（フリードマンの）　317
指導者　254
自動調整条項　297
支払い時期　269
社会的恥辱感　268
社会的不公平の是正　300
社会配当金→負の所得税
弱者救済　300
自由裁量　78
自由放任主義　234
消費者保護　235
消費税反対論者　257
証明書　250
所得の再配分→負の所得税
所得保障→負の所得税
垂直なフィリップ曲線論争　121
スタグフレーションの改善策　308
澄田智日銀総裁　158
税額控除→負の所得税
政府収入の減少　300
政府の収入（インフレーションによる）　300
政府の弁明　51
説明　324
選挙　250
増税なき財政再建　251

タ行

第一次銀行恐慌　183
大規模な買いオペ　189
大恐慌　223
第二次銀行恐慌　186
大不況に関する論争　209
単位　269
小さな政府（フリードマンの）　233
調整インフレ論　145
潮流の変化　249
通貨価値修正制　297
デメリット　302
伝導経路→トランスミッション・メカニズム
冬期は変動相場を安定させるか　284
道具主義　324
独立の中央銀行　107
トランスミッション・メカニズム　36, 64

ナ行

流れは変わるか　236
なぜ, 実現が遅れたか　289
日銀の責任　156

ハ行

ハイパワード・マネーの凍結提案　85, 92
ハイパワード・マネー論争　166
バジェット, W.　298
バブルと平成不況　148
反証主義　321
微調整→自由裁量
100％準備の提案　83
貧富の差　221
ファイン・チュウニング→自由裁量
フィアランの見解　194
フィッシャー, I.　297
フィリップス曲線　115
福祉国家の末路　235
物価エスカレーター条項　297

物価指数化制度　297
物価指数連結方式　297
物価スライド制　297
物価調整条項　297
負の所得税（フリードマン）　265
不必要な大きな政府　234
不平等　221
ブラック・ボックス　65
フリードマン, M.
　——と IS-LM 分析　203
　——の 3 段階説　119
　——のマーケット・メカニズム　217
　——の貨幣と利子率　204
　——の理論　282
フリードマン＝シュヴァルツ説　182
ブルンナー・メルツァーの主張　194
変調と長期　118
変動相場　283
変動為替相場　282
貿易に対する政府の統制・干渉　283

方法論的確信　325
保証所得→負の所得税

マ行

マーケット・メカニズムと貨幣数量説　227
マーシャル, A.　298
マネーサプライのコントロール　153, 173
マネーサプライ論争　151, 166
マネタリスト反革命　325
マネタリズム　288
マネタリー・コレクション　297
マンキューの主張　200
見えざる手　217
無政府主義ではない　234

ラ行

流動性のわな　174
ルールと自由裁量の相違　87
レッセ・フェール　234

著者紹介

吉野　正和（よしの　まさかず）

1952年　東京に生まれる
1975年　慶應義塾大学商学部商学科卒業
1982年　早稲田大学大学院経済学研究科修了
1988年　早稲田大学大学院商学研究科単位取得後退学
1988年　徳山大学経済学部専任講師
1991年　徳山大学経済学部助教授
1996年　徳山大学経済学部教授（現在に至る）

フリードマンの貨幣数量説

2009年4月5日　第一版第一刷発行

著　者　吉野　正和
発行所　株式会社　学文社
発行者　田中千津子

〒153-0064　東京都目黒区下目黒3-6-1
電話(03)3715-1501　（代表）　振替　00130-9-98842
　　　　　　　　　　　　http://www.gakubunsha.com

印刷／東光整版印刷㈱
＜検印省略＞

落丁，乱丁本は，本社にてお取り替えします。
定価は，売上カード，カバーに表示してあります。
ISBN 978-4-7620-1950-0
©2009 Yoshino Masakazu　Printed in Japan